Zu diesem Buch

Psychologische Beratung per E-mail wird in Zukunft in vielen Beratungsstellen Einzug halten. Immer mehr Menschen in seelischer Not holen sich auf diesem Weg Rat, weil er spezifische Vorteile bietet: Die »Schwelle« für Hilfesuchende ist sehr niedrig; Menschen, die keine Therapie oder Beratung aufsuchen würden, melden sich im Schutz der Anonymität per E-Mail; Probleme können zu jeder Tages- und Nachtzeit übermittelt werden; schon die schriftliche Formulierung hilft nicht selten, die eigene Situation besser zu verstehen; die Suche nach einer geeigneten Therapie kann sich stark verkürzen.

E-Mail-Beratung versteht sich als ergänzendes Angebot zur persönlichen Beratung oder Therapie.

Obwohl diese zukunftsweisende Beratungsform stark nachgefragt wird, existieren bisher keine verbindlichen Qualitätsstandards und Ausbildungsrichtlinien für psychologische E-Mail-Beraterinnen und -Berater. Die Autoren, »Pioniere« auf dem Gebiet, legen das erste national und international erprobte Ausbildungskonzept vor, das wichtige Richtlinien zur Beratung in diesem Medium formuliert, Einblicke in typische Problemkonstellationen gibt und technisches Know-how zur digitalen Kommunikationsform vermittelt.

Birgit Knatz, Diplom-Sozialarbeiterin und Supervisorin DGSv, ist als stellvertretende Leiterin der Telefonseelsorge Hagen mit Schwerpunkt Beratung im Internet (seit 1996) sowie als Supervisorin, Trainerin und Ausbildungsleiterin tätig.

Bernard Dodier, Studium der Sozialarbeit, Telefonseelsorger in Krefeld. 1995 Mitinitiator des Projektes E-Mail-Beratung in der Telefonseelsorge; Ausbildungs- und Supervisionstätigkeit in den Bereichen E-Mail-Beratung und Notfallseelsorge.

Birgit Knatz
Bernard Dodier

Hilfe aus dem Netz

Theorie und Praxis
der Beratung per E-Mail

Pfeiffer bei Klett-Cotta

Leben lernen 164

Pfeiffer bei Klett-Cotta
© J. G. Cotta'sche Buchhandlung Nachfolger GmbH, gegr. 1659,
Stuttgart 2003
Alle Rechte vorbehalten
Fotomechanische Wiedergabe
nur mit Genehmigung des Verlages
Printed in Germany
Umschlag: Michael Berwanger, München
Titelbild: © Pfeiffer bei Klett-Cotta
Satz: PC-Print, München
Auf holz- und säurefreiem Werkdruckpapier gedruckt
und gebunden von Gutmann + Co., Talheim
ISBN 3-608-89720-8

Bibliographische Information Der Deutschen Bibliothek
Die Deutsche Bibliothek verzeichnet diese Publikation in der
Deutschen Nationalbibliographie; detaillierte bibliographische
Daten sind im Internet über <http://dnb.ddb.de> abrufbar.

Inhalt

Vorwort 9

1. Einleitung 13
   1.1 Situationsbeschreibung 13
   1.2 E-Mail-Beratung: Ergänzung zum herkömmlichen Beratungsangebot 16
   1.3 Stärken der E-Mail-Beratung 18
   1.4 Instrumente der Beratungsarbeit 19

2. Gesellschaftliche Entwicklung im Kontext der Medienentwicklung 23

3. Kommunikationsverhalten im Internet 29
   3.1 Online sind dem Menschen keine Grenzen gesetzt 29
   3.2 Anonym – oberflächlich – unverbindlich? 30
   3.3 Abkürzungen und Gefühle im Internet 32

4. Konsequenzen für die Beratungsarbeit im organisatorischen Bereich 35
   4.1 Die eigenen Grenzen verlassen (überörtlich arbeiten) 35
   4.2 Innere Organisation, Personaleinsatz, Personalplanung 36

5. Konsequenzen im technischen Bereich 39

6. Konsequenzen für die Beratung 51
   6.1 Persönliche Voraussetzungen der Beraterinnen und Berater 51
   6.2 Beratungskompetenz – Qualitätsmerkmale 53
   6.3 Ethische Aspekte der E-Mail-Beratung 55

7. Ich schreibe, also bin ich –
   die Grundlagen der E-Mail-Beratung 56
   - 7.1 Analoge Kommunikation – digitale Kommunikation 56
   - 7.2 Lesen statt Hören – Schreiben statt Sprechen 62
   - 7.3 Produktion und Rezeption 66
   - 7.4 Intendierter Adressat und realer Leser 75
   - 7.5 Erzählsituation und erzählte Situation 78
   - 7.6 Erlebnisebene, Sachverhaltsebene und Darstellungsebene 82
   - 7.7 Kommunizierbare Wirklichkeiten 85
   - 7.8 Die Sprache der Probleme 94
   - 7.9 Realitätsangleichung 111
   - 7.10 Die Seite des Lesers der Mail (Seite des Beraters) 113
   - 7.11 Der implizierte Leser und ich als realer Rezipient 114
   - 7.12 Die Zeitverschiebung zwischen Schreiben und Lesen 119
   - 7.13 Rekonstruierte Wirklichkeit – Konstruierte Wahrheit 122

8. Die Theorie der Wirkung von E-Mail-Beratung 123
   - 8.1 Das Schreiben über sich als selbstheilender Prozess 123
   - 8.2 Unser Beratungsverständnis 130
   - 8.3 Klientenzentrierter Ansatz nach Carl Ransom Rogers 132
   - 8.4 Lösungsorientierter Ansatz von Steve de Shazer 135

9. Die Praxis der E-Mail-Beratung 138
   - 9.1 Das Vier-Folien-Konzept 142
   - 9.2 Erste Beispiel-Mail 145
   - 9.3 Zweite Beispiel-Mail 158
   - 9.4 Dritte Beispiel-Mail 168

10. Die häufigsten Themen 177
    10.1 Borderline-Persönlichkeitsstörung 177
    10.2 Selbstverletzung 183
    10.3 Essstörungen 185
    10.4 Depression 187
    10.5 Suizid 193
    10.6 Jugend 197
    10.7 Raus dem Beziehungsalltag –
         rein in die verheißungsvolle Welt des Cybersex 204

11. Schlussbemerkungen, Ausblick und
    Zusammenfassung 210

12. Das Wichtigste nochmals in Kürze 212

Glossar 214

Netikette – der gute Ton in Mails 218

Nützliche Internetadressen 221

Literatur 222

Vorwort

Im Herbst 1995 starteten die Telefonseelsorgen in Köln und Krefeld den Versuch einer Präsenz im Internet mit dem Angebot einer psychologischen Beratung per E-Mail. Die Idee war, die Ratsuchenden »abzuholen, wo sie stehen«, also das Angebot dort vorzustellen, wo sich sehr viele, damals vor allem noch junge Menschen, insbesondere Männer, aufhalten, also im Internet.
Diese Gruppe war kaum in den herkömmlichen Beratungsstellen vertreten, und so war es unsere Hoffnung, sie im Internet zu erreichen. Und es ist uns gelungen. (Im ersten Jahr gingen 361 E-Mail-Anfragen ein.) Nahezu zeitgleich, im Frühjahr 1996, richtete auch die Telefonseelsorge Hagen ein elektronisches Postfach zunächst im MAUSnet ein. Die eingehenden Anfragen waren jedoch – bedingt durch den kleinen Nutzerinnen- und Nutzerkreis in diesem Netz – zahlenmäßig recht gering. Und was lag da näher, als dem Netzgedanken gerecht zu werden und sich Köln und Krefeld anzuschließen. So entstand die erste direkte Kooperation dreier Stellen. Im Laufe der Jahre arbeiteten immer mehr Stellen mit. Im Februar 2003 sind es fast ein Fünftel der 105 Telefonseelsorgen in Deutschland mit ca. 110 Mitarbeiterinnen, und die Anfragen (im Jahr 2002 waren 10 000 Kontakte) steigen jährlich.
Was wir damals begannen, hatte keinen theoretischen Hintergrund. Wir wussten nicht, wie E-Mail-Beratung funktionieren könnte und welchen Gesetzmäßigkeiten sie unterliegt. Der Begriff »Learning by doing« umschreibt, worauf wir uns eingelassen hatten. Die Auswertungen unserer Erfahrungen legen wir hier vor.
In unserem Buch verwenden wir abwechselnd die weibliche oder die männliche Form, gemeint sind jeweils Frauen und Männer, Mädchen und Jungen!

Dank

Mein erster Dank gilt Herrn Prof. Eckhart Reinmuth, der mir an einem sommerlichen Abend bei einem Glas Wein auf seiner Terrasse von seiner Arbeit als Professor für Neues Testament an der Universität Rostock erzählte. Als ich ihm von der Idee dieses Buches berichtete, entspann sich eine fesselnde Unterhaltung frei nach dem Motto »E-Mail trifft Neues Testament«. Seine Art und Weise des Sichauseinandersetzens mit historischen Texten als auch eine mir mitgegebene Literaturliste haben mir den entscheidenden Hinweis für die Annäherung an das Thema dieses Buches gegeben als auch den Weg gewiesen, wie der theoretische Teil der Grundlagen aufzubauen ist. Die nächste Flasche Wein geht an mich!

Mein weiterer Dank gilt den Trägern, dem Leiter Jürgen Schramm und dem Team der Telefonseelsorge Krefeld, die für neue Aufgaben und Projekte immer aufgeschlossen sind und solche neuen Herausforderungen mittragen. Namentlich erwähnt seien unser mittlerweile in Ruhestand befindlicher Mitarbeiter Johannes Valkyser, durch den die E-Mail-Arbeit in Krefeld eine besondere tätige Unterstützung erfahren durfte, und unsere Jahrespraktikantin Cornelia Schroers, die sich engagiert den Jugendlichen des Jugendtelefonseelsorge-Online angenommen haben. Dank auch an Claudia D., die sowohl durch ihre Herausforderungen als Mailerin an mich als auch mit ihrer kritischen Durchsicht des Manuskriptes ihren Anteil am Gelingen hat.

Herzlichen Dank auch an die Mitarbeiterinnen und Mitarbeiter der E-Mail-Gruppe der Telefonseelsorge Rostock, die ich ausbilden durfte und bis heute supervisorisch begleite. Dank auch an Claudia, Daniela, Ernur, Ingmar, Isabell, Malgosia, Matthias, Norman und Regina vom Jugendtelefon-Online. Diese beiden Gruppen waren die Rückbindung an die Praxis, ohne die ein solches Buch nicht gelingen kann.

Letztlich wäre es mir nicht möglich gewesen, meinen Anteil an dem Buch zu erbringen ohne meine Frau Eleonor und meine Tochter Isabelle, die meine phasenweise »geistige Abwesenheit« ertragen, mich ermutigt und unterstützt haben.

Bernard Dodier

Mein Dank geht an das Kuratorium der Telefonseelsorge Hagen, welches von Anfang an das Projekt »Telefonseelsorge im Internet« mitgetragen hat. Und dies in einer Zeit, als es noch nicht üblich war, per Mail zu kommunizieren und zu beraten. Durch die Neugierde und das Vertrauen in diese Beratungsform und die freundliche und skeptische Nachfrage wurde mir diese Arbeit ermöglicht.

Ein weiterer Dank geht an die Mitarbeiterinnen und Mitarbeiter der Telefonseelsorge, und hier insbesondere an Stefanie, Nele, Maike,

Gabriele, Thomas und Bruno. Sie waren so mutig und haben angefangen, per E-Mail zu beraten, obwohl es noch keine Erfahrungen, keine Literatur und kein Ausbildungskonzept gab. Sie haben sich auf die Anfragen, Besonderheiten, Themen und Schwierigkeiten der Ratsuchenden eingelassen und waren ständig bereit, sich den neuen Herausforderungen zu stellen, auch wenn diese manchmal für schlaflose Nächte sorgten.

Und dann möchte ich meinem Partner Bernd Hoch danken, der mich in allen technischen Dingen immer wieder unterstützt hat. Er saß mit mir stundenlang an meinem Rechner, hat mit mir nach Viren gesucht und sie gelöscht, hat mich immer wieder »gezwungen«, eine Datensicherung zu machen (was sehr hilfreich war, da mein Netzteil im PC explodierte), und der mir immer wieder unterstützend zur Seite saß (auch wenn ich ihm dafür mein Mousepad und die Mouse überlassen musste).

Dann danke ich auch Frau Susanne Behling, die mich auf die Idee gebracht hat, dieses Buch zu veröffentlichen, die als Diplom-Psychologin nie an der Effizienz dieser Beratungsform gezweifelt hat, und die mir beistand.

Birgit Knatz

Gemeinsamer Dank ...

Unser gemeinsamer Dank geht an die vielen Mailerinnen und Mailer, die sich uns anvertraut haben und ohne die dieses Buch nie zustande gekommen wäre. Ihr Mut und ihre Offenheit, sich uns per E-Mail mitzuteilen, hat uns in die Pflicht genommen, ein unterstützendes und hilfreiches Konzept zu erarbeiten.

Unser besonderer Dank gilt Frau Ulrike Borinski, die den technischen Teil bearbeitet hat.

Last but not least danken wir unserer Lektorin, Frau Dr. Christine Treml, die uns freundlich und unterstützend begleitet hat.

1. Einleitung

1.1 Situationsbeschreibung

In Deutschland nutzt ca. die Hälfte der Bevölkerung das Internet. (Im Mai 2002 gab es laut einer Untersuchung des Marktforschungsinstituts Emnid 26,7 Millionen Internetnutzer.) Im Internet hat sich ein hohes Maß an Kommunikation etabliert, sowohl über E-Mails als im IRC (Inter Relay Chat), über Newsgroups und Foren.
Der Kontakt zu anderen Menschen im Internet erscheint »dem Uneingeweihten« vielleicht etwas merkwürdig – die Kommunikation läuft anonym ab, und die Informationen, die wir bekommen, sind oft auf ein Mindestmaß reduziert.
Sicher ist dies ein ideales Medium für Menschen, die Schwierigkeiten im direkten Kontakt und im Umgang mit anderen Menschen haben, das belegen auch mittlerweile gemachte Erfahrungen. So zeigt Frank van Well in seiner Dissertation auf, dass bei seinen Untersuchungen aus dem Jahr 1998 die Internet-Beratungsklienten in drei Gruppen einzuteilen sind. Die erste Gruppe gilt als grundsätzlich zufrieden und stabil, sie braucht vergleichsweise wenig Kontrolle in zwischenmenschlichen Beziehungen, es gibt keine Hinweise auf mangelnde soziale Kompetenzen. Die zweite Gruppe weist gewisse problematische Potenziale (Depressivität, Irritierbarkeit, emotionale Labilität) auf. Die dritte Gruppe verfügt über geringe soziale Kompetenzen, ist angespannt im Kontakt. Diese Menschen sichern sich gegen diese unguten Gefühle, indem sie eher ungesellig und selbstgenügsam, zurückhaltend und kontaktvermeidend leben (vgl. Van Well, 2000).

Neben der Nutzung des World wide web ist die E-Mail das verbreitetste Kommunikationsmittel im Netz.
E-Mail kann eine Brücke, ein Weg sein, sich zu verständigen, sich zu begegnen. Manchmal macht dieses Medium es dem Menschen erst möglich, nach Unterstützung zu suchen, in Kontakt zu kommen. Menschen äußern sich oft freier über ihre Gefühle, wenn sie alleine sind. Sie können erst einmal für sich überlegen, nachdenken, sortieren, reflektieren, Druck loswerden und aufschreiben. Für

manche Mailerinnen und Mailer ist die E-Mail-Beratung eine Art »Virtuelles Tagebuch«, welches antwortet. Das zur Zeit niederschwelligste Beratungsangebot ist die Beratung per E-Mail. Weder Geschlecht noch Alter noch Stimme sind wahrnehmbar. Unbekannt bleibt, ob jemand seufzt, weint, betrunken ist beim Verfassen seiner E-Mail. Für manche Ratsuchenden macht diese große Anonymität die Kontaktnahme leichter, können sie doch selbstbestimmt und kontrolliert ihre Emotionen dosieren und Peinlichkeiten vermeiden. Sie fühlen sich stärker geschützt.*

> ✉
> Hallo!
> Hier über ein Mail Hilfe zu suchen, ist für mich ein großer Schritt. Um meine Geschichte nicht allzu in die länge zu ziehen, versuche ich mich kurz zu fassen.

Was liegt näher, als dieses Medium für die Beratung zu nutzen, hier werden Menschen erreicht, die sonst nicht den Weg in die Beratungsstelle oder psychotherapeutische Praxis finden, die nicht wissen, an wen sie sich wenden können.

> ✉
> Guten tag, ich weiss gerade wirklich nicht an wen ich mich sonst wenden soll und ich bin wirklich verzweifelt. ich bin 29 jahre alt, habe einen sohn im kindergartenalter, den ich alleine grossziehe.

E-Mailen erlaubt, insbesondere Menschen mit einer Scheu vor direktem und spontanem Kontakt, ein vorsichtiges Herantasten und Ausprobieren.

> ✉
> Hallo zusammen!! Ich bin echt dankbar das es euch gibt, und hoffe auch das ihr mir helfen könnt.

Die E-Mail-Beratung macht es möglich, sich langsam einem Problem zu nähern. E-Mail-Beraterinnen und -Berater können Mut machen, bieten dem Ratsuchenden die Anonymität und Pseudonymität, die es manchmal braucht, um ein Anliegen zu formulieren, sich zuzugestehen, dass man alleine nicht mehr weiterkommt. Die

---

* Um einen möglichst authentischen Eindruck typischer Anfragen zu vermitteln, geben wir im ganzen Buch die Anfrage-Mails mit allen orthografischen Fehlern und stilistischen Eigenheiten wieder.

Beratung per E-Mail kann an eine Face-to-face- oder telefonische Beratung oder Psychotherapie heranführen, sie wirkt aber auch als eigenständige Beratungsform.

Für viele Beraterinnen und Berater ist dies erst einmal nicht nachzuvollziehen. Ihre Skepsis und Befürchtungen gehen in die Richtung, dass die Mailerinnen und Mailer Scherz und Unfug treiben, dass Mails gefaked (getäuscht) sind, dass es nicht möglich ist, in den Mails das Anliegen zu verstehen, und dass auch die Effizienz, der Erfolg der Beratung bei so einem »anonymen Kontakt« nicht eintreten kann.

Die jahrelange Erfahrung der Telefonseelsorge in Deutschland – hier wird die Beratung im Internet seit 1995 angeboten – macht aber deutlich, dass dies Vorurteile sind, die sich in der Praxis nicht bestätigen. Die vielen Anfragen, die täglich bei der Telefonseelsorge (www.telefonseelsorge.org) und bei einem weiteren Beratungsangebot im Netz (www.kummernetz.de) eingehen, zeigen die Notwendigkeit der E-Mail-Beratung deutlich auf. Dies hat unter anderem die DAJEB, die pro familia und den Arbeitskreis Leben (www.dajeb.de, www.profamilia.de, www.ak-leben.de) dazu bewogen, ihren Beraterinnen und Beratern durch Fortbildungen das Medium näher zu bringen, um so auch ihr Angebot auf E-Mail-Beratung auszudehnen.

Vor einigen Jahren hat Bill Gates den Satz gesagt: »Das Internet ist wie eine Welle. Entweder man lernt darin zu schwimmen, oder man geht unter.«

Wir wünschen uns, dass dieses Buch mit dazu beiträgt, Ihre Lust am Schwimmen wieder neu zu entdecken.

Auf einen weiteren Vorteil dieser Beratungsform möchten wir noch hinweisen: Beraterische Kontakte lassen sich auch bei Umzug in eine andere Stadt oder während längerer beruflicher Auslandsaufenthalte aufrechterhalten.

Dieses Buch ist aus der Praxis entstanden und versteht sich als Praxishilfe für Beraterinnen und Berater, die sich auf das Medium E-Mail einlassen wollen, die Lust haben, etwas Neues auszuprobieren, die neugierig sind – und die auch ganz »altmodisch« sind und die das Briefeschreiben schätzen.

1.2 E-Mail-Beratung: Ergänzung zum herkömmlichen Beratungsangebot

Wir verstehen die Beratung per E-Mail als ergänzendes und alternatives Angebot zur Face-to-face- und Telefonberatung. Alles hat seine eigene Berechtigung und Notwendigkeit, und im Zeitalter der Mobilität, der Flexibilität, der Kreativität kann sowohl E-Mail-Beratung selbstständig, als auch in paralleler Nutzung mit anderen Beratungsformen zum Erfolg führen. Für Menschen, die sich in psychotherapeutischer Behandlung befinden, kann es durchaus Sinn machen, so wie die Erfahrungen zeigen, parallel die E-Mail-Beratung in Anspruch zu nehmen. Hierzu ein Beispiel aus der Praxis:

✉

Hallo an wen auch immer, oh man, was will ich eigentlich, Hilfe, ja wahrscheinlich irgendwie sowas.
Ach ja die Spielregeln zur Person.
Geschlecht: weiblich
Alter: 30
Beruf: akademische Führungsposition in Festanstellung
Wohnsituation: allein mit Kater, in grosser Whg in einer groesseren Stadt
zur klinischen Vorgeschichte: 8 Jahre Psychotherapie, 3 laengere Klinikaufenthalte, einige Einweisungen Psychatrie wegen Suizidgefahr
Diagnose: Dissoziative Identety Disorder (Multiple Persoenlichkeits Stoerung)
Vorgeschichte: Aufgewachsen in einer Sekte, mit sexuellem und rituellem Missbrauch, sowie koerperlicher Gewalt
Das Problem: ich!
Sorry, nein irgendwie geht es mir zur Zeit beschissen und da ist der Impuls »ich will tot sein und ich kann es auch umsetzen«, aber will ich das wirklich, nicht wirklich, sonst wuerde ich diese Mail wohl kaum schreiben, irgendwie suche ich Hilfe, schnelle Hilfe, klar das Telefon waere eine schnellere Hilfe, stimmt, aber ich spreche nicht, habe keine gesprochene Sprache, also auch keine Moeglichkeit zu telefonieren.
Therapie bricht weg, im Streit verlassen, Urlaubszeit, naechster Termin Ende ..., Arbeiten ja, viel und gern, aber erst wieder am Montag, wenn ich dann noch lebe und bis dahin, wie komme ich weiter, wie werde ich nicht zur Falle meiner Selbst. Der Kontakt zum Koerper ist verlohren gegangen, ich spuere ihn nicht mehr. Hinausgehen und ueberleben war nur der Verdienst von

schnell und gut bremsenden Autofahrern. Mich im LKH in Sicherheit zu bringen, ja schon, aber wer versorgt dann den Kater. Freundin, ebenfalls im Urlaub, nicht erreichbar. Wochenende, ja Krisen darf man haben, aber nicht an einem Wochenende.
Ablenken, verstecken, ja alles, aber nach nun mehr 24 h geht auch das nicht mehr. Stimmen im Kopf, eben die anderen, Hass und Wut, Flashs (Scenen von frueher), sie sind da ungemildert, als waere es das erste mal. Den Koerper nicht fuehlen oder nur Schmerz, es nicht mehr aushalten koennen, nicht schon wieder, schon sooft gedacht, geht weiter, ja aber wann tut es das wirklich, wann ist das Alte Vergangenheit. Untergetaucht, neuer Name, geschuetzte Adresse, geheimes Telefon, Postfach, dann die Nachricht – diese Leute bei denen ich gross geworden bin suchen wieder, fragen, stellen Leuten Fragen nach mir, ich mag nicht mehr.
Schwarz oder weiss, Leben oder Tod, aber nicht mehr tot als lebendig leben. Und doch der Wunsch da waer jemand, jemand der mit mir redet, ja redet, ich will reden, haha erstmal koennen. Da ist der Schmerz, da ist die Grausamkeit und die Eiseskaelte der Einsamkeit. Ich fuehle nur noch Einsamkeit, nicht konsequent zu sagen ich fuehle nichts und dann ich fuehle Einsamkeit, aber sie ist es.
Ich will sterben – haltet mich doch davon ab – die Doppelbotschaft.

Wir raten den Mailerinnen und Mailern, zusätzlichen E-Mail-Kontakt mit einer Telefonseelsorgestelle mit ihren Therapeutinnen abzustimmen, und haben gute Erfahrungen damit gemacht. Manchmal ist es auch wirksam, die ersten Stunden in der Face-to-face-Beratung emailerisch zu begleiten. Oft machen wir in unseren Antwortmails Mut, dem Therapeuten doch auch die Mails zu zeigen und daraus vorzulesen. Einige Ratsuchende schreiben uns, dass sie sich nicht trauen, der Beraterin, dem Therapeuten alles zu erzählen, und finden es hilfreich, wenn wir dieses Angebot vorschlagen.
E-Mail-Beratung bietet für Beraterinnen und Berater die Möglichkeit, ihrer Arbeit sowohl vom Büro aus als auch von zu Hause aus nachzugehen. Die Erfahrungen in der Telefonseelsorge haben gezeigt (60–70% der E-Mail-Beratung wird von den ausgebildeten Mitarbeiterinnen und Mitarbeitern von zu Hause aus geleistet), dass dies einen großen Vorteil hat. Das Internet ist ein schnelles Medium, das Briefeschreiben ein langsames. Also was liegt näher, mir hierfür

die Zeit zu nehmen, die ich mir auch für einen Brief nehmen würde. Ich kann mir durchaus Zeit lassen, eine Mail zu beantworten, ich kann, ehe ich antworte, spazieren gehen, eine Nacht darüber schlafen, meine Antwort »wachsen« lassen. Diese Art zu arbeiten bietet auch im sozialen Bereich einen flexibleren Umgang mit der Arbeitszeit. Alleinerziehende, Beraterinnen und Berater im »Erziehungsurlaub«, Mitarbeiterinnen und Mitarbeiter mit körperlichen Behinderungen haben die Gelegenheit, (weiter) beschäftigt zu sein.

1.3 Stärken der E-Mail-Beratung

Schreiben ermöglicht den Ratsuchenden in der virtuellen Kommunikation ein hohes Maß an Kontrolle über Selbstdarstellung und Selbstenthüllung. Der psychosoziale Hintergrund des Ratsuchenden kann völlig ausgeblendet bleiben. Anonymität und Pseudonymität (sich einen Nicknamen zu geben, sich für jemand anders auszugeben) gewähren Schutz und haben einen enthemmenden Effekt. Beide bieten die Möglichkeit, spielerischer mit eigenen Problemen und der oft dazugehörigen Scham umzugehen. So ist es im Netz möglich, mit den unterschiedlichen Selbstanteilen zu experimentieren und verschiedene Identitäten zu simulieren.

Schon das Niederschreiben der eigenen Problemsituation kann, ähnlich wie beim Briefschreiben, Entlastung, Erleichterung, Klarheit ... verschaffen:

> ✉
> »Hallo Birgit, ich wusste am Telefon nicht wie ich es erklären sollte und weiß es jetzt auch nicht aber ich werde es versuchen. Ich schreibe mir jetzt alles von der Seele.«

Bei Menschen, die sich im mündlichen oder persönlichen Kontakt eher zurückhalten oder zurücknehmen würden, ist das Schreiben eine Brücke. Die Mailerin und der Mailer haben die Möglichkeit, emotionaler zu reagieren, etwas weniger höflich zu schreiben, sich intensiver zu beschweren, offener im Austausch zu sein.

Durch die zeitliche Erreichbarkeit, die sich nicht nach den üblichen Geschäftszeiten richtet (eine E-Mail kann zu jeder Tages- und Nachtzeit geschrieben und verschickt werden), bieten sie ein Angebot, möglichst jederzeit direkt zugänglich zu sein, und gerade dann, wenn es nötig erscheint.

> ✉
> »Hallo, ich habe gerade zufällig Ihre Seite entdeckt und da ich zur Zeit sehr verzweifelt bin, habe ich mir gedacht, vielleicht könnte ich mal über mein Problem reden bzw. schreiben. Ich habe seit längerem größere Probleme an meinem Arbeitsplatz.«

Bei der E-Mail-Beratung handelt es sich um ein Hilfsangebot, das für alle möglichen Themen und Problemlagen offen ist.

> ✉
> »Einen schönen guten Tag! Schön, eine Adresse zu finden, bei der man um Rat fragen kann. Hier erst mal ein Dankeschön. Mein Problem sieht folgendermaßen aus: Meine 17-jährige Tochter verletzt sich seit ca. 9 Jahren selbst. Eine Ursache ist bisher, auch nach den Angaben meiner Tochter, nicht bekannt. Vor zwei Jahren war meine Tochter ein halbes Jahr in stationärer Behandlung. Nun wächst das Problem aber wieder. Meine Tochter würde sehr gerne eine neue Therapie starten. Da meine Tochter mittlerweile aber selbst Mutter eines 18 Monate alten Kindes ist, suchen wir eine Klinik, in die sie ihr Kind mitnehmen kann. Ich würde mich sehr freuen, von Ihnen baldmöglichst eine Antwort zu bekommen, ob Ihnen eventuell eine passende Klinik bekannt ist. Besten Dank für Ihre Mühe. Mit freundlichen Grüßen«

E-Mail ist – ähnlich wie das Telefon – eine Zaubermaschine, sie hält die Nähe fern und zieht die Ferne auch in die Nähe der Intimität. (vgl. Genth/Hoppe, 1986)

1.4 Instrumente der Beratungsarbeit

Die elektronische Post ist das Werkzeug, welches sich am besten für die Integration in die Beratungsarbeit eignet. Wenn auch – wie wir im Weiteren zeigen werden – der Umstieg von Face-to-face-Beratung auf die schriftliche Form eine große Umstellung erfordert, lässt sich doch ein hoher Standard der Beratungsarbeit aufrechterhalten. Es gibt keine größeren Einschränkungen bei der schriftlichen Form. Die Ausführlichkeit ist gewährleistet. Die individuelle Kontrolle des Beratungsdialogs ist auf beiden Seiten gegeben. Die Anonymität des

Ratsuchenden lässt sich, wenn gewünscht, erhalten. Es gibt eine zeitliche Versetzung im Dialog, die sich aber vorteilhaft nutzen lässt. Auf den ersten Blick wäre der Chat (Direktes, nahezu zeitsynchrones Kommunizieren zwischen zwei oder mehreren Personen am Bildschirm mittels Schrift) eher dem bisherigen Beratungsgespräch verwandt. Stellen wir sie beide gegenüber:

E-Mail	Chat
• Schriftform	Schriftform
• Zeitliche Verzögerung (asynchron)	Keine merkliche zeitliche Verzögerung (synchron)
• Ausführlichkeit	Einschränkung der Ausführlichkeit
• keine Terminiermöglichkeit	Möglichkeit der Terminierung auf bestimmte Uhrzeit und zeitliche Begrenzung der Beratungseinheit

Der Nachteil des Chat gegenüber der E-Mail ist, dass Chat den Versuch der Verschriftlichung eines mündlichen Dialogs darstellt. Damit beraubt er sich der Vorteile des Mündlichen einerseits und belastet sich durch die Besonderheiten der Schriftform andererseits. Die schriftliche Umsetzung eines gesprochenen Dialogs bedeutet zeitliche Dehnung. Unsere Erfahrungen im Chat der Telefonseelsorge haben gezeigt, dass in 45 Minuten Beratungszeit im Chat wesentlich weniger an »Arbeitsleistung« zu erbringen ist als vergleichsweise in 45 Minuten Beratungszeit am Telefon oder in der Face-to-face-Begegnung.

Die Tatsache, dass beim Chat eine synchrone Kommunikation möglich ist, bedeutet, dass dies ohne merkliche Verzögerung vonstatten gehen kann. Es bedeutet nicht, dass er in seiner Synchronizität qualitativ dem gesprochenen Dialog gleichzusetzen ist. Es ist nur ein Nacheinander möglich, keine Gleichzeitigkeit. Kann ich bei einem Dialog dem anderen ins Wort fallen, Zwischenfragen stellen, ihn in seinem Redefluss unterbrechen oder durch Lautäußerungen ihm während seines Redeflusses Zustimmung signalisieren, ist dies beim Chat nicht möglich. Ich muss den Empfang einer Sequenz abwarten, um darauf wieder Bezug nehmen zu können.

Die Sprache des Chats und der Personenkreis sind nochmals anders als in der E-Mail-Beratung. Chats eignen sich eher – der Name sagt es schon – zum »Plaudern«, zum Austausch über ein bestimmtes Thema.

Eine für beide Seiten befriedigende Qualität der Beratung ist derzeit unseres Erachtens mit E-Mail zu erreichen.

Die Vorteile der Unmittelbarkeit gegenüber der E-Mail ergäben sich nur bei Beratungssituationen oder Beratungsinhalten, die eine unmittelbare Einflussnahme auf den Klienten notwendig machen, z. B. die Beratung von suizidalen Menschen.

Aus eigenen Chat-Erfahrungen erscheint es zur Zeit sinnvoller, die potenziell suizidalen Menschen zu »zwingen«, auf telefonische Angebote zurückzugreifen.

Organisatorisch hat der Chat sicher deutliche Vorteile gegenüber der E-Mail. Für den Chat können bestimmte Termine vergeben werden, die auch zeitlich zu begrenzen sind. Die Arbeit ist besser zu organisieren.

Wo Beratungsarbeit in Gruppen stattfindet, könnte man auch an Diskussionsgruppen im Internet denken. Dies ist eine Form des Chat mit der Beteiligung vieler Personen. Man kann solche durchaus schon finden, wenngleich eine gute Kultur und Form einer »geleiteten« Diskussion schwerer zu realisieren ist.

In der Schweiz wird seit einiger Zeit mit der Beratung mittels SMS experimentiert. SMS ist die Abkürzung für »Short Message Service«, also etwa Kurznachrichtendienst. SMS ermöglicht das Versenden und Empfangen von Nachrichten mit bis zu 160 Zeichen von einem Handy zum anderen. Die Zeit zwischen Versand und Empfang ist sehr kurz. Die Beschränkung liegt in der Zahl der zu versendenden Zeichen und der sehr gewöhnungsbedürftigen Handhabung, Beratung in kurzen, knappen Sätzen. Für dieses Medium wären bestimmte Einsatzmöglichkeiten denkbar, da die Begrenzung der Nachricht auf 160 Zeichen bei manchen Geräten und Diensten schon aufgehoben und bald keine Rolle mehr spielen wird. Wenn Kinder, Jugendliche und junge Erwachsene Zielgruppe des Beratungsangebotes sein sollen, ist eine Auseinandersetzung mit SMS von hohem Interesse und unseres Erachtens lohnend.

Fazit: Viele heute gängigen mediengebundenen Kommunikationsformen und Ausprägungen sind für die Beratungsarbeit geeignet.

Man wird jedoch je nach Einsatzzweck, Zielgruppe und inhaltlichem Schwerpunkt der Problemstellungen Unterschiede machen müssen. Bei der rasanten technischen Entwicklung sind aber heute noch eher ungeeignete Medien und Techniken morgen durchaus schon denkbar.

In den weiteren Ausführungen konzentrieren wir uns auf die Beratungsarbeit mittels E-Mail.

2. Gesellschaftliche Entwicklung im Kontext der Medienentwicklung

Die meistgebrauchten Schlagworte in unserem beginnenden Jahrtausend sind unter anderem Digitalisierung, Globalisierung, Medienrevolution, Informationsgesellschaft, Vernetzung, Mobilität, Flexibilität, Schnelligkeit, Unmittelbarkeit, Wissensverteilung, um nur einige zu nennen. Sie alle hängen zusammen und sind Folgen der technischen Revolution, die der Computer mit sich gebracht hat. Zentraler Angelpunkt ist also der Computer und folglich auch die Fähigkeit des Menschen, damit umzugehen, die so genannte Computerliteralität.

Johannes Werner Erdmann und Georg Rückriem haben zur Computerliteralität 12 Thesen aufgestellt, von denen wir Ihnen die für unsere Arbeit wichtigsten vier vorstellen möchten:

»Nach unserer Auffassung, die durch unsere empirischen Forschungen bestätigt wird, gehört zur Computerliteralität dreierlei: erstens die Kenntnis des neuen Mediums und seiner Möglichkeiten, zweitens die praktische Fähigkeit in Handhabung und Umgang und schließlich drittens eine Einstellung zu ihm, d. h. eine Haltung zu seiner gesellschaftlichen Bedeutung. Eine begründete Haltung kann man aber nur auf der Grundlage begründeter Erkenntnisse entwickeln, wie umgekehrt begründete Kenntnisse entsprechende Haltungen voraussetzen.

Hier nun unsere Thesen:
- Wie auch immer man die Tatsache bewertet: Inzwischen ist das neue Medium irreversibel. Es kann durch welche politischen Maßnahmen oder individuellen Widerstände auch immer nicht mehr aus der Welt geschafft werden. Es kann daher nur noch darum gehen, sicherzustellen, dass die Nachteile seiner gesellschaftlichen Auswirkungen so gering wie möglich gehalten werden.
- Das neue Medium ist universell – ob man das nun gut findet oder nicht. Das bedeutet, es ist allgemein auf allen möglichen Ebenen der Betrachtung.
- Es ist allgemein auf der Medienebene. Es gibt nicht mehr ›die‹ neuen Medien im Plural, sondern nur noch den Singular: ›Der‹

Computer ist das neue Medium, weil es in anderen Medien enthalten ist und sie integriert oder weil es sie verändert. Es gibt kein Medium mehr, das von der Computerisierung nicht berührt oder betroffen wäre.
- Wie die Mediengeschichte zeigt, hängt von der Beherrschung des jeweiligen geschichtlichen Leitmediums die Kommunikationsfähigkeit der Menschen im jeweiligen geschichtlich-gesellschaftlichen Kontext ab, d. h. ihre Mündigkeit, ihre Fähigkeit zu gesellschaftlich-politischer Kooperation wie ihre Fähigkeit zur individuellen Selbstverwirklichung.« (Erdmann/Rückriem, 1999)

In vielen sozialen Einrichtungen sind in den 90er Jahren Diskussionen geführt worden über das Für und Wider von Computern. Es war eine Auseinandersetzung um das »Gut« oder »Böse« eines solchen Gerätes mit der Zielsetzung, das »Gute« für eine (kirchliche) Einrichtung zu bewahren. Auch heute noch besitzen nicht alle Mitarbeitenden eine Affinität zu diesem wunderbaren Medium. Das ist in dieser Umbruchsituation sicher auch ein Generationenproblem, und leicht kann man/frau sich im Club der Computeranalphabeten wiederfinden.

Leider war es uns nicht möglich, eine Selbsthilfegruppe dazu im Netz zu finden. Aber wir empfehlen **www.www-kurs.de** oder **www.internet.fuer.alle.de** oder **www.learnthenet.com/german** für ein erstes Kennenlernen.

Für Kinder, Jugendliche und junge Erwachsene bis zum Alter von etwa 35 Jahren ist diese technische Entwicklung parallel zu ihrem Werdegang verlaufen und damit für viele der Computer alltägliches Werkzeug in Schule, Ausbildung, Studium, Beruf und Privatleben. Die Variablen, die darüber entschieden, ob diesem Personenkreis die Lernmöglichkeiten offen standen, sind die Schule, die finanziellen Möglichkeiten der Familie sowie die ideelle Unterstützung und Ermutigung, die Erziehungsberechtigte mitgeben konnten.

Räumliche Distanz spielt im Internet keine Rolle. E-Mails benötigen in der Regel nur wenige Sekunden, um ihr Ziel zu erreichen (egal, wo es liegt), es können neben Textnachrichten auch Fotos, Musik, Animationen oder Filme »durchs Netz gejagt« werden. Kein Wunder, dass die normale Post gerne als Snail Mail (Schneckenpost) bezeichnet wird.

Das Internet hat den Zugriff auf Wissensdatenbanken für alle ermöglicht. Informationen werden aus unterschiedlichsten Quellen zusammengetragen. Jetzt und sofort und im Moment ihres Bedarfs. Der Gang zur Bibliothek entfällt. Öffnungszeiten müssen nicht mehr beachtet werden. Komme ich alleine mit einem Problem oder einer Fragestellung nicht weiter, kann ich Zugriff haben auf viele Datenquellen, aber auch auf menschliche Ressourcen. Newsgroups, Foren oder Chats zu einem bestimmten Thema vereint das (Teil-)-Wissen vieler zu einem mächtigen Wissenspool. Die Ansprüche an Qualität und Informiertheit steigen. Selbst für die seltensten Krankheiten können sich betroffene Menschen rund um den Globus im Netz zu Diskussion und Selbsthilfegruppen zusammenfinden, sind nicht mehr so isoliert und tauschen ihre Erfahrungen und ihr Wissen aus. Der Platz am Rechner zu Hause ist ihr das Tor zur weiten Welt geworden.

Einen für unsere Beratungsarbeit weiteren wichtigen Gesichtspunkt beschreibt der Autor Franz Nahrada: »Die rasante Entwicklung der Informations- und Kommunikationstechnologien und die ›Informatisierung‹ der Gesellschaft verändern nicht nur den Bereich der materiellen und geistigen Produktion. Vermittelt über diese wirken sie auch auf Lebenswelten, Lebensräume, Machtverhältnisse und Gesellschaftsstrukturen, auf unsere physische Umgebung ebenso sehr wie auf die kulturelle. Die informationstechnologische Vernetzung führt Möglichkeiten zu Veränderungen in den fundamentalsten Kategorien des menschlichen Lebens mit sich: *in Raum und Zeit*. Die potenzielle Totalität eines einzigen Informationsnetzwerkes hebt zwei weitere Systemmerkmale früherer Informations- und Kommunikationstechnologien auf, nämlich die Ungleichzeitigkeit von Zeit und die Verschiedenartigkeit von Ort und Raum. Nur noch durch die Sekunden zur reinen Informationsübertragung unterschieden, ermöglicht dieses allumfassende Netzwerk sämtliche uns vorstellbaren Informationsprozesse zeitgleich und, indem die räumlichen Unterschiede zwischen Zentralisierung und Dezentralisierung in Richtung auf Ubiquität aufgehoben werden, an allen Orten des Erdballs.«

»Die ›alten‹ Technologien entfalteten ihre unmittelbare Wirkung nur am Ort ihres Seins. Die Bewegung eines Fahrzeuges ist an dessen Lokalisation gebunden. Die Kraft des Baggers verursacht genau dort auch ein Loch in der Erde. Die Prozesse, deren Verarbeitung Aufgabe der ›neuen‹ Technologien ist, sind delokalisierbar, weil sie keinen im Koordinatensystem fixierten Ort haben. Die Informationsverarbeitungstechnologien führen zur Entörtlichung und Entzeitlichung. Alles ist immer, überall und jetzt. Computer haben die Funktion von Kapellen. Der Eintritt in die Kapelle führt zu immer derselben metaphysischen Sphaere.« (Der Aufsatz entstand in den 90er Jahren – insofern kann man hier heute inzwischen von Tatsachen und nicht nur von Möglichkeiten sprechen.) Vgl. Nahrada, Stockinger, Kuehn, 1990.

Die grundlegenden Veränderungen der raumzeitlichen Lebensmuster sind heute genauso Realität geworden und irreversibel wie die Abschaffung des Computers.
Die E-Mail-Kommunikation wurde u. a. deswegen schnell akzeptiert, weil sie viel schnelleren und unmittelbareren Kontakt zu anderen ermöglicht. Das Medium hat den Menschen verändert. Was langsam vor sich geht, wie z. B. Briefpost, wird nur noch im Notfall zur Versendung wichtiger Dokumente benutzt. Ich muss nicht mehr auf den Postboten warten. Meine Banküberweisung kann ich vom heimischen Computer aus erledigen, meine Tickets buche ich online, meine Lebensmittel bestelle ich im web, »Klamotten« und Bücher lege ich in den virtuellen Warenkorb, Geschenke ersteigere ich bei ebay ...
Das Internet hat den Zugriff auf Wissensdatenbanken für alle, die lesen und schreiben können, ermöglicht. Informationen werden aus unterschiedlichsten Quellen zusammengetragen.
Die regionale Identität verblasst. Ich werde Teil eines größeren geografischen Zusammenhangs, der mir erfahrbar wird und meine sozialen Kontaktmöglichkeiten um ein Vielfaches erweitert.
Durch die Benutzung des Handys ist der Mensch jederzeit und überall erreichbar. Was er für andere ermöglicht und erlaubt – seine Erreichbarkeit rund um die Uhr –, schlägt sich auch in seiner Erwartung an andere Personen nieder. Er erwartet, den anderen ebenfalls jederzeit und überall erreichen zu können. Im seltenen Fall, wo das Handy abgeschaltet ist, wird eine SMS geschrieben oder eine Verabredung über E-Mail getroffen.
»Die Informationsverarbeitungstechnologien führen zur Entörtlichung und Entzeitlichung. Alles ist immer, überall und jetzt« (vgl. Nahrada). Diese Erfahrung der Menschen, die an den neuen Technologien teilhaben, prägt sie und fördert eine entsprechende Erwartungshaltung. Vor allem junge Menschen haben an die Schnel-

ligkeit des Informationsflusses und die Erreichbarkeit höhere, ja andere, Erwartungen als die »Langsamkeit« gewohnten älteren. Eine vielleicht inhaltlich wertvolle Internetadresse wird deswegen nicht intensiv durchforstet und vorzeitig verlassen, weil der Server zum Aufbau der Seiten zu lange braucht. Diese Information wird nicht mehr wahrgenommen, weil sie technisch die Standards nicht erfüllt und sich nicht auf die Ungeduld der Site-Besucherinnen einstellt. Dies hat mit der inhaltlichen und fachlichen Qualität der Seite nichts zu tun. Qualität spielt nicht die erste Rolle. Der Grad der Wirkungsentfaltung, die Effektivität eines Internetangebotes ist in erster Linie in Abhängigkeit seiner technologischen Akzeptanz zu sehen.

»Die ›alten‹ Technologien entfalteten ihre unmittelbare Wirkung nur am Ort ihres Seins« (vgl. Nahrada). In unserem Fall sind das die örtlichen Beratungsstellen. Viele Beratungseinrichtungen arbeiten mit dem Einsatz von »alten Technologien«. Damit meinen wir **nicht** die inhaltliche Arbeit im Sinne der psychologischen Techniken, wie Gesprächsführung, therapeutische Modelle usw., sondern die äußeren Bedingungen der Beratungsarbeit.

Sie knüpfen an Hilfeleistung die Bedingung der physischen Anwesenheit als Voraussetzung für ein effektives Arbeiten mit dem Klienten. Hilfeleistung impliziert die Bereitschaft, längere Wartezeiten in Kauf zu nehmen. Diese »alte Technologie« entspricht nicht mehr den veränderten Erwartungen der (jüngeren) Ratsuchenden und verführt dazu, dass sich Frauen und Männer in persönlichen Schwierigkeiten oder Notsituationen nach anderen Hilfeangeboten umschauen – und sie werden im Netz sehr schnell fündig werden. Die Qualität des Angebotes ist allerdings in vielen Fällen sehr fragwürdig, da noch keine Qualitätsstandards oder Qualitätszertifikate ausgewiesen werden.

Face-to-face-Beratung ist eine »alte Technologie«, die ihre unmittelbare Wirkung nur am Ort ihres Seins entfaltet. Sie ist an örtliche Strukturen und Träger gebunden und deshalb auch in gewisser Weise undemokratisch, weil sie nur wenigen Ratsuchenden ohne großen Zeitaufwand ihre Dienste zukommen lässt. Es ist an der Zeit, für die Beratungsangebote die neuen Technologien und Medien daraufhin zu überprüfen, ob sie sich eignen und wie sie gegebenenfalls für das Wohl der Menschen nutzbar gemacht werden können.

Die Beratungsarbeit per E-Mail erfordert eine Flexibilität der Beraterinnen und Berater. Öffnungszeiten sind ein Hindernis für die Ratsuchenden, für die Beraterinnen und Berater jedoch bedeuten sie feste und klare Arbeitszeiten. Wartelisten regulieren die Arbeitsbelastung. Je mehr Angebote im Netz zu finden sind, desto mehr werden sie auch genutzt. Wenn die Ratsuchenden bemerken, dass sie die gleiche Leistung mit weniger Aufwand erhalten können, werden sie sich dieser neuen Beratungsangebote bedienen.
Insofern nehmen wir mit einem Beratungsangebot im Internet unseren eigenen Leitsatz ernst: **Beratung orientiert sich an der individuellen und gesellschaftlichen Situation der Ratsuchenden mit dem Ziel, Selbsthilfemöglichkeiten zu entfalten.**

3. Kommunikationsverhalten im Internet

3.1 Online sind dem Menschen keine Grenzen gesetzt

Wer von Ihnen die Angebote des Internet nutzt, sich virtuellen Gemeinschaften anschließt, über E-Mail korrespondiert, Beiträge zu elektronischen Schwarzen Brettern und Mailing Lists liefert, wer sich Interessengruppen anschließt, die über die ganze Welt verteilt sind, oder sich in Foren bewegt, der weiß, dass diese Netzaktivitäten mit Veränderungen der eigenen Lebenssituation und der gesellschaftlichen Situation einhergehen: Herkömmliche Identitäten, soziale Beziehungen und Gruppen verändern sich. Durch die sichere Distanz kann eine andere Form von Nähe entstehen. Man kann im Netz seine wahre Identität verbergen, z. B. die eigene Behinderung, aber auch seine Schönheit:

✉

»sehr geehrte damen und herren, nur im dienst (s. unten) habe ich e-mail und internet-möglichkeit. kann ich ihnen ggf. sorgen KOSTENLOS mailen und sie reagieren in irgendeiner form (wie lange dauert antwort im allgemeinen?) darauf? als schwerbehinderte durch eine unklare atemwegskrankheit UND durch viel private und auch dienstliche einsamkeit könnte ich doch so gelegentlich eine anlaufstelle gebrauchen, wo ich meine probleme und problemchen schildere.«

Ich kann eine ganz andere Identität annehmen, kann mit mehreren spielen.
»Im Netz ist es viel leichter möglich, visuelle Besonderheiten zu maskieren und somit soziale Interaktion zu erleben, in denen endlich einmal nicht die stigmatisierte Identität im Zentrum steht. Zudem kann man in Rollen schlüpfen, in denen sich eigenen Idealvorstellungen (bzw. mögliche Selbst-Aspekte) manifestieren. Solche Netzerfahrungen bieten die Chance, Selbstvertrauen zu entwickeln, Selbstwirksamkeit zu erleben und vielleicht sogar von einem Erfahrungstransfer zu profitieren.« Vgl. Turkle, 1999

Vielleicht kennen Sie das Phänomen, das Bedürfnis, den Wunsch, die Sehnsucht? Vielleicht haben Sie beim Sprechen einer Fremdsprache auch die Erfahrung gemacht, dass sich mehr verändert als die Worte und die Sprache.
Im Netz können Menschen sich ein Selbst schaffen, »Ich kann Viele« sein. An dieser Stelle unterscheiden wir sehr deutlich zwischen »Ich bin Viele« als Krankheitsbild der multiplen Persönlichkeit und »Ich bin Viele« als Spiel mit den Facetten meines Ichs im Cyberspace:
»Du kannst alles sein, was du willst. Wenn du möchtest, kannst du dich völlig umkrempeln. Du kannst ein anderes Geschlecht annehmen, mehr reden, weniger reden. Egal. Wirklich, du kannst der sein, der du sein möchtest, der zu sein du schaffst. Du brauchst dich nicht darum zu kümmern, in was für Schubladen die Leute dich sonst stecken. Die Art, wie die Mitspieler dich wahrnehmen, kannst du leicht verändern, weil sie nur mitbekommen, was du ihnen zeigst. Sie schauen dir nicht auf den Körper und ziehen Rückschlüsse. Sie hören nicht auf deinen Akzent und ziehen Rückschlüsse. Alles, was sie sehen, sind deine Worte. Und das Ding ist immer da. Vierundzwanzig Stunden am Tag kannst du an die nächste Straßenecke gehen und triffst immer ein paar Leute, die Lust haben, mit dir zu quatschen, wenn du das richtige MUD gefunden hast.« (so ein MUD-Spieler), vgl. Turkle, 1999. (Zur Erklärung: MUDs, Multi-User Dungeons [Vielnutzerkerker], sind digitale Treffpunkte, in denen Menschen anonym miteinander interagieren können und in denen man Rollen spielen kann.)

3.2 Anonym – oberflächlich – unverbindlich?

In der öffentlichen Diskussion gehen die Einschätzungen der psychischen und sozialen Folgen der Internet-Nutzung weit auseinander. Kritikerinnen und Kritiker bemängeln, dass sich Menschen im Netz hinter den fiktiven Identitäten verbergen, sich verstellen, betrügen, Pseudobeziehungen eingehen, virtuelle Scheingemeinschaften bilden und es keine wirkliche Begegnung gibt. Andere halten dagegen, dass das Netz die Chance und die Möglichkeit bietet, sich auszuprobieren, sie sehen es als ein Übungsfeld, ein Experimentierfeld, in dem die Nutzer eine ergänzende Beziehungsgestaltung erleben. Netzkommunikation wird im Amerikanischen oft als Selbsttherapie verstanden. Den Online-Identitäten werden psychologische Reinigungs- und Klärungsfunktionen zugeordnet.

✉
»Hallo ich bins wieder XXX, ich danke dir fuer deine Mail ich fuehle mich jetzt viel besser. Ich haette mir eigentlich nicht eine so gute und hilfreiche Antwort erwartet. Ich werde dann mal versuchen meine Kontakte zu pflegen und zu dritt machts doch noch mehr spass als zu zweit oder?! Danke! Wenn ich mal wieder Probleme habe kann ich mich doch wieder an dich wenden oder? Danke nochmal!«

Nach C. G. Jung ist das Selbst ein Begegnungsort verschiedener Archetypen. In der Theorie der Objektbeziehungen ging es um die Frage, wie Dinge und Menschen, die in der realen Welt existieren, zu dem Eigenleben kommen, das sie in uns entfalten können.
Seit 1995 erfahren wir in der E-Mail-Beratung, wie hilfreich diese Form der Online-Kommunikation ist. Menschen, die sich bisher nicht getraut haben, fremde Hilfe oder Unterstützung zu suchen, mailen uns. Durch die Anonymität und die sichere Distanz können sie Nähe und Vertrautheit erfahren.

✉
»Liebe Beraterin oder lieber Berater, ich glaube mich in einer verfahrenen Situation zu befinden und wende mich an Sie zur Orientierung. Ich bin über 50, einigermaßen gesund und lebe in finanzieller Sicherheit ... Ich sehe mich in einer Krise, ich will sie als Chance begreifen, ich bin aber womöglich dabei über Selbstmitleid in eine Depression abzurutschen. Wie komme ich da raus? Ich erinnere mich viel an meine katholische Kindheit, habe auch überlegt zur Beichte zu gehen (ich bin seit über 30 Jahren nicht mehr beichten gewesen), ich fürchte mich lächerlich zu machen (Frau und Kinder gehören keiner Religionsgemeinschaft an, ich bin auf dem Papier katholisch, eher aus folkloristischen oder romantischen Motiven). Können Sie mir raten? XY«

Durch die Online-Kommunikation können sie Psychohygiene betreiben. Sie erleben, welche Chance es ist, sich im IRC (Inter-Relay Chat) auszuprobieren, Aufgaben (Netzfunktionen oder Ämter) wie etwa die der Mailingliste-Moderation, Chat-Operation oder Forenleitung zu übernehmen, die sie im »wirklichen Leben« nicht leisten

können, und so an Wichtigkeit zu gewinnen. Das Leben im Internet kann dazu führen, über die vielen unterschiedlichen Rollen nachzudenken, die jemand im Alltag spielt.
Natürlich kann, wie überall, auch hier ein Übermaß vergiften.
»Das Internet ist zu einem wichtigen Soziallabor für Experimente mit jenen Ich-Konstruktionen und -Rekonstruktionen geworden, die für das postmoderne Leben charakteristisch sind. In seiner virtuellen Realität stilisieren und erschaffen wir unser Selbst.« ...
»RL (real life) ist nur ein Fenster unter vielen, und ist gewöhnlich nicht mein bestes«, vgl. Turkle, 1999, so die Aussage eines jungen Mannes, der mit verschiedenen Identitäten im Netz spielt.
Unsere Gesellschaft wurde in starkem Maße durch die dualistische Weltanschauung geprägt. Descartes' Feststellung: »Ich denke – also bin ich« verdeutlicht diese Anschauung. Das Leben ist heute multidimensionaler als je zuvor, und wir müssen lernen, in einer Vielzahl sozialer Sphären zu leben und uns an tief greifende Veränderungen und Transformationen anzupassen. In vielen Bereichen unserer Gesellschaft ist eine Veränderung von Wertvorstellungen sichtbar. Wir entwickeln uns mehr und mehr im systemischen Kontext. Wir sind mehr als die Summe unserer Teilchen, alle Phänomene – physikalische, biologische, psychische, gesellschaftliche und kulturelle – sind miteinander verbunden. Unsere Welt ist komplexer, zersplitterter, vielfältiger, unterschiedlicher, orientierungsloser, differenzierter, komplizierter, vernetzter geworden. Wir erleben heute Identität als ein Repertoire von Rollen, die sich mischen und anpassen lassen, über die verhandelt werden muss.
Vielleicht gelingt es uns, die neuen Kommunikationstechnologien so zu nutzen, dass wir eine demokratischere, gleichere, multikulturelle Gesellschaft schaffen können.

3.3 Abkürzungen und Gefühle im Internet

Wenn wir uns mit dem Kommunikationsverhalten im Internet beschäftigen, müssen wir uns auch den Abkürzungen und Emoticons zuwenden. Hier hat sich eine eigene Sprache entwickelt, und diese ist weltweit kommunizierbar und anerkannt! Vielleicht ein Zeichen einer sich auf eine multikulturelle Zeit zubewegende Welt? In

Chats, Newsgroups und in E-Mails sind Akronyme gang und gäbe. Akronyme sind Initialworte, Abkürzungen, die aus den ersten Buchstaben der Worte eines Satzes zusammengesetzt werden.
In den Pioniertagen der Datenfernübertragung (DFÜ: auch ein Akronym), also in den frühen 80er Jahren, war die Szene beherrscht von »Netheads«. Diese Computerfreaks wollten sich auch sprachlich von den »normalen Menschen« abgrenzen. Also entwickelten sie einen eigenen Slang: die Akronyme.
Die Abkürzungssprache hatte aber auch praktische Beweggründe. Die Computer hießen Commodore 64 oder Atari XL, und das World Wide Web war noch nicht erfunden. Stattdessen trafen sich die Freaks in Mailboxen, Computern, die direkt angewählt wurden. Die Datenübertragung funktionierte über Modems, auf die der Telefonhörer aufgesteckt war. Diese Akustik-Koppler übertrugen die Informationen noch mit prähistorisch anmutenden 2400 Bit in der Sekunde. Zum Vergleich: Heutige Modems arbeiten mit 56 600 Bit pro Sekunde. (Aber wer arbeitet überhaupt noch mit dem Modem) ;-)
Bei solch geringen Übertragungsgeschwindigkeiten war es wichtig, sich kurz zu fassen, um die Datenpakete so klein wie nur irgend möglich zu halten. Ein »CU« sparte im Vergleich zum ausgeschriebenen »See you« (sinngemäß: bis bald) gleich fünf volle Bytes. Die Technik hat sich seitdem rasant weiterentwickelt. Die Akronyme aber sind geblieben und erfreuen sich nach wie vor großer Beliebtheit – wenn auch eher aus Gründen der Tipp-Faulheit und Kreativität.
Es gibt Akronyme, die nur in Chat-Räumen verwendet werden, und andere, die auch in E-Mails und Newsgroups auftauchen. Ein »BRB« (»be right back« für »bin gleich zurück«) oder ein »AFK« (»away from keyboard« = »bin kurz weg«) macht in E-Mails keinen Sinn, signalisiert in einem Chat aber, dass der User kurz eine Pause einlegen will.
Akronyme werden in der Regel in Großbuchstaben geschrieben und dann einfach in den geschriebenen Satz eingefügt oder dem Satz vorangestellt. Jede, die sich einmal mit ihnen vertraut gemacht hat, lernt die praktischen Abkürzungen schnell zu schätzen. Und schon bald werden sie so selbstverständlich wie ARD, SPD und MfG.
Akronyme, die Gefühlsregungen ausdrücken, werden in eckige Klammern oder in Sternchen gesetzt. Ein <g> oder *g* ist für

andere Userinnen und User einfacher als Grinsen zu erkennen als ein einfaches g mitten im Satz.

Noch häufiger als Akronyme werden jedoch so genannte Emoticons eingesetzt, um die Bedeutung der eigenen Aussage zu unterstreichen. Der Name ist eine Mischung aus »Emotion« (Emotion) und »Icon« (Symbol). Bekanntestes unter den kleinen Zeichengesichtern ist der Smiley. Er besteht aus einem Doppelpunkt, einem Minuszeichen und einer abschließenden Klammer :-). Im Laufe der Zeit hat er viele Geschwister bekommen. Alle aufzuzählen, wäre unmöglich, weil es sich inzwischen eine Vielzahl von Internet-Surfern zum Lebensziel gemacht hat, immer neue Smiley-Variationen zu entwickeln. Mehr dazu unter **www.cyberslang.de**.

Die wichtigsten 10 Emoticons

:-) das Ur-Smiley, lachen
;-) mit einem Auge zwinkern
:-(gefrorenes Lächeln, traurig oder böse sein
:-I unentschieden, ob lächeln oder böse
:-> sarkastisches Lächeln
:-? eine Pfeife rauchen
:-P die Zunge rausstrecken
:-D laut lachen (die Mundstellungen sind hier wichtig)
:-C richtig »sauer« sein
:*) betrunken sein (auf die Nase kommt es an)

Die wichtigsten 10 Abkürzungen des Netz-Jargons

RTFM	Read The Fucking Manual	eine Aufforderung, (endlich) das Manual zu lesen
FYI	For Your Information	zur Information
CU	See You	Tschüs!
FAQ	Frequently Asked Question	häufig gestellte Frage
IMO	In My Opinion	meiner Meinung nach
IMHO	In My Humble Opinion	meiner bescheidenen Meinung nach
BTW	By The Way	übrigens
ROTFL	Rolling on the Floor Laughing	auf dem Boden wälzen vor Lachen
OS	Operating System	Betriebssystem
PD	Public Domain	frei zugänglich

4. Konsequenzen für die Beratungsarbeit im organisatorischen Bereich

Wenn wir anerkennen, dass wir in einer medialen Gesellschaft leben, sich erfolgreiche Beratung an der individuellen und gesellschaftlichen Situation orientieren muss, so kann das nur heißen, dass die E-Mail-Beratung eine Ergänzung zur Face-to-face- und telefonischer Beratung werden muss.
Konkret gefasst bedeutet dies:
1. Ein Angebot innerhalb der neuen Medien ist überörtlich.
2. Ein überörtliches Angebot heißt, sich dem (weltweiten) Mitbewerb zu stellen.
3. Ein Angebot innerhalb der neuen Medien weicht tendenziell die bisher gültigen Rahmenbedingungen bei Arbeitszeit und Arbeitsaufkommen auf.
4. Ein Angebot innerhalb der neuen Medien bietet an, neue Organisationsformen der Arbeit zu finden.
5. Ein Angebot innerhalb der neuen Medien heißt Schulungen, Trainings, Weiterbildungen für die Mitarbeitenden anzubieten (Computerliteralität).
6. Ein Angebot innerhalb der Neuen Medien bedeutet: sich einem symbiotischen Annäherungsprozess und Ineinandergreifen von Technik (Computertechnik und Medientechnik) und humanistisch/psychologischem Instrumentarium zu stellen.

4.1 Die eigenen Grenzen verlassen (überörtlich arbeiten)

Wenn Sie Ihr Angebot ins Internet stellen, können Sie von überall auf der Welt wahrgenommen werden. Jeder Mensch mit einem Internetzugang kann sich von überallher an Sie wenden.
Ihre Beratungsstelle kann Beratungsanfragen aus den entferntesten Winkeln dieser Erde bekommen.
Theoretisch gibt es für die mögliche Organisation eines solchen Vorhabens mehrere Varianten:

1. Sie können eine Zentrale ins Leben rufen, in der alle Mitarbeiterinnen und Mitarbeiter arbeiten. Alle Mails werden von hier aus beantwortet. (Nach dem Muster eines Call-Centers)
2. Sie können eine Zentrale ins Leben rufen, wo ein oder zwei Koordinatorinnen sitzen, welche die eingehenden Mails an Mitarbeitende verteilen, die verteilt in Deutschland oder irgendwo auf der Welt ihren Arbeitsplatz haben.
3. Sie können eine virtuelle, computergestützte Zentrale einrichten, von wo sich die Mitarbeitenden selbstständig die eingegangenen Mails abholen.
4. Jede einzelne Beratungsstelle richtet sich ihr eigenes Angebot ein und arbeitet die Mails mit den zur Verfügung stehenden Mitarbeitenden ab.

Bei der Bewertung der verschiedenen Varianten sollten Sie natürlich Ihren Realitäten gerecht werden und auf Ihre Organisationsstruktur und eventuelle regionale Besonderheiten Rücksicht nehmen. Praktikabel sind sie alle.

Auf eines können Sie jedoch nicht verzichten, auf einen oder zwei Mitarbeiter, die diese Arbeit koordinieren.

Wenn Sie bisher in Ihrem örtlichen oder regionalen Kontext gearbeitet haben, sind Sie es gewohnt, auf eine gut bestückte Hilfekartei zurückgreifen zu können, in der Sie alle in Ihrer Region wichtigen Beratungsstellen, Therapeutinnen usw. vermerkt haben. So können Sie gegebenenfalls schnell an entsprechende andere Fachstellen weiterverweisen. Der Unterhalt und die Pflege einer solchen Datenbank sind für den ganzen deutschen Sprachraum nicht mehr zu leisten. Sie sollten spätestens an dieser Stelle mit »befreundeten« Beratungsstellen kooperieren und sich neue Formen der Zusammenarbeit überlegen.

4.2 Innere Organisation, Personaleinsatz, Personalplanung

Die Arbeit im Internet erfordert eine Umorganisation im personellen Bereich. Aufgaben sind:
- Beantwortung der Erst-Mail innerhalb eines Zeitfensters von maximal 48 Stunden,

- Beantwortung von Nachfolge-Mails innerhalb von 7-10 Tagen durch die gleiche Mitarbeiterin oder den gleichen Mitarbeiter,
- Sicherstellung, dass alle eingehenden Mails, die in ihrer Anzahl und zeitlichem Aufkommen nicht zu kontrollieren oder vorherzusagen sind, beantwortet werden.
  - Dies bedeutet Personalressourcen vorzuhalten;
  - für eine gleichmäßige Verteilung zu sorgen;
  - einen technischen Notdienst zu haben;
- Sicherstellen der Qualitätsstandards.

Die Anzahl der Folge-Mails sind nicht vorherzusagen. Es können eine oder zwei, aber auch zehn oder zwanzig werden. Manchmal zieht sich eine Mailberatung auch über Jahre hin. Dies heißt in der Konsequenz, dass eine Mitarbeiterin erst wieder eine Erst-Mail annehmen kann, wenn aus der Gesamtzahl der ihr zumutbaren Einzelkontakte einer beendet worden ist, um so sicherzustellen, dass die Mails, die eingehen, auch innerhalb des Zeitfensters beantwortet werden. Wir haben die Erfahrung gemacht, dass gerade die Ratsuchenden per Mail eine große Verbindlichkeit und Zuverlässigkeit brauchen.

Für die Personalplanung ist somit eine nach oben hin offene Anzahl von Mitarbeitern vorzuhalten, da eine Warteliste dem Medium nicht unbedingt gerecht werden würde.

Es sei aber hier erwähnt, dass auch schon die Wartelisten in das Medium Internet Einzug gehalten haben, dergestalt, dass eine Beratungsanfrage eines Menschen durch die Zentrale (oder den Zentralen Computer) mit einer lfd. Nr. versehen wird, die der Ratsuchende automatisch mit der Quittierung des Eingangs seiner Mail mitgeteilt bekommt. Alle bisher unbearbeiteten Nummern erscheinen in einer Liste auf der Homepage und rücken jeweils um einen Platz nach oben, wenn eine Mail zur Beantwortung durch einen Mitarbeiter abgeholt worden ist. Somit kann der Ratsuchende jederzeit sehen, an welchem »Listenplatz« seine Mail angekommen ist, und sich in etwa ausrechnen, wann er eine Antwort bekommen wird. Sie kennen diese Vorgehensweise vom Arbeitsamt oder der Kraftfahrzeugzulassungsstelle. Dieses System ist Bestandteil der im vorhergehenden Kapitel aufgeführten Variante 3.

Diese Vorgehensweise kann unseres Erachtens jedoch nur ein Behelf sein, dann, wenn mit wenigen Mitarbeiterinnen ein solcher Dienst aufrecht zu erhalten ist.

Spätestens, wenn die Warteliste schneller wächst als die Beantwortung erfolgen kann, ergibt sich ein Problem, das zur Folge haben wird, dass Ihr Dienst nicht mehr in Anspruch genommen werden wird, vor allem dann, wenn die Konkurrenz schneller ist. (Auch dann, wenn Sie qualitativ bessere Arbeit leisten!)

5. Konsequenzen im technischen Bereich

Sie wollen E-Mail-Beratung anbieten? Dazu sind verschiedene strategische und technische Einrichtungen notwendig.
Sie benötigen mindestens eine E-Mail-Adresse, um ansprechbar zu sein, Software, mit der Sie eine Arbeitsumgebung für Ihre E-Mails einrichten können, ein Modem und einen Rechner :-))

Die E-Mail-Adresse

Um diesen digitalen Kommunikationsweg zu nutzen, brauchen Sie eine digitale Adresse. Diese Adresse sorgt dafür, dass Sie einzigartig werden. Nur so kann eine Mail über das Internet genau Sie erreichen. Ebenso wie im analogen Postwesen gibt es Übereinkünfte über die Beschaffenheit der Adresse. Diese Regeln sind strikt. Der Rechner kennt nur richtig oder falsch – im Gegensatz zu denkenden Postboten ;-)
E-Mail-Adressen enthalten mehrere Teile. Da ist zum einen die Domain-Angabe. Sie steht am Ende der Adresse und ist immer mit einem Punkt abgetrennt. In unseren Breiten steht dort häufig »de« für Deutschland. Es kann aber auch »com«, »info« oder »net« sein. Diese Domain-Kürzel werden weltweit verabredet und festgelegt. Zwischen dem Domainkürzel und dem @-Zeichen wird die Subdomain angegeben. Sie ist häufig mit einer Internet-Adresse identisch und beschreibt den Mailserver im Bereich der Domain – das ist der Rechner, auf dem Ihre Mails eingehen, von dem aus Sie die E-Mails auf Ihren Rechner herunterladen.
Vor dem @-Zeichen steht z. B. Ihr Name oder der Ihrer Einrichtung. Er gewährleistet, dass Sie Ihre Mails von dem oben genannten Rechner abholen können.
Die E-Mail-Adresse sieht dann möglicherweise so aus:
name@subdomain.domain
oder aber: **irgendeinbegriff@subdomain.domain**
Dies alles benötigen Sie, wenn Sie nicht webbasiert arbeiten. Wollen Sie die Beratung webbasiert anbieten, sprich: alle Daten laufen nicht auf Ihren Rechner, sondern auf einen Server, benötigen Sie eine Webadresse. Sie können sich dann auf der Webseite als Beraterin oder Berater anmelden und die eingegangenen Anfragen lesen. Die

Ratsuchende meldet sich ebenfalls auf der Webseite an und erhält einen eigenen Account. Ein Beispiel für diese Form der Beratung ist die Telefonseelsorge (**www.telefonseelsorge.org**)

Der Mail-Account

Der E-Mail-Account ist Ihr »Postfach« auf einem Mail-Server – dem nächstgelegenen »Postamt«. Sie können entweder Ihr eigenes Postamt einrichten, dazu müssen Sie einen Mail-Server selber einrichten. Dazu ist ein hoher technischer Aufwand nötig, der sich nur ab einer gewissen Größenordnung lohnt. Wenn nicht zu erwarten ist, dass man es sich leisten will, Rechner, Software und auch einen Administrator zu finanzieren, sollte man für diesen Aufwand Dienstleister in Anspruch nehmen, die so genannten Provider.
Wenn Sie einen **Provider** nutzen wollen, gibt es zwei Möglichkeiten, um Adressen zu organisieren:
Manche Provider bieten Ihnen den Account unter Ihrem Namen an. Sie bekommen eine E-Mail-Adresse, die neben Ihrem Namen auch den Namen des Providers enthält:
name.vorname@provider.de
Beachten Sie, dass diese Art Adresse immer den Namen Ihres Anbieters mitführt. Es ist eine Frage der Präsentation, ob Sie das wollen.
Der bessere Weg ist folgender: Sie legen eine Webadresse über einen Provider an, der Ihnen neben dem Rechnerplatz für Ihre Webadresse auch passende E-Mail-Adressen und deren Verwaltung anbietet:
name.vorname@meinewwwadresse.de
Sie lassen also z. B. die Webadresse **http://www.beratungxyz.de** für sich reservieren. Diese Adresse ist jetzt ausschließlich für Sie reserviert. Dank des Providers können Sie über dessen Rechner jetzt auch E-Mails empfangen und versenden, sodass Ihre Adresse lauten könnte: **Hilfe@beratungxyz.de**.
Diese Adresse hat hinsichtlich Kommunikation und Präsentation einen entscheidenden Vorteil: Sie kann in ihrer Gesamtheit auf Ihr Angebot zugeschnitten werden. Falls Sie Bedarf für mehr Adressen haben, können Sie einfach variieren:
Berater1@beratungxyz.de, Berater2@beratungxyz.de, Berater3@beratungxyz.de
Haben Sie sich schon Ihre Domain gesichert?

Die Software

Um Mails zu empfangen und zu verschicken, benötigen Sie eine Software. Es gibt viele, und alle funktionieren ähnlich. Manche sind kostenlos und werden z. B. über Betriebssysteme verteilt. Andere hingegen sind kostenpflichtig. Alle haben jedoch vergleichbare Funktionen.

Zum einen holen sie die eingegangene Post ab und schicken Ihre Post los, zum anderen kann man mit ihnen die eingegangene Post lesen, beantworten und verwalten. Lesen und Schreiben gehört zu den Grundfunktionen – die Mailverwaltung ist von Software zu Software verschieden. Diese Verwaltungsfunktionen sind im Grunde die entscheidenden. Hier sollten Sie genau analysieren – sowohl Ihren Bedarf als auch die Fähigkeiten der Software.

Jede E-Mail-Software kennzeichnet die eingegangenen Mails als ungelesen. Diese können ausgewählt, gelesen, beantwortet und auch gelöscht werden. Sie sollten davon ausgehen, dass sowohl größere Mengen E-Mails als auch E-Mail-Adressen zu speichern und zu verwalten sind.

Jede eintreffende E-Mail bringt (im Gegensatz zur analogen Post) eine Adresse mit. Das liegt an der eingangs beschriebenen Rechneridentifikation. Allerdings kann der Absender nicht persönlich identifiziert werden. Die Adresse (und der gesamte Weg der Mail) sind im so genannten Header (Kopfzeile) abgelegt. Diesen können Sie einsehen und dort die eigentliche Adresse des Absenders entnehmen. In der Regel erledigt Ihre Software das für Sie.

Wählen Sie eine Software, mit der Sie sowohl die Adressen organisieren können als auch ein übersichtliches Ablagesystem einrichten können. Sie sollten Ordner und Unterordner einrichten, diese frei benennen und bewegen können.

Das Modem und der Rechner

Modems und Rechner sind in Vielzahl auf dem Markt und eigentlich ständigen Änderungen und Erneuerungen unterworfen. Bevor Sie sich mit dem Kauf beschäftigen, sollten Sie Ihren Arbeitsinhalt und Ihr Arbeitsumfeld genau beschreiben können. Suchen Sie einen Verkäufer, der auch die Pflege oder Wartung übernimmt, wenn Sie nicht wirklich sicher sind, es selber machen zu können.

Checkliste für den technischen Bedarf
- Wie viele Arbeitsplätze werden benötigt?
  Rechneranzahl
- Wie soll die individuelle Arbeitsumgebung des Beraters sein?
- Auswahl und Einrichtung des Rechners
- Wie soll der individuelle Arbeitsablauf sein?
- Auswahl der Software hinsichtlich Verwaltung/Organisation
- Wie soll die gemeinsame Arbeitsumgebung sein?
  Einrichtung von Netzwerken
- Wie soll der gemeinsame Arbeitsablauf sein?
  Auswahl der Software hinsichtlich Datenverwaltung und Kooperation
- Wo soll die Kontaktstelle zum Internet liegen?
  eigene Einrichtung oder Provider/Dienstleister

Der Webauftritt

Zu einer Beratungsstelle, die über das Internet agiert, gehört auch ein Webauftritt. Kommunizieren Sie über das Internet, präsentieren Sie sich auch dort mit einer informativen Webumgebung für die E-Mail-Adresse.

Für die Webumgebung benötigen Sie eine Webadresse, damit Sie erreichbar und damit sichtbar sind.

Der Provider

Sie benötigen einen Provider, der ihr Angebot Tag und Nacht zur Verfügung stellt. Über diesen Provider können Sie sich Ihre Adresse buchen lassen. Da die Adresse einen Namen enthält, ist es nahe liegend, einen zu wählen, der möglichst genau Ihre Aktivitäten beschreibt. Inzwischen sind aber viele Namen belegt, sodass eine Prüfung der gewünschten Adresse unumgänglich ist. Auf den Webseiten der Provider kann man ganz einfach und unverbindlich testen, ob die gewählte Adresse noch frei ist.

Provider sind als Dienstleister eine Art Kontaktstelle zum Internet. Sie sorgen dafür, dass Ihr Angebot unter der von Ihnen ausgewählten Adresse erreichbar ist und Tag und Nacht zur Verfügung steht. Das heißt, Sie übergeben dem Provider Ihre Webseiten, der legt sie auf seine Rechner und garantiert, dass diese auch ständig im Internet

zur Verfügung stehen. Viele Provider stellen neben dem Rechnerplatz auch passende E-Mail-Adressen zur Verfügung.
Es ist also angebracht, genau zu prüfen: Was bietet der Provider und wie zuverlässig sind seine Angebote. Die einzelnen Angebotspakete sind in der Funktionalität verschieden und auch preislich unterschiedlich. Teurer kann allerdings wirklich solide heißen.

Die Webseiten

Überlegen Sie gut, wie professionell Ihre Seiten sein sollen und welche Funktionalität sie anbieten wollen. Auch wenn Ihnen diverse Softwarehersteller in den Ohren liegen, mit wie wenig Klicks Sie Ihre Texte Internet-reif machen, glauben Sie das nicht. Überlegen Sie, was Sie wollen, was Sie können und was alles Sie im Zweifel der Software oder dem Zufall überlassen müssten.
Sie benötigen unter Umständen jemanden, der Ihre Webseiten herstellt und auch programmiert.
Bevor Sie in Sachen Provider oder Weblayouter und -programmierer Entscheidungen fällen, sind einige Vorarbeiten nötig. Sie sollten wissen, welche Anforderungen Sie selbst an Ihr Angebot stellen, ehe Sie überlegen, wer die jeweilige Umsetzung übernimmt.

Die Anforderungen

Was wollen Sie wem mitteilen? Die Frage kann auch anders herum gestellt werden: Was soll eine Ratsuchende über Sie wissen, damit sie Ihr Angebot annehmen will?
Es empfehlen sich an diesem Punkt Recherchen. Schauen Sie ins Internet. Besuchen Sie die Webseiten Ihre Kolleginnen und Kollegen. Versuchen Sie das Netz so zu nutzen, wie es Ihre potenziellen Nutzerinnen und Nutzer tun würden. Überlegen Sie, welche Unterschiede sich eröffnen, wenn man sich statt über gedruckte Broschuren übers Internet präsentiert. Der Wechsel eines Präsentationsmediums kann heißen, dass Sie Ihre Inhalte den neuen Bedingungen anpassen müssen.

Suchen und Finden im Netz – Die Recherche

Wie erwähnt bietet das Netz eine riesige Menge an Informationen, Bilder, Filme, Wissen und auch Müll. Wichtig ist es, das eine vom anderen zu unterscheiden und das zu finden, was gesucht wird. Wie funktioniert das?

Die Suchmaschine

Das Internet ist ständigen Veränderungen unterworfen. Einerseits wird die Technik weiterentwickelt, andererseits gibt es Veränderungen im Bereich der Navigations- und Strukturierungshilfen. Ausgehend von dem Bedürfnis der Nutzerinnen zu finden und dem der Anbieter gefunden zu werden, gibt es z. B. Suchmaschinen. Diese erleichtern auf unterschiedliche Weise das Finden. Man gibt der Suchmaschine einen oder mehrere Begriffe und lässt sich dann auflisten, was diese dazu finden kann.

Es gibt verschiedene Suchmaschinen. Sie unterscheiden sich über so genannte Suchalgorithmen, also der Art und Weise, wie sie suchen. Auch hier gilt: Probieren und experimentieren Sie.

Die Suchmaschine ist Suchwerkzeug, aber auch Präsentationsmittel. Wenn Sie über Suchmaschinen gefunden werden wollen, müssen Sie Ihre Webseiten der Arbeit der Suchmaschinen anpassen. Wenn Sie wissen, wer Sie finden soll, dann können Sie Ihrem Gestalter oder Ihrer Programmiererin die Anforderungen mitteilen.

Das Portal

Eine weitere Erfindung zur Vereinfachung des Findens ist das Portal. Auf einer gemeinsamen Webseite – dem Portal – werden verschiedene Webangebote als Link angeboten. Bekannte Portale sind Webangebote von Städten. Dort gibt es Angebote und Informationen z. B. der Stadtverwaltung, aber auch Verweise auf Hotels, Wirtschaftsunternehmen, Ausbildungseinrichtungen usw. Gemeinsam ist diesen Links der regionale Bezug.

Ausschlaggebend am Portal sind ein gemeinsamer inhaltlicher Nenner und eine gemeinsame Webseite. Eine Variante dieser gemeinsamen Plattform ist eine Linkliste auf einer Webseite.

Wenn es solche Portale oder Linksammlungen zu Ihrem Thema gibt, sollten Sie versuchen, dort unterzukommen.

Ob Suchmaschine oder Portal, letztendlich ist es Ihre Webseite, die über Ihr Angebot informiert.

Mehr Infos: **ulrike.borinski@epost.de**

Sicherheitsstandards

Bei der Beratungsarbeit im Internet stellen sich viele Fragen an die Sicherheit dieser Kommunikationsform:
- Hat ein Fremder die Möglichkeit, die Korrespondenz unerlaubt einzusehen?
- Ist die Anonymität der Ratsuchenden gewahrt?
- Kann ein Hacker von außen eventuell in Ihren Rechner eindringen und die dort abgelegten Beratungsmails lesen?
- Wie können Sie sich vor derartigen Angriffen schützen?
- Wie sicher ist Ihr System vor unerlaubten Zugriffen?

E-Mails sind genauso sicher oder unsicher wie Postkarten. Da jeder elektronische Brief auf seinem Weg vom Absender zum Empfänger unverschlüsselt von Netzcomputer zu Netzcomputer weitergereicht wird, ist nicht auszuschließen, dass sich Neugierige einklinken und mitlesen. In der Regel interessiert sich niemand wirklich für die privaten Probleme anderer Menschen, es sei denn, sie oder er ist Beraterin oder Berater.

Die meisten Ratsuchenden wissen um die Postkartensicherheit im Netz. Unsere Erfahrungen aus den vergangenen Jahren haben gezeigt, dass über 99% der Anfragen unverschlüsselt kommen. Die meisten Ratsuchenden nutzen einen Nickname und eine »anonyme« E-Mail-Adresse.

Zudem gibt es einige Möglichkeiten, die eigenen Datenspuren zu verwischen oder die Mails zu verschlüsseln, mehr dazu unter **www.pgpi.com**. Sie können auch auf Mail-Dienste zurückgreifen, die Verschlüsselungstechnologien eingebaut haben, wie z. B. web.de, weiteres unter **www.permissionbase.com**.

Die Frage der Vertraulichkeit ist eine andere. Die Ratsuchende darf davon ausgehen, dass kein Dritter vom Inhalt der Beratung Kenntnis bekommen wird. Es ist also die Frage nach der Verhinderung eines Zugangs anderer Personen zu Ihrem Rechner, egal, von wo aus Sie arbeiten, Büro oder Homeoffice.

Sie als Beraterinnen und Berater sind verantwortlich für die Vertraulichkeit als auch die Verschwiegenheit und die Sicherheit des eigenen Rechners.

Grundwissen erlangen und aktualisieren

Für die Realisierung eines »sicheren« Computers ist es wichtig, dass Sie ein solides Grundwissen bezüglich Computeranwendung und Datensicherheit erlangen.

Relevante Themen:
- PC-Grundwissen,
- Grundkenntnisse des verwendeten Betriebssystems (meist Windows)
- Grundkenntnisse im Umgang mit den Internetprogrammen (Browser, E-Mail-Programm)
- Datensicherheit im Internet (Angriffsmöglichkeiten, Gegenmaßnahmen, Passwortgebrauch)

Empfohlen:
Für Grundwissen PC und Internet wird auf Bücher hingewiesen unter: **www.pc-buchtipps.de**.
Schulungen zu Datensicherheit gibt es unter: **www.etc-consulting.de**.
Bleiben Sie auf dem Laufenden und schauen unter: **www.sicherheit-im-internet.de**.

Programm-Aktualisierung

Sie sollten die sicherheitsrelevanten Programme mindestens 14-täglich aktualisieren. Dies betrifft vor allem das jeweilige Betriebssystem (z. B. Windows 98 oder 2000) und die Internetprogramme wie Browser (z. B. Internet-Explorer) und E-Mail-Programme. Programme, deren Sicherheitslücken geschlossen sind, bieten deutlich weniger Angriffsflächen (vgl. **www.sewecom.de**).

Virenabwehr bei E-Mail-Anhängen

Computer-Viren sind gefährliche Dateien, die großen Schaden in einem Computer anrichten können. Deshalb ist es notwendig, dass Sie keine Dateien öffnen, deren Herkunft Sie nicht kennen. Im Zweifelsfall sollten Sie die Datei unbedingt löschen.
Der Anhang von bekannten Absendern kann ebenfalls gefährlich sein: Er könnte automatisch durch einen Wurm (spezieller Virus)

verschickt worden sein. Bei nicht eindeutig persönlichem Begleittext prüfen Sie bitte, ob der Inhalt der E-Mail persönlich verfasst wurde. Im Zweifelsfall ist bei der Absenderin nachzufragen. Ein Indiz für einen Wurm oder einen Virus ist auch, wenn Sie die gleiche E-Mail mehrmals bekommen. Prüfen Sie Ihren Postausgang regelmäßig. Falls unter »Gesendete Objekte« E-Mails sind, die Sie nicht selbst versandt haben, sollten Sie davon ausgehen, dass Sie nicht der Grippevirus befallen hat. Löschen Sie auch immer den Ordner »gelöschte Objekte«.

Antivirensoftware

Installieren Sie aktuelle Antivirensoftware auf jedem PC (zur Viren- und Trojanererkennung). Antivirenprogramme machen nur Sinn, wenn sie ständig aktualisiert werden. Machen Sie es sich deshalb zur Angewohnheit, Ihre Virensoftware täglich zu aktualisieren, das ist letztendlich weniger Arbeit, als wenn Sie einen Virus nicht mehr loswerden, wir sprechen da aus eigener harter Erfahrung.
Lassen Sie das Programm im Hintergrund aktiviert, suchen Sie Ihre Festplatte monatlich nach Viren ab. Alle Dateien, die neu auf den PC kommen (per Diskette, CD, E-Mail o. a.), müssen unbedingt überprüft (gescannt) werden, bevor sie ausgeführt bzw. geöffnet werden.

Trojanerabwehr

Trojaner sind kleine Programme, die – wenn sie auf Ihren PC gelangen – die Kontrolle über fremde Computer ermöglichen können: Im Internet suchen regelmäßig automatisierte Programme nach Trojanern. Falls im Internet jemand feststellt, dass sich ein Trojaner auf dem Rechner befindet, kann der PC möglicherweise aus der Ferne gesteuert, Daten können ausgespäht und andere Schäden angerichtet werden. Programme unbekannter Herkunft sind deshalb sehr gefährlich.
Jede Programminstallation stellt daher ein Sicherheitsrisiko dar. Sie sollten deshalb nur notwendige Programme installieren, und sie sollten aus einer vertraulichen und bekannten Quelle stammen. Neue Programme müssen, wie alle Dateien überhaupt, von Antivirenprogrammen gescannt werden, bevor sie installiert werden.

Firewallsoftware

Installieren Sie Firewallsoftware auf jedem PC, mit dieser Software wird geregelt, welcher Datentransfer ins Internet erlaubt ist und welcher nicht. Unerlaubter Zugriff von außen soll dadurch abgewehrt werden.

Angriffe über Browser und E-Mail-Programm verhindern

Es gibt im Netz einen aggressiven Programm-Code, der über Webseiten oder über HTML-E-Mails (auch ohne Anhang) verbreitet wird. Dieser kann zu Manipulationen am PC führen.
Die Standardeinstellungen, z. B. vom Internet-Explorer und von Outlook-Express, sind häufig unzureichend und müssen angepasst werden.

Passwort und Benutzernamen schützen

Für gesicherte Zugänge werden regelmäßig benötigt:
Adresse (z. B. Webadresse für die Eingabe, Adresse des E-Mail-Servers) und Benutzername (oft auch »User«, »Name«, »Benutzer« oder »Account« genannt) und Passwort.
Wer diese drei Informationen hat, kann Zugriff auf einen bestimmten Bereich nehmen. Deshalb sollten Sie diese Daten nicht zusammen aufbewahren. Also sobald Sie diese Zeilen gelesen haben, nehmen Sie den Zettel unter der Tastatur weg und legen ihn in den Safe.

Auswahl von Passwörtern

Falls Sie selbst Passwörter erfinden müssen:
- Das Passwort muss mindestens 8 Zeichen haben.
- Zahlen und Buchstaben sollen miteinander kombiniert werden.
- Groß- und Kleinschreibung sollten möglichst abwechselnd benutzt werden.
- Keinesfalls dürfen Begriffe und Namen verwendet werden (Gefahr, erraten zu werden).

Zugangsbeschränkung auf jedem PC

Verhindern Sie den Zugriff auf Ihren PC. Die beste Zugangsbeschränkung ist ein reales Schloss.
Sichern Sie Ihren PC durch Passwörter oder spezielle Programme.

Hard- und Software-Sicherheit

Bei Hard- und Softwareauswahl und Konfiguration ist besondere Sorgfalt von Nöten.
Verzichten Sie auf Funkverbindungen, es sei denn, es ist nachweislich für eine ausreichend hohe Verschlüsselung des Datentransfers zwischen allen Komponenten gesorgt.

Speicherung und Transfer von sensiblen Daten

Die Speicherung von Beratungsinhalten sollten Sie am besten auf einem Datenträger machen. Ansonsten ist mit dem vertraulichen Datenmaterial der Beratungsinhalte so umzugehen, wie es im Rahmen der Vertraulichkeit geboten ist.

Ausgedruckte Daten

Ausgedruckte Daten sind unter Verschluss zu halten. Sie sind insbesondere vor dem unbefugten Zugriff und Einblick Dritter zu schützen.

Online-Sicherheits-Checks

Es wird dringend empfohlen, vor und nach dem Realisieren der Sicherheitsstandards am PC einen Online-Check zu machen, um die Wirksamkeit der Einstellungen zu überprüfen. Die Sicherheits-Checks sind ebenfalls über den oben genannten Link zu finden.

Persönliche Checkliste führen

Wir empfehlen Ihnen, eine persönliche Checkliste zu führen, in der Sie alle sicherheitsrelevanten Vorgänge eintragen sollten. So können Sie immer nachvollziehen, wie aktuell welche Sicherheitsmaßnahmen sind.

So, das war der eher »trockene« technische Teil, und im Übrigen sollten Sie nicht allzu große Angst aufbauen, technisch irgendetwas falsch zu machen, denn es können viele Dinge schief laufen, wie die nachfolgende Mail zeigt:

✉
»Hallo,
da ich das erste mal von diesem Computer E-Mails versende, bin ich mir nicht sicher, ob Sie meine Mail erhalten haben. Sollten Sie keins von mir erhalten haben, dann geben Sie mir doch bitte Bescheid, damit ich dies nochmal neu versenden kann.«

6. Konsequenzen für die Beratung

Wenn Sie sich entscheiden, Ihre Beratung auch per E-Mail anzubieten, sollten Sie in der Lage sein, mediengerechte Beratungsansätze zu finden. Sie sollten sich mit dem Vier-Folien-Konzept vertraut machen, sinnvolle schriftliche Beratungsformen entwickeln, neugierig auf die Mailerinnen und Mailer sein, Lust an dieser neuen Herausforderung haben. Außerdem ist es unerlässlich, dass Sie die technischen und gesellschaftlichen Entwicklungen beobachten und die notwendigen Konsequenzen für Ihre Arbeit daraus ziehen.

6.1 Persönliche Voraussetzungen der Beraterinnen und Berater

Menschen unterscheiden sich im Grad der Ausprägung und Präferenz ihrer Sinneswahrnehmungen. Die einen haben ihre Stärken in der akustischen Wahrnehmung, die anderen sind eher auf optische Reize ansprechbar. Hinsichtlich der E-Mail-Beratung sollten Sie sich die Frage stellen, ob Lesen und Schreiben als solches etwas ist, wozu Sie einen innerlichen Bezug haben. Lesen Sie gerne, oder verstauben die Bücher, die ihnen Menschen geschenkt haben, ungelesen in einem Regal? Schreiben Sie gerne Briefe? Oder führen Sie ein Tagebuch?
Ganz abgesehen von Ihrer beraterischen Kompetenz stellen Sie sich bitte die Frage, ob E-Mail-Beratung im Grundsatz etwas sein könnte, wozu Sie einen innerlichen Bezug finden können. Wir haben in unserer Arbeit bei der Telefonseelsorge, bei der Werbung von bereits am Telefon tätigen hauptberuflichen und ehrenamtlichen Mitarbeiterinnen und Mitarbeitern für die E-Mail-Beratung feststellen müssen, dass viele von sich selbst sagen: »Schreiben ist nichts für mich. Ich kann keinen unverkrampften Zugang zu dieser Form der Beratung finden. Ich komme mir vor wie früher in der Schule. Das Schreiben setzt mich unter Druck. Ich kann mich schriftlich nicht mitteilen. Ich brauche meine Stimme und die Stimme des Gegenübers. Eine Mail alleine verunsichert mich ...« Die Vermutung, dass dies kein Zufall ist, scheint dadurch berechtigt zu sein, dass für diesen Personenkreis der am Telefon tätigen Beraterinnen und

Berater eher eine akustisch-sinnliche Ausprägung ihrer Wahrnehmungspräferenz gegeben sein muss, sonst hätten sie sich diese Tätigkeit vermutlich auch nicht ausgesucht. Des Weiteren sind sie ja speziell geschult worden, die Wahrnehmung auf diesem auditiven Kanal weiter auszubilden und zu fördern.

Wir haben auch die Erfahrung gemacht, dass viele Menschen, die sich für die Ausbildung als Telefonseelsorgerin interessieren, auf dem Wege dahin feststellen, dass sie auf die physisch-persönliche Anwesenheit des anderen nicht verzichten können, weil ihnen damit die für sie wichtige zusätzliche Informationsquelle des visuellen Kontaktes zum Klienten erhalten bleibt.

Dass Beratung erfolgreich ist, wenn sie sinneskanalreduziert ist, beweist die jahrzehntelange erfolgreiche Arbeit der Telefonseelsorge und anderer telefonischer Beratungsinstitutionen. Der Erfolg basiert auch auf der Tatsache, dass diese Arbeit von Menschen geleistet wird, die ihre Stärken gerade auf dem Gebiet haben, das durch die Bedingungen der Arbeit umgrenzt wird. Forschung in der Antarktis ist beispielsweise auch nur möglich, weil es Menschen gibt, die sowohl ihre professionelle Kompetenz auf diesem Gebiet haben als auch die individuelle Eigenschaft, sich mit den dort herrschenden Bedingungen physisch und psychisch besser zurechtzufinden als andere.

Der Erfolg einer Tätigkeit im Bereich der E-Mail-Beratung hängt also mit davon ab, dass sie von Menschen geleistet wird, die sowohl einen innerlichen Zugang auf Schriftlichkeit reduzierter Kommunikation, als auch ihre Stärken darin haben, sich selbst schreibend auszudrücken.

Das Handwerkszeug der E-Mail-Beratung ist der Computer. Wichtig ist, und es versteht sich von selbst, dass Sie mit einem solchen technischen Gerät nicht auf Kriegsfuß stehen. Der praktische Umgang mit dem Handwerkszeug sollte Ihnen keine größeren Beschränkungen auferlegen. Das Verfassen eines Textes ist schon schwer genug. Sie sollten nicht auch noch Stunden damit verbringen, ihn auf den Bildschirm zu bringen, Ihnen also, bedingt durch das Ein-Finger-Adler-Kreissystem, schon Federn am Zeigefinger wachsen, haben Sie ein zusätzliches Problem, was den Spaß an der Arbeit auch ganz schön vermiesen kann.

Falls Sie Mühe haben, gönnen Sie sich bei Gelegenheit einen entsprechenden Kurs bei der Volkshochschule.

Äh, haben wir schon erwähnt, dass Sie natürlich schreiben und lesen können sollten? ;-)

6.2 Beratungskompetenz – Qualitätsmerkmale

Beraterinnen und Berater, die in der E-Mail-Beratung tätig werden wollen, sollten vertraut sein mit dem klienten-zentrierten Konzept von Carl Rogers, dem ressourcenorientierten Verfahren nach Steve de Shazer, verschiedenen Ansätzen aus der humanistischen Psychologie und auch den wichtigsten theoretischen Grundlagen der Kommunikationspsychologie sowie der Handhabung von Handlungsfertigkeiten. Sie sollten sich bewusst sein über die eigenen Einstellungs- und Reaktionsmuster.

Die E-Mail-Beratung erfordert eine angemessene Rollen- und Situationsdiagnose sowie das Verstehen der Beziehung zur Ratsuchenden in ihren unbewussten und bewussten Ebenen.

Die folgenden Eckpunkte bilden die grundlegenden Qualitätsmerkmale gelungener E-Mail-Beratung:

1. *Offenheit gegenüber den Mailerinnen und Mailern*

- Die Beratung bedarf der einladenden Offenheit gegenüber den Ratsuchenden. Beraterinnen und Berater müssen innerlich bereit sein, sich den Mailerinnen und Mailern mit Interesse und Neugier zuzuwenden. Sie sollten in der Lage sein, die Probleme und Schwierigkeiten des Ratsuchenden ohne vorschnelle Beurteilung seiner Person wahrzunehmen und eine Vorstellung zu entwickeln, wie beraterisch interveniert werden kann. Sie benötigen dazu die Fähigkeit, dies durch entsprechendes Schreibverhalten eindeutig erfahrbar zu machen.
- E-Mail-Beratung ist eine digital-analog vollzogene personale Begegnung. Zum Gelingen dieser Begegnung trägt maßgeblich die tragfähige und vertrauensvolle Beziehung zu den Schreibenden bei. Sie versteht sich als Angebot einer Arbeitsbeziehung gegenüber dem ratsuchenden Menschen. Die Annahme dieses Beziehungsangebots ist zugleich notwendiges Kennzeichen einer unterstützenden Mail. Ohne das Angebot einer tragfähigen Ar-

beitsbeziehung und deren Annahme durch die Mailerin oder den Mailer ist die Beratung nicht möglich.
- Beraterinnen und Berater im Internet müssen in der Lage sein, verschiedene situationsspezifische Möglichkeiten in Betracht zu ziehen und zu prüfen und auch die Grenzen dieser Beratungsform zu reflektieren. Sie bedürfen der Fähigkeit, Hinweise und Schreibstrategien bewusst zu halten, sie jedoch als beigeordnet im Beratungsprozess anzusehen. Obwohl methodisch geleitet, ist die E-Mail-Beratung kein technischer Prozess, sondern ein kreativer Akt auf der Basis der eigenen Professionalität.
- Offenheit und Beziehungsorientierung gegenüber den Ratsuchenden begründen sich in der Balance eigener ungelöster Fragen und reaktiver Muster.
- Die Beziehungsfähigkeit schließt die Fähigkeit einer sensiblen Fremd- und Eigenwahrnehmung ein. E-Mail-Beraterinnen und Berater sind für die Userinnen und User und ihre Probleme offen. Gleichzeitig sollten Sie informiert sein über die netzspezifischen Formen und Themen.
- Erfolgreiche E-Mail-Beratung hat zu tun mit der Balance von Nähe und Distanz. Die eigene Beratungskompetenz schließt die Fähigkeit ein, die Extreme von zu viel Nähe und großer Distanz zu meiden. Eine hilfreiche Beziehung umschließt beides. Sie ist emotional nah, ohne »aus der Rolle zu fallen«.

2. *Reflexionsvermögen in Bezug auf die eigene Tätigkeit*

- Kompetente Beratung schließt die Reflexion der eigenen Grenzen ein.
- Die Qualität der E-Mail-Beratung wird in der Integration von fachlichem Wissen, methodischen Kenntnissen und personaler Entwicklung erkennbar. Fachliches Können zeigt sich in der prinzipiellen Entwicklungsfähigkeit auf diesen drei Ebenen.
- Fortbildung, fachlicher und kollegialer Austausch sind fundamentale Werkzeuge, die diese Entwicklung fördern. Supervision und Fallbesprechung sichern Beziehungsfähigkeit und Belastbarkeit. Sie definieren zugleich Möglichkeiten und Grenzen für die Arbeit im Internet und fördern ihren Erfolg.
- Wie in jeder Beratungstätigkeit ist auch in der E-Mail-Beratung Supervision unabdingbar. Sie dient der Verbesserung der Bera-

tungskompetenz. Sie schafft Reflexionsräume und ermöglicht ein tieferes Verstehen der Realität, indem sie eine Situation aus verschiedenen Blickwinkeln und Dimensionen analysiert und erörtert. Sie hilft (wieder) in die beraterische Rolle zu finden.
- In der Projektphase und in der Einarbeitungszeit ist eine eigene, kontinuierliche Supervision mit Supervisorinnen, die die nötige Feldkompetenz besitzen, unverzichtbar. Prüfen Sie dies unbedingt. Ein Supervisor, der von dieser Form der Beratung nichts hält, der die Auffassung vertritt, das einzig Wahre sei die Face-to-face-Beratung. Eine Supervisorin, die über keine netzspezifischen Kenntnisse verfügt, kann Sie in dieser Zeit nicht begleiten.

6.3 Ethische Aspekte der E-Mail-Beratung

- Beziehungsgeleitete Beratung erfolgt in aller Regel auf Grund eines ausgesprochenen Wunsches oder Auftrags von Ratsuchenden. Nicht erbetene Hilfe ist unsinnig. Umgekehrt sind Grenzverletzungen und Übergrifflichkeiten seitens der Ratsuchenden in der E-Mail-Beratung genauso anzusprechen und zu unterbinden wie in anderen Beratungsformen auch. Wie erwähnt bietet das Internet gerade auch für Menschen mit großen Kontaktängsten, frühen Störungen und einem labilen Selbst (vgl. Van Well, 2000) ein sinnvolles Medium.
- E-Mail-Beratung ist trotz methodischer und instrumenteller Werkzeuge nicht wertfrei: Ratsuchende äußern ihre Werte implizit oder explizit. Beraterinnen und Berater ihrerseits sind latent oder direkt von weltanschaulichen, politischen oder sozialen Zielen geleitet. Erfolgreiche Beratung zeigt sich nicht in der Neutralität oder Parteinahme für bestimmte Wertmaßstäbe, sondern zeigt sich in der Wahrnehmung und Transparenz der Wertesysteme.
(In Anlehnung an die »Regeln fachlichen Könnens für die institutionelle Beratung« der DAJEB/BAG, in: Sanders, 2001.)

Ziel der E-Mail-Beratung ist, die Selbsthilfemöglichkeiten von Ratsuchenden zu entdecken und sie zu fördern, sie zu eigenen Lösungen und persönlich verantworteten Entscheidungen zu befähigen.

7. Ich schreibe, also bin ich – die Grundlagen der E-Mail-Beratung

7.1 Analoge Kommunikation – digitale Kommunikation

Die Beratungsarbeit im Internet bedient sich eines Computers und fällt technisch unter den Begriff der digitalen Kommunikation. Was wir bisher taten in unserer Beratungsarbeit, sei es im persönlichen Gespräch, in Gruppen oder am Telefon, fällt unter den »technischen Begriff« der analogen Kommunikation.
Sie sind nicht zu verwechseln mit den Begriffen der digitalen und analogen Kommunikation von Watzlawick!
Nähern wir uns den Begriffen von der Alltagsseite. Wenn Sie die Absicht haben, sich eine neue Armbanduhr zu kaufen, wird Sie der Verkäufer sicherlich zunächst vor die Wahl stellen, ob Sie eine analoge oder digitale Zeitanzeige wünschen. Eine analoge Uhr ist eine Uhr mit einem Ziffernblatt. Sie zeigt die Zeit in Form eines Kreises mit Zeigern für Stunde und Minute, eine digitale Uhr in Form von Ziffern, also z. B. 15:20 Uhr. Beim Ziffernblatt besteht ein direkter Zusammenhang zwischen der Strecke, die der Zeiger zurücklegt, und der Zeit, die verstrichen ist. Je weiter die Zeit voranschreitet, desto weiter schreitet der Zeiger voran auf seinem Weg durch das Ziffernblatt. Eine analoge Darstellung ist mehr anschaulicher und damit mehr sinnlicher Natur, digitale Darstellung mehr logischer Natur.
Sie kennen bestimmt den Witz: Ein Mann fragt einen Passanten nach der Uhrzeit. »Ja gerne,« antwortet dieser, »es ist 15 geteilt durch 20, aber ausrechnen müssen Sie das schon selbst.«
Aha, da steht also ein Begriff »sinnliche Natur«. Wenn wir mit einem sympathischen Menschen eine nette Unterhaltung haben, so benutzen wir für die Aufnahme, die Rezeption dessen, was er sagt und ausdrückt, alle unsere Sinne. Wir hören seine Worte, wir sehen seine untermalenden Gesten und den Gesichtsausdruck, wir riechen sein Parfüm usw.
Wir können also die Signale entsprechend unmittelbar und ohne Verfälschung aufnehmen und gemäß unseres Erfahrungsschatzes,

der auf gleichartige und übereinstimmende Situationen aufbaut, das Gesehene und Gehörte verarbeiten, sinngemäß einordnen und verstehen.

Vielleicht haben Sie zu Hause noch einen alten Plattenspieler, und es mag sein, dass daneben auch schon seit Jahren ein CD-Spieler steht. Nun, das eine, der Plattenspieler, ist ein analoges Gerät, der CD-Spieler ein digitales. Der Plattenspieler gibt, durch Abtastung der Rillen auf der Platte und mittels seines Tonarms und der Nadel, die Musik wieder, die auf die Platte gepresst wurde. Die Qualität der Musik auf der Platte entspricht theoretisch genau dem Höreindruck, den Sie in der Live-Situation hätten haben können. Es wird nichts hinzugefügt oder weggelassen, es ist die genaue Konservierung dessen, was im Tonstudio oder im Konzertsaal aufgenommen wurde.

Ein CD-Player geht anders vor. Auf einer CD sind Informationen gespeichert, die beinhalten, wie die Musik zusammengesetzt ist. Es ist sozusagen eine Handlungsanweisung, die Musik wiederentstehen zu lassen. Durch den CD-Player entsteht die Musik auf Grund der auf der CD enthaltenen Informationen jedes Mal neu.

Der Unterschied ist, um ein Beispiel zu nennen, als sende Ihnen Ihre Großmutter ein Paket mit dem gerade selbst gebackenen Lieblingskuchen aus ihrer Jugend oder eben das Originalrezept in einem Brief, welches Sie nachbacken können. Wir wollen Ihre Backkünste nicht in Zweifel ziehen, liebe Leserin und lieber Leser, aber Ihre Großmutter kann's einfach besser, originaler, mit den Zutaten, die Sie hier vielleicht nicht oder nicht in der Qualität bekommen, und auf die Art und Weise, wie sie es eben schon immer gemacht hat.

Nachdem Sie nun den Unterschied zwischen einem analogen und einem digitalen Kuchen gelernt haben, wollen wir Ihnen verraten, was das Ganze mit der Beratung per E-Mail zu tun hat.

Sie sind es wahrscheinlich gewohnt, in Ihrem Beratungssetting Ihre Klienten in »Fleisch und Blut« vor sich zu haben oder zumindest sie akustisch am Telefon zu hören. Sie erfahren also mit all Ihren Sinnen, was die Klientinnen Ihnen sagen, wie sie sprechen, wie sie sich verhalten, ob sie unsicher wirken, ja, Sie können selbst riechen, ob sie z. B. Alkohol getrunken haben und – bei gutem Geruchssinn – selbst auch auf die Frage, was getrunken worden ist, eine Antwort geben. Ihre langjährige Erfahrung ermöglicht Ihnen, all diese

Detailinformationen zu einem Ganzen zusammenzufügen und sich ein Bild von diesem Menschen zu machen.
Für diejenigen unter Ihnen, bei denen die Beratung telefonisch stattfindet, sind die Möglichkeiten der Wahrnehmung schon eingeschränkter. Dennoch vermittelt der Mensch durch seine Stimme nicht nur sprachliche Inhalte, sondern eine Vielzahl anderer akustischer Signale, sowohl bewussten als auch unbewussten Ursprungs. Jede und jeder von uns hat gelernt, diese Qualitäten mitzuhören und ein bestimmtes Verständnis aus der Kombination mit den semantischen Sprachinhalten abzuleiten.
Sie können zwar nur noch hören, was der Teilnehmer sagt, es ist Ihnen jedoch möglich, unter Zuhilfenahme dessen, was Sie sonst noch hören, diesen sprachlichen Informationen einige andere hinzuzufügen. Beispielsweise hören Sie die Hintergrundgeräusche, Sie hören die Sprache und den Dialekt der Anruferin. Aus ihrer Sprechweise können Sie möglicherweise darauf schließen, ob die Person unter Drogeneinfluss steht, Sie können aus Stimmlage, Sprechgeschwindigkeit, Rhythmus, Lautstärke, Wortwahl und anderem zusätzliche wichtige Informationen gewinnen. Sie sind in der Lage, Aussagen zu machen über Geschlecht, ungefähres Alter, Bildung, regionale Herkunft und auch möglicherweise über das aktuelle Befinden des Anrufers. Zumindest hören Sie, wenn die Person erkältet ist, wenn er ein Sprechproblem wie z. B. Stottern hat oder wenn sie/er weint. Kurzum, diese Person wirkt auf Sie, und Sie können alle verfügbaren akustischen Signale auf Grund Ihres Wissens und Ihrer Erfahrung zu einem Bild zusammenfügen. Es ist selbst am Telefon eine ganze Menge, was wir über das Verständnis des Sprechinhaltes hinaus an Informationen gewinnen und verarbeiten.
Wenn Sie Zeuge einer Unterhaltung werden, die in einer Ihnen unbekannten Sprache erfolgt, werden Sie erstaunt sein, was Sie trotz Unverständnisses für den Redeinhalt an Informationen und Aussagen über diese Menschen gewinnen können. Diese prosodischen Merkmale des Sprechens und der Sprache sind analoge Informationen. »Prosodie« kommt aus dem Griechischen und bedeutet übersetzt »Beigesang« – in der Antike die Lehre von dem, was bloßen Lauten noch »hinzugetönt« wurde.
Dies alles sind Informationen aus den analogen Bestandteilen der sprachlichen Kommunikation.

Wenn Sie jedoch einen Brief lesen, haben Sie keine Möglichkeit, an zusätzliche Informationen zu gelangen. Der Text spricht zu Ihnen, und zwar auf eine sehr eigentümliche Weise. Eigentlich ist es nicht der Text, der spricht, sondern Sie sind es selbst – quasi ein Dialog mit sich selbst.
Wie kann man das verstehen?
Geschriebene Worte sind Anordnungen von Symbolen, Zeichen, die in ihrem Muster eine Bedeutung geben. Wenn Sie die Buchstaben B, A, U, M aneinander reihen, ergibt sich das Wort Baum. Ihre Augen nehmen die Buchstaben auf, Sie erkennen das Wort und in Ihnen entsteht das Verständnis, dass es sich um den Begriff »Baum« handelt. Im weiteren Prozess entsteht vor Ihrem inneren Auge das Bild eines Baumes.
Wenn Sie in einem Text den Satz lesen »mitten in der Einöde steht ein Baum«, dann kommt ein Bild in Ihnen auf, das Bild eines Baumes, das Bild einer Einöde. Es ist aber Ihr Baum und Ihre Einöde. Es kann eine Palme in der Wüste sein oder eine verkrüppelte Kiefer mitten in einer kargen Felslandschaft. Oder eine einzelne Tanne mitten in einer weiten Schneelandschaft. Alleine schon der Begriff »Baum« als solches lässt für Ihre Vorstellungskraft unzählige Varianten an möglichen Bäumen zu. Die Kombination von zwei Worten »Baum« und »Einöde« potenziert die möglichen Variationen ins Unendliche. Sie neigen wahrscheinlich dazu, sich »real denkbare« Szenarien dieser Kombination vorzustellen, also Bilder, die Sie schon mal gesehen haben oder die Sie für real halten. Sie greifen also auf Ihre Erfahrungen zurück, auf Gelerntes. Wenn Sie ihre Fantasie jedoch ein wenig mehr herausfordern, dann könnte auch ein Bild einer Palme in der Eiswüste entstehen oder ein Weihnachtsbaum auf dem Meer. Die Möglichkeiten sind unendlich und müssen nicht zwangsweise »logisch« oder »wirklichkeitsnah« sein. Es sind nur zwei Worte, was Sie daraus machen, ist Ihre Sache.
Manche Menschen mögen es nicht, nachdem sie ein Buch gelesen haben, sich den zugehörigen Film im Kino anzusehen. Wie kommt das? Nun, der Film stört ihre Fantasie. Sie werden fast übereinstimmend hören, dass der Film nicht so gut gefallen hat wie das Buch. Die Fantasie der Leser wird durch eine andere Fantasie (die der Regisseurin) gestört, quasi zerstört, oder entweiht. Beim Lesen eines Buches entstehen in mir meine Bilder. Meine Lieblingsbilder! Ich »bilde mir nichts ein«, was mir nicht gefällt. Beim Anschauen

des Films werde ich mit der Fantasie eines anderen Menschen konfrontiert, die natürlicherweise nicht die meine ist.
Umgekehrt ist es schon besser, aber auch einseitiger. Wenn Sie zuerst den Film sehen und dann das Buch lesen, so folgt Ihre Fantasie Ihren gemachten Erfahrungen. Es ist sehr schwer, im Anschluss an einen Film sich beim Lesen des ihm zugrunde liegenden Buches eine neue, eigene »Wirklichkeit« entstehen zu lassen, die anders ist als die Bilder des Films. Wir lassen uns schon anleiten und verlassen ungern einmal getretene Pfade.
Das Bild Ihres Baumes ist das Bild Ihres Lieblingsbaumes. Sie haben sich Ihren Baum »geschaffen« oder »erschaffen«.
Wenn Sie einen Brief schreiben, so haben Sie in Gedanken eine Vorstellung dessen, was Sie ausdrücken wollen. Sie versuchen – so wie ich gerade –, Ihre Gedanken dann in Worte zu kleiden. Dieser Prozess des Schreibens ist schon eine Reduktion, ein Kondensieren auf das Wesentliche. Diese Worte erscheinen nun in Buchstaben auf dem Papier, werden »digitalisiert«. Der Leser erkennt in diesen Buchstaben die Worte, assoziiert mit den Worten Begriffe und Bilder, und es entsteht in seinem Geist ein Verständnis dessen, was gemeint ist. Dies ist ein Prozess, der nicht verlustfrei vonstatten gehen kann. Alleine schon die geschriebene Sprache ist gegenüber der gesprochenen Sprache eine Reduktion. Kein Mensch schreibt normalerweise so, wie er sprechen würde. Gesprochene Sprache scheint viel umfangreicher zu sein als geschriebene Sprache. Der Zwang, sich zu »verschriftlichen«, bewirkt eine Beschränkung der Aussage. Dies hat damit zu tun, dass die Aussagemöglichkeiten des gesprochenen Wortes weniger an Konventionen gebunden sind als die Schriftsprache. Ich darf sprechen, »wie mir der Schnabel gewachsen ist«, schreiben muss ich nach bestimmten Regeln – ich kann nicht einfach nur mein Reden protokollieren. Und, die gesprochene Sprache wird durch die nonverbalen Anteile des Sprechens, also Mimik, Gestik usw., unterstützt. Ob dies nun alles auch auf E-Mails zutrifft, werden wir noch untersuchen.
Nun könnten Sie ja noch einen handschriftlichen Brief schreiben – damit würde etwas Persönliches von Ihnen »begreifbar« werden. Vielleicht auf rosa Papier mit etwas Parfüm darauf und ein paar roten Herzchen draufgemalt?
Wenn Sie eine E-Mail versenden, ist sogar diese persönliche Note von Ihnen verschwunden. Es zählen nur die reinen Buchstaben und

Worte. Sie können sich noch so viel Mühe geben, die Mail richtig ansprechend zu gestalten – vielleicht eine schöne Schrifttype und einen Zierrahmen aussuchen –, wenn aber der Empfängercomputer dies nicht interpretieren kann – also die entsprechende Schrift auf diesem Rechner nicht installiert ist –, wird er es anders darstellen, selbst Absätze und Zeilenumbrüche wird er nach seinen Einstellungen darstellen und nicht nach den von Ihnen gewollten.

✉
Hallo!
Ich bin ein Versager. Ich bin 26 Jahre alt und hatte noch nie
eine
Freundin. Nicht für kurz und nicht für lang. Keine
schöne und keine häßliche. In der Schulzeit ging es los.
Meine Mitschüler hatten ihre ersten Freundinnen, ich nicht. Alle Männer sind
erfolgreicher als ich.
Ich kann mein Versagen auch
nicht verbergen. Freunde und Kollegen merken es irgendwann doch.

✉
Hallo!
Ich bin ein Versager. Ich bin 26 Jahre alt und hatte noch
nie
eine
Freundin. Nicht für kurz und nicht für lang. Keine
schöne und keine häßliche. In der Schulzeit ging es los.
Meine Mitschüler hatten ihre ersten Freundinnen,
ich nicht. Alle Männer sind erfolgreicher als ich.
Ich kann mein Versagen auch
nicht verbergen. Freunde und Kollegen merken es irgendwann
doch.

Dies ist also der wesentliche und für uns bedeutende Unterschied zwischen einem unmittelbaren, zeitlich synchron stattfindenden Beratungsgespräch oder einer telefonischen Beratung und dem Verfassen oder Lesen einer E-Mail. In dem einen Falle steht uns eine Fülle an zusätzlichen anderen Informationen dieser analogen Kommunikationsform zur Verfügung, im Falle der computergestützten digitalen Kommunikationsform per E-Mail sind diese zusätzlichen Informationsquellen verschlossen.
Und darum geht es bei der Umstellung von persönlicher Begegnung oder telefonischem Kontakt auf E-Mail-Beratung. Es geht um Lesen statt Hören und um Schreiben statt Sprechen.

7.2 Lesen statt Hören – Schreiben statt Sprechen

Wenn wir also E-Mails lesen statt gesprochene Worte zu hören, so *spricht* ein schriftlicher Text zu uns. (Es ist interessant, dass mangels eines präziseren Wortes hier das Wort »Sprechen« gebraucht werden muss.)
Lesen bedeutet, die geschriebenen Worte aufzunehmen, in ihrem Sinnzusammenhang zu erfassen und daraus ein Verständnis dessen zu erlangen, was die Verfasserin oder der Verfasser sagen wollte. Je nachdem, um welche Art von Text es sich handelt, ist es mehr oder weniger schwierig.
Wie kommt nun der Sinn dessen zustande, was ich lese? Das semantische Erfassen von Wörtern induziert in uns selbst Bilder, die an Vorstellungen, Erfahrungen und Erinnerungen aus unserem Leben geknüpft sind. Bei einfachen gegenständlichen Begriffen wie Baum oder Katze lesen wir quasi den Oberbegriff einer Kategorie wie Bäume und Katzen. In diesen Oberbegriffen sind alle möglichen Unterarten und biologischen Variationen zusammengefasst. Das Wort selbst als Oberbegriff ist ein abstraktes Gebilde, welches keinen singulär abbildbaren konkreten Inhalt hat. »Aber sicher doch!«, werden Sie jetzt widersprechen wollen, ich kann mir doch eine Katze oder einen Baum vorstellen. Ja sicher, aber nur ganz konkret, als bestimmten Baum oder als »Mauz«, Ihre Hauskatze. Bildlich kann nur werden, was konkret erfahrbar ist. Ein schriftlicher Text oder eine Aussage wie z. B. »Eine Katze sitzt auf einem Baum« induziert in Ihnen ein Bild, welches sich zusammensetzt aus Ihrem Lieblings-»Bild« einer Katze und aus einem Ihnen bekannten Baum. Sie übertragen Ihre Erfahrungen auf den Text und können sich daraus ein Verständnis dessen entwickeln, was im Text ge(be)schrieben ist.
Das entstehende Bild ist ein analoges (sinngemäßes) Bild zu dem Bild, das der Schreiber gemeint hat. Lassen Sie die Schüler einer Klasse zum Thema »Eine Katze sitzt auf einem Baum« Bilder malen, so bekommen Sie keine identischen Bilder, sondern genauso viele Variationen des Themas, wie zahlenmäßig Schüler/innen in der Klasse sind.
Sie alle übertragen ihre eigenen Bilder und Erfahrungen zum Thema auf das Papier.

Ein Begriff ist also als ein Produkt der Verallgemeinerung der Erfahrung anzusehen, und man kann daher nicht davon ausgehen, dass das gleiche Wort bei Kind und Erwachsenem den gleichen Begriff bedeutet. Auch bei Erwachsenen ist davon auszugehen, dass ein gleiches Wort nicht den gleichen Begriff bedeutet.
Unsere Erfahrungen, und damit Bilder, sind abhängig von unserer Sozialisation. Dies ist ein Lernprozess, der sich unter anderem an den umgebenden Personen, Vorbildern, Lebensumständen, kulturellen Einflüssen und sozialen Lebensbedingungen orientiert. Es ist ein individueller Prozess, der für jede und jeden anders ist und zu unterschiedlichen Ergebnissen führt. Es ist also von ihr abhängig, ob wir mit dem Wort »Kreuz« als erstes z. B. ein geometrisches Gebilde, eine schmerzende Verlängerung unseres Rückens oder ein christlich-religiöses Symbol assoziieren.
Was für solche relativ simplen gegenständlichen Begriffe wie »Baum« oder »Katze« gilt, wird um ein Vielfaches komplexer, wenn es um abstrakte Begriffe wie beispielsweise Zufriedenheit, Leid, Trauer oder Glück geht. E-Mails erzählen aber viel von Befindlichkeiten, Empfindungen, von psychischen Gegebenheiten, die selbst der Schreiberin und dem Schreiber in diesem Moment nicht unbedingt sehr klar sein dürften und mit denen sie sich schwer tun, sie begrifflich zuzuordnen. Ihr Anliegen ist es ja gerade, einen Beratungsprozess zu beginnen, der sich auf eine Situation oder Problemlage gründet, die ihnen Schwierigkeiten bereitet und für die sie derzeit keine Lösungsmöglichkeiten sehen. Also für situatives, emotionales Empfinden, welches ihnen in seinen Ursachen und Zusammenhängen selbst unklar ist. Damit sind viele Vokabeln im Spiel, deren a) Gebrauch und b) Verständnis sowohl auf Autoren als auch auf der Leserseite nicht unbedingt eine Deckungsgleichheit der Interpretation implizieren.
Für den Lese- und Verständnisvorgang bei E-Mails muss uns immer gegenwärtig sein, dass die Rezeption, also das Wiederentstehen, auf **unserem** gedanklichen Nährboden wächst und nicht eine 1:1-Reproduktion des von der Schreiberin Gewollten ist. E-Mails sind, wie andere Texte auch, sehr projektionsfördernd. Dies kann zu falschen Interpretationen der Textaussage führen, die dem weiteren Beratungsprozess hinderlich sein können.
Projektion als allgemeine Bezeichnung für das Abbilden bzw. Verlagern von Empfindungen, Gefühlen, Wünschen, Interessen (in-

neren Vorgängen) in die Außenwelt bedeutet in unserem Zusammenhang die Interpretation eines Textes auf unserem eigenen Erfahrungshintergrund.
Hier ein Beispiel aus einer E-Mail:

✉

»... Schwarz oder weiss, Leben oder Tod, aber nicht mehr tot als lebendig leben. Und doch der Wunsch da waer jemand, jemand der mit mir redet, ja redet, ich will reden, haha erstmal koennen. Da ist der Schmerz, da ist die Grausamkeit und die Eiseskaelte der Einsamkeit. Ich fuehle nur noch Einsamkeit, nicht konsequent zu sagen ich fuehle nichts und dann ich fuehle Einsamkeit, aber sie ist es.«

Die erste Reaktion, die sich auf das Lesen dieses Beispiels einstellen könnte, liegt zwischen den beiden Extremen a) komplettes Unverstehen und b) ungefährem gefühlsmäßigem Nachempfinden der Stimmung und Empfindungen der Schreiberin. Wir können uns aber nicht vorstellen, dass es jemandem durch einmaliges Lesen schon gelingt, diesen Text zu erfassen.

Er ist sowohl von seinem Aufbau als auch durch fehlende Strukturmerkmale schwer zu verstehen. Als Projektionsfläche jedoch ist Loch Ness, an ihm gemessen, ein vergleichsweise seichtes und harmloses Gewässer.

Nun ist es für alle Angehörigen der helfenden Berufe nicht sonderlich aufbauend zuzugeben, dass man nichts verstanden hat. Im persönlichen Gespräch würden wir wahrscheinlich ein mehr oder weniger zustimmendes Brummen von uns geben mit der Absicht, erst mal abzuwarten, ob sich uns der Sinn des Ganzen nicht zu einem späteren Zeitpunkt erschließt. Außerdem soll der Klient ja keinen Anlass haben, an unseren empathischen Fähigkeiten zu zweifeln! ☺

Diese Möglichkeit des Abwartens, was da noch kommt, haben Sie in dieser Situation jedoch nicht. Wenn in einem nachfolgenden Abschnitt der Mail keine nähere Erklärung oder Ergänzung enthalten ist, bleibt Ihnen nur, Ihre Fantasie zu bemühen, im Versuch, etwas gefühlsmäßig nachzuempfinden, von dem Sie denken, dass es dem, was die Mailerin zu sagen wünscht, annähernd gleichkommen mag. Eine Nachfrage können Sie zwar in einer Antwortmail formulieren, müssen jedoch dann wiederum die Antwort der Mailerin abwarten.

Zum anderen erwartet der Verfasser eine baldige Antwort auf seine Mail.

Was wir lernen müssen bei der Beratungsarbeit mittels E-Mail, ist zunächst eine Mail zu lesen, also semantisch zu erfassen. Dabei sind zum Teil andere Regeln (oder auch gar keine) wirksam als die, die wir in der Schule gelernt haben. Hier einige Auszüge aus E-Mails, an denen, außer einer generellen Anonymisierung, nichts verändert worden ist.

✉
Das ulkige ist: dass ich KEINESWEGS so ungluecklich od. selbstmordgefaehrdet BIN, ABER jetzt (obwohl es mir »GUT GEHT«) denke ich viel oefter an: ACH, WAS SOLL'S
Ich hab´ auch kein Geld mehr – wirklich KEIN GEld mehr (u.a. weil ich es NICHT schaffe normale Dinge wie Arbeitslosmelden, Sozialhilfe beantragen zu schaffen <>:-)
UND bei mir ist UNAUFGERAEUMT: richtig !! (messihaft, aber ich weiss auch nicht: ich kann u. teilweise WILL es nicht aendern: es entspricht MIR! NUR jetzt hindert es mich auch allmaehlich daran, mich vorzustellen allmaehlich!)
UND ich muss aufpassen, entmuendigt zu werden (Eltern sind in dieser Hinsicht ein wenig »Arschlochhaft« aktiv)
Geht nicht so einfach – ich weiss schon.
Trotzdem ...
Und alle Menschen moegen natuerlich nur die strahlenden Sieger –

✉
»Hallo!!!
Oki, dann schreibe ich es nochmal über dieses hier. Ist vielleicht auch besser so! Wer weiß?
Also, wenn man jetzt schon 'ne Weile ritzt (<~oder wie man das auch immer nennt). Die tiefe kann ich wirklich nicht so genau sagen ... mal tief und mal nicht so tief ... hängt auch ganz davon ab. Weiß ja net was du unter ›jung‹ verstehst, aber ich bin 15.
Stimmt das mit den Narben wirklich? Also, Narben möchte ich nicht deswegen bekommen, aber ... ach-ich weiß auch nicht. Hoffe, dass du antworten wirst. Würde mich freuen.«

✉
Hallo!
Ich wei=DF nicht an wen ich mich sonst noch wenden kann. Ich bin 16 = Jahre und habe =FCberhaupt keine Lebensfreude mehr. Ich bin mit mir total = unzufrieden.

Mache st=E4ndig Di=E4t, weil ich einem Sch=F6nheitsideal hinterher bin. =
Finde mich total h=E4=DFlich und habe aber auch manchmal ein richtiges Frustessen. = Meine
Mutter sagt schon zu mir, ich soll mich jemandem anvertrauen. K=F6nnt ihr mir helfen!=20

Wie Sie unschwer ersehen können, sind elementare Rechtschreibregeln, wie z. B. Interpunktion oder Groß- und Kleinschreibung, völlig außer Acht gelassen. Es wird so niedergeschrieben, wie es der Verfasser gesprochen hätte. Zum Teil ist der Berater mit einer von der Mailerin selbst geschaffenen Lautsprache konfrontiert.

Hinzu kommt, dass die oben beschriebene Schwierigkeit des nicht klar zu kontrollierenden Zeilenumbruchs beim Empfangen einer Mail das Erfassen des Sinnzusammenhangs erschwert.

Dies ist gewöhnungsbedürftig.

Was Sie also neu lernen müssen, ist das Lesen. Das Lesen von Texten, deren Art der Abfassung und der technischen Übermittlung Ihnen den rezeptiven Lesevorgang erschwert. Dabei werden Ihnen die Eigenarten des Netzes mit seiner eigenen Sprache begegnen, deren Gesetze erstmals gelernt werden müssen.

7.3 Produktion und Rezeption

Jeder schriftliche Text hat eine Produktionsseite (die des Schreibens) und eine Rezeptionsseite (die des Lesens). Die Seite der Produktion ist die des Verfassers der Mail. Die Rezeptionsseite die des Lesers. Beide stehen in einem wechselseitigen Verhältnis zueinander.

Zur Produktionsseite gehört die Autorin mit ihrer Persönlichkeit, ihrer Geschichte, ihren Fähigkeiten, ihren Traditionen, ihren Absichten und Einstellungen. Die Produktionsseite eines Textes ist sowohl in ihrer geschichtlichen Entstehung als auch im Blick auf seine Struktur und die Merkmale seiner Gestaltung zu erfassen.

Die gleichen Merkmale sind ebenso auf die Rezeptionsseite zu übertragen, also auf den Leser mit seiner Persönlichkeit, seiner Geschichte, seinen Fähigkeiten, seinen Traditionen, seinen Absichten und Einstellungen.

Man kann zwischen realer Rezeption und intendierter Rezeption eines Textes unterscheiden. Die reale Rezeption eines Textes ent-

scheidet über seine Wirkungen. Mit der Frage nach der intendierten Rezeption sind alle Textmerkmale im Blick, die darüber Aufschluss geben können, wie der Text verstanden werden sollte.
Kommunikationstheoretisch sind nach dem Modell von Schulz von Thun auch für Texte vier Aspekte wirksam.
(vgl. Schulz von Thun, Friedemann: Miteinander Reden 1. 1981)
Dies sind:
1. Sachinhalt = das, worüber ich informiere (der Inhalt der Nachricht)
2. Selbstoffenbarung = das, was ich von mir kundgebe (Absichten, Gefühle u. a.)
3. Beziehung = das, was ich von dir halte und wie wir zueinander stehen.
4. Appell = das, wozu ich dich veranlassen möchte.

Diese vier Aspekte der Kommunikation sind selbstverständlich auch in einer E-Mail enthalten. Sie bedeuten also darauf übertragen:
- Worüber will die Schreiberin, der Schreiber informieren?
- Was gibt die Schreiberin, der Schreiber von sich preis?
- Was will die Schreiberin, der Schreiber, dass ich als Leser von ihm halte?
- Wozu will mich die Schreiberin, der Schreiber veranlassen?

Von diesen vier Blickwinkeln, unter denen wir eine Mail betrachten können, sind vor allem der Inhalts-, der Selbstoffenbarungs- und der Appell-Aspekt von Bedeutung. Es ist einsichtig, dass in einer Beratungsanfrage der Verfasser auf die Darstellung seines Problems (Sachinhalt), auf seine persönliche Betroffenheit (Selbstoffenbarung) und auf die Nachfrage oder Bitte um Hilfe (Appell) besondere Aufmerksamkeit legen wird. Der Beziehungsaspekt wird in der Erstmail (dem Erstkontakt) eine eher verborgene Rolle spielen, zumindest nicht so deutlich werden, da der Verfasser eine Institution und dahinter eine eher fiktive Person im Blick hat, an die er seine E-Mail sendet.
Trotzdem sind auch hier öfters klare Anteile des Beziehungsaspektes enthalten, wie zum Beispiel Lob über die Institution (… wie gut, dass es Sie gibt) oder Skepsis gerade auch bei konfessionell gebundenen Institutionen (… ich stehe der Kirche eher kritisch gegenüber).

Auch sind die Rollenzuschreibungen offensichtlich, da es eine Beratungssituation ist, die im Spannungsverhältnis von Ratsuchendem und Berater steht.

Wenn wir dieses Modell von Schulz v. Thun anwenden, müssen wir uns auch im Klaren sein, dass dies nicht nur ein Weg für die methodische Analyse einer irgendwie gearteten Kommunikation ist, sondern für die Ausgestaltung und Realisierung der intendierten Rezeption auch als Handreichung für die Produktionsseite verstanden werden kann.

Auf einem Spickzettel für die Abfassung einer Mail würde also vielleicht Folgendes stehen:
- Was will ich sagen?
- Was gebe ich von mir preis?
- Was möchte ich, dass die Leserin von mir hält?
- Was will ich erreichen?

Die andere Polarität dieser Intentionen ist auf der Produktionsseite genauso wirksam.
- Was will ich nicht sagen?
- Was gebe ich nicht von mir preis?
- Was möchte ich nicht, dass der Leser von mir hält?
- Was will ich nicht erreichen?

Nun können und müssen wir zwischen der realen und der intendierten Rezeption unterscheiden. Also zwischen der Wirkung, die der Text auf uns hat, und dem Wunsch des Autors, wie sein Text verstanden werden sollte. Sie werden vielleicht anmerken wollen, dass dies eigentlich das Gleiche sei. Nun, es ist ideal, wenn Wirkung und Kommunikationsabsicht sich ergänzen, aber nur in den seltensten Fällen dürfte das passieren.

Nehmen wir als ein kleines Beispiel folgenden Satz:
»In vielen Gaststätten Englands findet man als Tagesgericht ›Steak mit Mintsoße‹ auf der Speisekarte.«

Wir wissen nicht, welche Wirkung dies auf Sie hat, bei uns ist die Vorstellung, Steak mit Mintsoße essen zu müssen, nicht sehr appetitanregend. Da Sie dieses Gericht aber vielleicht sehr gerne essen, ist die Wirkung auf Sie und uns unterschiedlich. Mag sein, dass Sie ja in England aufgewachsen sind und Ihre Sozialisation und Prägung eben eine andere ist als unsere.

Die reale Rezeption ist also die Wirkung, die der Text auf uns hat.

Was ist denn dann die intendierte Rezeption? Wie sollte dieser Satz wohl verstanden werden?
Wir können vermuten, dass er uns einfach nur Aufschluss geben soll, welche Speisen man in England gerne isst. Als Reiseinformation, als Orientierungshilfe für Touristen oder dergleichen.
Gehen wir von dieser Intention aus, so besteht hier eindeutig ein Spannungsverhältnis zwischen Wirkung des Textes und dessen intendiertem Kommunikationsinhalt. Dennoch entfalten beide Aspekte zusammen ihre Wirkung.
Das Verfassen eines Textes unterliegt aber auch einer Absicht. Auf unser Beispiel bezogen würde man sich fragen müssen, was die Autorin mit diesem Satz erreichen wollte.
Die Frage nach der vom Autor beabsichtigten Wirkung bedeutet, die beiden Einzelaspekte, nämlich (Wirkung auf uns) und (Information), als = (Wirkungsabsicht) zu interpretieren. Da Information als solche neutral zu bewerten ist, wird sie durch Zusammenschau mit der Wirkung in die jeweilige Polarität letzterer gefärbt. Das Ergebnis ist also:
[(Wirkung auf uns) + (Information)] = [Beabsichtigte Wirkung auf uns]
Nun haben wir ein kleines Problem. Die beabsichtigte Wirkung auf uns kann ja eigentlich nicht zufällig oder variabel sein. Entweder wollte die Autorin in unserem Beispiel möglichst gute Werbung für England machen, oder sie wollte offensichtlich davor warnen. Beides zusammen kann nicht Absicht sein. Oder doch?
Es ist keine eindeutige Klärung möglich. Wir können nur Aussagen über den Sachaspekt machen, der zweifelsfrei im Satz enthalten ist. Wenn der Autor aber will, dass wir dieses Wissen erwerben – und deshalb teilt er es ja mit –, so kann man daraus schließen, dass es zu etwas nutze, also verwertbar sein müsste. Es bleibt also nur die Möglichkeit übrig, uns selbst Gedanken darüber zu machen, welchen nutzbaren Inhalt, sprich Wert (ver-wert-bar), oder Bedeutung diese Information für uns hat. Doch akzeptieren wir die Tatsache als solches, dass sich im Sachinhalt der Aussage ein verwertbarer Nutzen verbirgt, unterstellen wir ihr automatisch auch eine Bedeutung. Nur wir selbst sind in der Lage, die Bedeutung der Information für uns zu erkennen. Der Autor kann das nicht für uns tun. Trotzdem haben wir oft Schwierigkeiten, hier trennscharf zwischen Bedeutung für uns und Absicht des Autors zu bleiben.

Wir geben der Information Bedeutung.
Also könnte man die Absicht der Autorin als Einladung für die einen und Warnung für die anderen sehen. Wir aber picken uns individuell das für uns und auf unsere Reaktion Passende heraus und geben dem Bedeutung. Wenn wir den Fehler machen und dies als Absicht der Autorin interpretieren, interpretieren wir uns selbst und nicht die Autorin. Der einzig gangbare Weg, etwas über ihre Intention zu erfahren, wäre, sie zu fragen.
Nochmals: Das Verfassen eines Textes hat eine Absicht. Der Verfasser will ein Bild einer Sache, eines Sachverhaltes, einer Person beim Leser induzieren, das an seine Vorstellungen dieses Adressaten angepasst ist. Damit schafft er auch ein Bild von sich.
Diese Bilder entstehen, gemäß dem in den vorherigen Kapiteln Gesagten, in uns als Leser neu. Wenn wir diese in uns entstandenen Bilder betrachten und uns dabei fragen, was der Autor eigentlich wollte, tappen wir in eine gefährliche Falle. Wir versuchen, die Intentionen zu erkennen, die hinter dem in uns entstandenen Bild wirksam sein könnten, ziehen Rückschlüsse aus etwas in uns selbst Entstandenem. Das bedeutet in Wahrheit, dass wir unsere Erwartungen, unsere Meinung über den Autor in ihn projizieren und aus dem in uns entstandenen Bild wieder herausinterpretieren. Wir interpretieren also unsere eigene Projektion, also uns selbst, und nicht den Autor.
Eine andere Möglichkeit, dieses Prinzip zu verstehen, ist, sich Folgendes klarzumachen: Wenn wir die Frage nach der Intention des Autors beantworten, tun wir es dadurch, dass wir uns (unbewusst) die Frage stellen: Was hätte ich damit beabsichtigt, wenn ich die Worte des Autors benutzt hätte? Es entspricht dem, was der Autor ja auf seiner Seite auch überlegt haben muss; wie schaffe ich es, mich so auszudrücken, dass der andere mich versteht? Auch er hat keine andere Möglichkeit, als den Weg der Wirkung seiner eigenen Worte auf sich selbst zu gehen und daraus auf den Leser zu schließen.
Douglas R. Hofstadter hat dieses Problem anhand des Beispiels des Suchens nach dem besten Zug beim Schach verdeutlicht. »Der beste Zug ist offensichtlich der, der den Gegner in der schwierigsten Lage beläßt. Deshalb ist ein Test für die Güte eines Zuges einfach: nimm an, du hättest den Zug ausgeführt, und beurteile dann die Stellung vom Standpunkt des Gegners aus. Wie aber beurteilt er die Stellung? Nun, er sucht nach seinem besten Zug. Das heißt, er mus-

tert im Geist alle möglichen Züge und beurteilt sie vom Standpunkt aus, den er für den deinigen hält, in der Hoffnung, daß die Stellung dir jetzt schlecht bekommt. Beachte aber, daß wir nunmehr ›bester Zug‹ rekursiv definiert haben, indem wir einfach von dem Grundsatz Gebrauch machten, daß für die eine Seite das Beste, für die andere Seite das Schlechteste ist. Die rekursive Prozedur, die nach dem besten Zug sucht, geht so vor, daß sie einen Zug ausprobiert – und dann in der Rolle des Gegners sich selbst aufruft! Als solcher versucht sie einen anderen Zug, und ruft sich selbst in der Rolle des Gegners ihres Gegners auf – das heißt, sich selbst.« (Hofstadter, Douglas R., 1986)

Die Fragestellung nach der intendierten Rezeption des Autors ist in ihrer Antwortfindung eine selbstbezügliche.

Vermutungen über das, was er sagen wollte, kann ich nur durch Analyse der Erkenntnisse und Wirkungen bekommen, die durch seinen Text in mir und durch mich entstanden sind. Da aber sein Text in seiner Ausgestaltung, seinen sprachlichen Feinheiten und Eigenheiten Auslöser der Wirkungen in mir ist, ist er dadurch ursächlich an der Art meiner Bilder beteiligt.

Ich erkenne das, was in mir an Verständnis des Textes des Autors durch seinen Text entstanden ist, als eine Möglichkeit dessen, was der Autor durch mich aus seinem Text verstanden wissen wollte, unter der Annahme, dass diese Möglichkeit Teil der Schnittmenge aller von mir selbst herstellbaren Verständnismöglichkeiten mit der Menge aller bedachten und (auch unbewusst) intendierten Verständnismöglichkeiten des Autors ist.

Es soll nun aber nicht der Eindruck entstehen, dass Verständnis mittels eines Textes herzustellen eine sehr zufällige Angelegenheit sei. Dies ist nicht unsere Absicht, denn es gelingt ja täglich millionenfach. Es soll nur erreicht werden, dass wir uns der Variablen in diesem Prozess bewusst sind, um daraus für uns abzuleiten, welche Optimierungsmöglichkeiten in unsere Verantwortung gegeben sind. Eine davon ist, uns auf uns selbst zu besinnen, nicht auf die Autorin, oder anders formuliert und in eine klare Aussage gebracht:

Es ist zunächst nur das gültig, wahrhaft und wichtig, was in uns als Wirkung entstanden ist, nicht das, was wir denken, das entstanden sein sollte.

Versuchen wir, dies auf unsere Praxis zu übertragen, lesen folgenden Ausschnitt aus einer Mail und lassen den Text auf uns wirken:

✉

»... Mir würde jede Frau leid tun, die mich als Freund hat. Ich habe bereits an Selbstmord gedacht, aber mir fehlt der Mut. Den Satz ›Selbstmord ist eine Feigheit‹ halte ich für absoluten Schwachsinn.
Allerdings bin ich nicht suizidgefährdet. Zwischen der Überlegung und der Tat ist ein großer Unterschied.
Das sind meine Probleme: ich hasse mich selbst und das Leben, das ich führe. Ich kann mich nicht dazu aufraffen, auch nur das geringste daran zu ändern. Ich glaube ich bin ein ›Jammerer‹. Davon habe ich mal in einem Buch gelesen. Dort hieß es, man sollte sich vor solchen Menschen hüten, weil diese so negativ sind, daß sie andere mit nach unten ziehen. Es ist nicht sehr ermutigend, wenn man in einem Buch, in dem man Rat sucht eine Beschreibung von sich selbst unter der Rubrik ›Personen, die man meiden sollte‹ findet.
Ich habe einmal ein Sprichwort aus dem Kaukasus gelesen: ›Als du zur Welt kamst waren alle froh; ob alle weinen, wenn du wieder gehst, hängt von dir ab.‹ An dieses Sprichwort muß ich seitdem ständig denken. Ich fürchte, wenn ich sterbe, wird keiner weinen. Ich bin schon froh, wenn keiner lacht.
Es tut mir leid, daß mein Brief so lang geraten ist. Sie brauchen mir nicht zu antworten, es hat schon geholfen mir die Sache einmal von der Seele zu schreiben.
Vielen Dank.«

Und? Wie ist es Ihnen ergangen beim Lesen? Was für ein Bild ist in Ihnen entstanden?
Mir ist es so ergangen, dass mich die Mail auch erheitert hat an der Stelle, an der es heißt »Ich fürchte, wenn ich sterbe, wird keiner weinen. Ich bin schon froh, wenn keiner lacht.« Die Vorstellung, das Bild (natürlich mein Bild), wie eine Gruppe schwarz gekleideter Menschen auf dem Friedhof lachend um den Sarg herumsteht, hat mich erheitert. Na ja – werden Sie jetzt vielleicht denken, das ist aber nicht angemessen als Reaktion auf das vom Autor dieser Mail Geschriebene. Er wollte doch seiner Befürchtung Ausdruck verleihen, dass, wenn er einmal stirbt, keiner um ihn trauern wird. Oder keiner traurig ist, dass er tot ist? Oder keiner ihm nachtrauert? Oder dass ihm keiner eine Träne nachweinen wird? Dass es keinem was ausmacht, wenn er tot ist, oder dass die Leute froh sind, dass er tot, (endlich) tot ist? Dass sein Leben wertlos war? Dass er im Leben keinem etwas bedeutet hat? Dass sein Leben im Tod eine angemessene Entsprechung findet?

Das ist der Unterschied; der Mailer hat mich durch seinen Text erheitert. Es ist in mir ein Bild entstanden, über das ich lachen musste. Jetzt könnte ich darüber nachdenken, ob es das war, was er wollte. Oder ich könnte überlegen, ob er erreichen wollte, dass ich traurig werde, wenn ich daran denke, dass jemand lacht, wenn er stirbt. Wenn ich denke, dass er nicht wollte, dass ich an dieser Stelle lachen muss, interpretiere ich das, was ich denke, das der Autor dachte, bei mir zu erreichen, in ihn hinein und finde es dann auch tatsächlich im Text wieder. Ich habe mich damit selbst, meine eigenen Erwartungen interpretiert.

Aber, es ist die Realität, dass ich schmunzeln musste. Damit muss ich mich auseinander setzen, wenn ich einen Schlüssel zu seinem Text finden will. Das hat er, ob er es nun wollte oder nicht, ob bewusst oder unbewusst. Dieses Bild muss ich betrachten. Als Ausgangspunkt der Wirkung seines Textes muss ich als gegeben hinnehmen, dass er ein Bild (von sich) geschaffen hat, das mich an dieser Stelle zum Lachen gebracht hat.

Doch nun zurück zum Anfang des Kapitels:
Jeder Text hat eine Produktionsseite und eine Rezeptionsseite.
Die Seite der Produktion ist die des Verfassers der Mail.
Die Seite der Rezeption ist die des Lesers. Sie stehen in wechselseitigem Verhältnis zueinander.
Es gibt eine Wechselbeziehung zwischen der Wirkung eines Textes auf uns als Leser und des durch den Verfasser beabsichtigten Verständnisses.
An dieser Stelle sei darauf verwiesen, dass die Verfasserin und die Schreiberin theoretisch zwei unterschiedliche Personen sein können. Die Verfasserin als Urheberin des Inhalts eines Textes und die Schreiberin als Person, die den handwerklichen Teil des Schreibens bewerkstelligt. Also bildlich als Person, die einen Brief diktiert, und als Sekretär, der das Diktat zu Papier bringt. Dies hat nur Auswirkungen auf die textlich-grafische und orthografische Realität des Textes. (Wenn die Sekretärin sich nicht herausnimmt, stillschweigend an bestimmten Stellen in die Formulierung hilfreich einzugreifen. ☺) Es kommt hin und wieder vor, dass aus einer Mail offensichtlich oder auch explizit hervorgeht, dass Verfasser und Schreiber nicht ein und dieselbe Person sind. Meist sind dies Personen, die im Umgang mit dem Computer nicht geübt sind oder

keinen eigenen Rechner besitzen und somit auf die Hilfe einer anderen Person als »Schreiber« angewiesen sind (so genannte Computer-Analphabeten).
Wir gehen jedoch im Weiteren davon aus, dass der Verfasser auch der Schreiber ist. Insofern sind bei den weiteren Ausführungen die Worte Schreiber und Verfasser synonymisch zu verstehen.
Anders verhält es sich bei den beiden Tätigkeitsworten »verfassen« und »schreiben«. Dies sind unterschiedliche Tätigkeiten, die zeitlich verschoben sein können und sich dennoch auf die gleiche Person beziehen. Auch kann die »Verfassung« eines »Verfassers« zum Zeitpunkt des Schreibens eine andere sein als in der Phase der Überlegungen des Inhalts, was diesen unter Umständen veranlasst, beim eigentlichen Schreiben aktuelle Korrekturen einzubringen. Beide Tätigkeiten können ganz unterschiedlich viel Zeit beanspruchen. Das Verfassen einer Mail geschieht bei vielen im Kopf, als Prozess über Stunden, Tage, Wochen, Monate, ja manchmal sogar über Jahre. Der Prozess des Schreibens hingegen kann in Minuten erfolgen, wenn der Brief inhaltlich und gedanklich »reif« ist. (Als Beispiel mögen hier die Abfassung und das Schreiben eines Testaments dienen. Das Verfassen ist oft ein Prozess über Jahre, der gemachten Erfahrungen, der Gewichtung und Bewertung dieser, und schließlich des Schreibens dieses Testamentes als Quintessenz all der vorangegangenen Überlegungen.)
Was können wir also, wenn wir eine E-Mail erhalten, als Grundwahrheiten über die Verfasserin, den Verfasser annehmen?

- Sie will mir etwas mitteilen.
- Er will von mir auf bestimmte Art und Weise verstanden werden.
- Sie schreibt so, wie sie denkt, dass sie am besten verstanden werden wird.
- Er schreibt nur das, was er mitteilen will.
- Sie schreibt keinen Satz, kein Wort, das nicht gelesen werden will und das nicht seine Bedeutung hat (nichts Überflüssiges).
- Er schreibt keine E-Mail an mich (eine Beratungsinstitution), wenn er nicht wünscht, dass ihm geantwortet wird. (Es sei denn, es ist ausdrücklich so geschrieben.)
- Sie hat ihr Bestes gegeben (in der Situation und seiner Verfassung zu diesem Zeitpunkt des Schreibens).

Gemäß dem im vorhergehenden Kapitel Gesagten ist die Rezeptionsseite auch die (Re-)Produktionsseite. Es gilt also das Gesagte für uns als Verfasser einer Antwortmail genauso, mit dem Unterschied allerdings, dass wir nicht an eine fiktive Person antworten, sondern an eine reale.

Eckart Reinmuth fasst Textverständnis auf die folgende Weise zusammen: »Einen Text verstehen heißt also, die intendierte Rezeption zwischen dem impliziten Autor und seinem Pendant, dem implizierten Leser, zu verstehen.« (Reinmuth, Eckart, 2002)

Damit richtet er die Aufmerksamkeit auf den Prozess des Verstehens und nicht auf die Personen.

7.4 Intendierter Adressat und realer Leser

Der intendierte Adressat ist diejenige Person oder der Personenkreis, von dem ich mir wünsche, dass sie meinen Text lesen soll. Im Falle des vorliegenden Buches ist der von uns intendierte Adressat die Gesamtheit aller Menschen, die sich mit der Beratung von Menschen mittels E-Mail beschäftigen oder beschäftigen wollen. Deswegen können wir in der Überschrift auch nicht die weibliche oder männliche Form wählen. Es ist zunächst ein unbekannter Mensch. Wir haben keinen direkten Einfluss darauf, wer dieses Buch tatsächlich lesen wird. Dennoch machen wir uns Gedanken darüber, wer die Leserin, der Leser sein könnte. Wir haben dieses Buch geschrieben, damit ein bestimmter Personenkreis, von dem wir eine gedankliche Idealvorstellung haben, dieses liest. Ihnen haben wir etwas mitzuteilen. Das Buch wird also so aufgebaut sein, dass dieser intendierte Personenkreis es mit Gewinn lesen kann. Damit schließen wir aber alle anderen indirekt aus. Für sie ist dieses Buch nicht geschrieben. Weil es nämlich auf den Vorstellungen, Unterstellungen und Eigenschaften aufbaut, die **wir** diesem einen Personenkreis zuschreiben. Wir machen uns ein Bild und richten unsere Aufmerksamkeit bei der Produktion dieses Buches auf Verständlichkeit, Lerngewinn und Akzeptanz durch diese Personenkreise. Dabei gestehen wir uns zu, Kenntnis über die einem bestimmten Personenkreis zugehörigen Personen zu haben. Dennoch ist der intendierte Adressat, also derjenige, von dem wir uns wünschen, dass er dieses

Buch liest, unser eigenes Konstrukt. Ihm schreiben wir zu, zu einem idealen Verstehen unseres Textes befähigt zu sein.
Realistischerweise haben wir jedoch nur geringen Einfluss darauf, wer dieses Buch tatsächlich lesen wird. Welche Voraussetzungen bringt die reale Leserin, der Leser mit, diese Materie zu verstehen? Welche Erfahrungen haben sie mit dem Internet tatsächlich? Das Gelingen dieses Buches hängt also von unserer Seite entscheidend davon ab, wie gelungen wir auf die Bedürfnisse des von uns intendierten Adressatenkreises eingehen können, also auch, inwieweit unsere Vorstellung über die Leser den realen Lesern entspricht.
Für die Situation des Rat suchenden Mailers stellt sich das so dar, dass er keine konkrete Vorstellung des realen Adressaten hat. Er kennt seinen Berater, seine Beraterin nicht, weder persönlich noch als Angehöriger dieser Berufsgruppe. Wenn er keine einschlägigen Vorerfahrungen hat, gehen seine Vorstellungen vermutlich dahin, all das, was er über Beratung, Psychologie, Psychotherapie usw. weiß und gehört hat, zu einem diffusen Bild eines Beraters und einer Beratungssituation zu fantasieren. Er projiziert seine Wünsche und Erwartungen und/oder seine Befürchtungen und Ängste in diese fiktive Person und schreibt daraufhin eine Mail. Er hat ein Bild des von ihm intendierten Adressaten, also ein Bild eines Beraters, von dem er wünscht, dass dieser seine E-Mail liest.
Es bleibt an Ihnen, liebe Leserinnen und Leser, nun zu vermuten, welches Bild über Beraterinnen, Berater und Beratungsstellen in der Bevölkerung vorherrscht. Tröstlicherweise wird das Bild, das die Verfasserin der E-Mail hat – aus der Notwendigkeit des Gelingens ihrer Beratungsanfrage, also aus der Hilfserwartung für sie selbst heraus günstiger ausfallen, als es realerweise vielleicht ist. Sie können durchaus davon ausgehen, dass der Hilfsuchende eine positivere Erwartung des Gelingens der Beratung hat als Sie, die/der Sie schon Erfahrungen mit diesem Geschäft haben und die Unwägbarkeiten bezüglich der Erfolgsaussichten von Beratung kennen.
Mit ihrer Erwartung verbunden sind jedoch auch Eigenschaften, die die Ratsuchende Ihnen zuschreibt und die Sie vielleicht gar nicht haben. Sie wird Sie tendenziell überhöhen in der Hoffnung, Hilfe zu bekommen.
Dies hat unmittelbaren Einfluss auf den Stil und die Art, wie die Malerin ihren Text abfassen wird. Vermutlich wird sie auf Sie keine Rücksicht nehmen, sie wird sich keine Gedanken machen, ob das,

was sie sagt und wie sie es sagt, von Ihnen verstanden wird. Sie unterstellt Ihnen als Berater die Omnipotenz, das, was sie formuliert, in ihrem Gehalt auch verstehen zu können. Sowohl von der kognitiven Seite des inhaltlichen Erfassens der Mail als auch von der emotionalen Seite ihres Wunsches, »verstanden« zu werden. Dies wird Ihnen vielleicht schmeicheln und bei Ihnen, z. B. in der Frage des Verstehens einer Mail, eher Introjektion fördern.
All diese Zuschreibungen an Sie, den implizierten Leser oder das innere Bild des Autors von Ihnen als seinem Leser, sind innerhalb des Textes an bestimmten Indizien abzulesen. Ein weiterer Schlüssel zum Verstehen und Bewerten von E-Mails liegt in der Tatsache begründet, dass der Schreiber in dem Moment, wo er in seine »Idealberaterin« seine Wünsche hinsichtlich Verständnisbereitschaft und Akzeptanz projiziert, er sich dadurch selbst einen Zustand relativer Hilflosigkeit eingesteht, die er im Moment des Schreibens zugibt, annimmt und festschreibt.
Diese Einschränkung seiner Souveränität versucht er auszugleichen, indem er die gewünschte Wiedererlangung seiner Eigenständigkeit hoffnungsvoll an die Fähigkeiten der Beraterin knüpft.
Dies hat sprachliche Auswirkungen auf die Formulierungen der Mail, die er schreibt.
Er ist also ein wechselseitiger Prozess von Regression, Projektion und Introjektion, von dem aber auf Seite des Beraters erwartet wird, dass er mit der notwendigen Professionalität damit umgehen kann.

✉
Hi.
Ich werde mit den folgenden Worten anfangen, die vermutlich jeder euch schreibt ...
Ich hoffe, Ihr könnt mir helfen!

✉
Guten Tag!
Ich möchte Hilfe von Ihnen in Anspruch nehmen, denn ich befinde mich in einer problematischen Lebenssituation.
Bestimmt können Sie mir etwas Mut machen oder mich vielleicht zu Ansätzen führen, die ich selber noch gar nicht gesehen habe.

✉
Hallo,
Ich bin 24 Jahre alt und Studentin in ...

Ich überlege mir schon seit längerem, ob ich eine psychologische Beratung in Anspruch nehmen sollte, oder nicht. Ich habe mich bis jetzt aber noch nicht dazu aufraffen können, da ich ein bißchen Angst davor habe, bei jemand falschem zu landen und auch weil ich keine Ahnung habe, ob ich mit den Dingen, die mich belasten, wirklich eine Therapie brauche, und wenn ja, welche mir weiterhelfen würde. Deswegen habe ich mich entschlossen zuerst an Sie zu schreiben. Vielleicht können Sie mir weiterhelfen, vielleicht können Sie beurteilen, ob ich überhaupt eine Therapie brauche und zu wem ich am Besten gehen könnte.

Dies ist also die Ausgangssituation. Ein Mensch befindet sich in einer problematischen Lebenssituation, fühlt sich belastet und beschließt, sich an einen anderen Menschen zu wenden, von dem er sich Hilfe und Unterstützung erhofft. Er hat weiterhin beschlossen, dies mittels einer E-Mail, also auf schriftlichem Weg, zu tun. Wie kann er es nun tun, welche Form, welche schöpferischen Gestaltungsmöglichkeiten stehen ihm zur Verfügung?

7.5 Erzählsituation und erzählte Situation

Die E-Mails, die wir im Kontext einer Beratungsanfrage in unserem elektronischen Postkasten vorfinden, sind auf den ersten Blick betrachtet zunächst mal keine literarischen Texte, sondern Gebrauchstexte. Diese sind von ihrer Definition her als »Texte aus unserer Alltagswelt, die keinen künstlerischen oder literarischen Anspruch haben«, zu verstehen.

Näher betrachtet jedoch sind es »schöpferische Gestaltungen, in denen Eindrücke, Erfahrungen, Erlebnisse und Gedanken des Künstlers« durch das von ihm gewählte Medium (E-Mail) zum Ausdruck gebracht werden« (Encarta 99, Microsoft 1999). Dies ist die Definition von Kunst. Wir können mit Sicherheit sagen, dass es nicht die Absicht der Autorin beim Verfassen und Schreiben einer Mail war, Kunst hervorzubringen. Insofern wird sie sich nicht als Künstlerin sehen, aber dennoch möchten wir sie als Schriftstellerin bezeichnen und ihre Texte im Folgenden in die Gattung der Erzähltexte einordnen. Ihre Grundsituation ist, dass ein Erzähler einem anderen Menschen oder auch einem Publikum ein Geschehen berichtet. Wir können uns diesen Erzähler wirklich im Kreise von Zuhörerinnen vorstellen. Obwohl der mündliche Vortrag in unserem Falle dem schriftlichen gewichen ist, bleibt die Ursituation spürbar; denn wie auch hier ist ein Erzähler da, der den Stoff gestaltet und ordnet.

In der Literaturwissenschaft werden bei der Gattung eines Erzähltextes drei Erzählsituationen oder Erzählstandpunkte unterschieden. Der Begriff »Erzählsituation« beleuchtet die Frage: »Wer erzählt?«

In Kürze zusammengefasst unterscheidet man:
- »Personale Erzählsituation«: Handlungspersonen und Geschehen werden aus der Sicht (Perspektive) einer der beteiligten Personen geschildert, ohne dass dem Leser die Existenz eines Erzählers bewusst wird.
- »Ich-Erzählsituation«: Eine Ich-Erzählerin vermittelt der Leserin einen Handlungszusammenhang, in dem sie selbst zu den Figuren gehört, und macht die Erzählerin zu einem Teil der geschilderten Welt. Sie berichtet, was sie erlebt, beobachtet oder unmittelbar gehört hat.
- »Auktoriale Erzählsituation«: Ein über dem Geschehen stehender allwissender Erzähler vermittelt einen Handlungszusammenhang, an dem er selbst nicht als Figur beteiligt ist.

Bei unseren E-Mails werden wir, was die Erzählsituation anbetrifft – denn um Erzählungen handelt es sich meist –, eine »Ich-Erzählsituation« vorfinden.

Unter der Kategorie »Person« ist diese Ich-Erzählsituation immer mit einem Erzähler in der Ich-Form verbunden. Da aber auch ein auktorialer Erzähler durchaus »Ich« sagen kann, muss eine Abgrenzung vorgenommen werden: In der Ich-Erzählsituation bezeichnet die erste Person Singular sowohl den Erzähler als auch eine Handlungsfigur, der Erzähler und die Figur gehören also demselben »Seinbereich« an.

Die Ich-Erzählsituation vereint mehrere, scheinbar widersprüchliche Aspekte: Zum einen scheint die »epische Distanz« vollständig aufgehoben zu sein, steht der Erzähler doch als ein Handelnder mitten im Geschehen. Zum anderen aber ist dieselbe Distanz geradezu konstituierend für ihn, da er doch nur erzählen kann, was zeitlich schon vergangen ist. Wie man sieht, ist der Ich-Erzähler eine

»gespaltene Persönlichkeit«, deren eine Seite als »erlebendes Ich«, die andere als »erzählendes Ich« bezeichnet wird. Diese Aufteilung erlaubt es ihm auf der einen Seite, sehr authentisch und unmittelbar über sein Innenleben zu reflektieren. Doch ist diese Möglichkeit zur ausgiebigen Introspektion durch ein sehr enges Blickfeld – eben nur das seine – erkauft, das erfordert, andere Figuren lediglich von außen zu beschreiben. Eine gewisse Nähe zur personalen Erzählsituation liegt hier auf der Hand. Auf der anderen Seite aber erzählt er seine Geschichte – häufig sein Leben oder doch wenigstens Episoden daraus – aus einem mehr oder weniger großen zeitlichen Abstand. Das befähigt ihn, kommentierend und wertend, zuweilen reuevoll, auf sein Leben zurückzublicken, was seine Perspektive wiederum an die des auktorialen Erzählers annähert.
Abrufbar unter:
http://www.mitglied.lycos.de/livingbox/Literaturgattungen.html

Die Texte, die wir empfangen, handeln von einer Geschichte, im weitesten Sinne einer Lebensgeschichte, wenn vielleicht auch nur ausschnittsweise, denn die Autorin, der Autor hat etwas erlebt, das ihn beschäftigt und das er einem anderen Menschen mitteilen muss. Er muss also erzählen. Wenn er erzählen will, hat er verschiedene Möglichkeiten, dies zu tun. Er muss sich auf jeden Fall eines Erzählers bedienen. Der Autor und der Erzähler sind in unserem Falle faktisch ein und dieselbe Person, jedoch müssen wir schon unterscheiden zwischen der Person, die erlebt hat, und der Person, die von diesem Erlebten erzählt. Es sind verschiedene Standpunkte, Plattformen, aus denen heraus das Erzählte sich gestaltet. Der Autor der Mail als Person ist der Gegenstand des Erzählten, die Person, über die erzählt wird, und auch derjenige, der erzählt.
Sie können nicht deckungsgleich sein, da das Erlebte und Erzählte sich in anderen Zeitabschnitten befindet.
Gerade wenn von leidvollem Erleben erzählt werden soll, ist diese Trennung von Vorteil. Die Erzählerin selbst kann sich von dem Vorgefallenen emotional ein wenig distanzieren, indem sie sich als »Berichterstatterin« aus ihrer erlebten Innenwelt entfernt und in die Position der Erzählerin begibt. (Sehr deutlich kann man diesen Effekt bei Kindern beobachten, die z. B. gerade gestürzt sind und sich wehgetan haben. Ihr Weinen und Schluchzen wird in dem Moment unterbrochen, wo man von ihnen verlangt zu erzählen, was denn

passiert sei. Ist der Bericht gegeben, weinen sie natürlich weiter, jedoch meist in einer geringeren Intensität als vor dem Bericht.)
Auch hier muss nun wieder unterschieden werden zwischen der Person des »Berichterstatters« und der Person des »Erzählers«. Der »Berichterstatter« ist analog dem Kommunikationsmodell von S. v. Thun dem Sachaspekt verpflichtet. Der Erzähler ist aber die Person, die gestaltet, die den mitteilbaren Sachinhalt in eine Form kleidet, die darauf ausgerichtet ist, die Resonanz des Lesers zu erreichen. Erzählungen sind also zum geringeren Teil Agenten des Sachverhalts, der Information, sondern sie formulieren persönliches Erleben, in all seinen Facetten emotionaler Färbung. Erzählungen heben geradezu darauf ab, den Leser zu fesseln, ihn in den Bann des Erzählten zu ziehen, suggestiv zu beeinflussen.
Beim Erarbeiten einer Mail ist es hilfreich, in einzelnen Passagen die jeweilige Federführung des Berichterstatters und des Erzählers unterscheiden zu lernen.
Zurück zur Trennung von Autorin und Erzählerin und – wie wir jetzt wissen – der Berichterstatterin.
Die Autorin ist die Persönlichkeit, welche die Geschichte die Erzählerin wiedergibt, erlebt, erfahren und – in den hier in den Blick genommenen Fällen – durchlitten hat.
Autorin und Erzählerin sind strikt zu trennen. Sie können schon deshalb nicht gleiche Personen sein, weil Erlebtes und Erzähltes zu verschiedenen Zeitpunkten wahr sind. Zum Zeitpunkt des Erzählens ist das Erlebte Teil einer Überlieferung. Erzähltes orientiert sich nicht am Faktischen, sondern an der Bewertung und Gewichtung, die der Autor seiner »Geschichte« im historischen Sinne zumisst. Autor und Erzähler sind Teil verschiedener Bewusstseinsebenen und verschiedener Welten.
Brigitte Boothe spricht in diesem Kontext von »Ich und erzähltes Ich, Welt und erzählte Welt«.
Sie führt dazu aus: »Zwischen Erzähler und erzähltem Ich (bzw. zwischen ›Ich‹ und ›Ich-Figur‹) ist sorgfältig zu unterscheiden. Erzähler und erzähltes Ich sind nicht identisch und somit nicht austauschbar.
Die narrative Produktion macht die Person, die das erzählte Ich entwirft, zur Schöpferin ihrer selbst. Im Allgemeinen berücksichtigt man diesen Unterschied intuitiv. Er kommt aber selten ausdrücklich

zur Sprache. Denn oft lässt man das erzählte Ich als Vertreter des Erzählers gelten. Das Publikum anerkennt in solchen Fällen das Selbstkonzept des Erzählers als authentischen Ausdruck seiner Person. Zwischen Erzähler und erzähltem Ich besteht jedoch ein systematischer Unterschied. Dies gilt analog für eine weitere Unterscheidung: zwischen Welt und erzählter Welt. »Welt« gelangt in der Erzählung nicht im dokumentarischen Sinne zur Darstellung, sondern als persönliches Ambiente, als Gesamt von Ausstattungselementen, von Requisiten und Kulissen.«
(Boothe, 2001)

Somit sind nicht nur die Autorin und die Erzählerin als Teil verschiedener Seins-Wirklichkeiten oder »Innenpersonen« zu unterscheiden, sondern es sind auch die erzählte Situation (Welt) und die erlebte Situation (Welt) als Teil verschiedener Wirklichkeiten zu begreifen. Wir dürfen nicht aus dem Erzählten auf den Realitätsgehalt des sich dahinter verbergenden Erlebten schließen. Wir können nur aus der Erzählung den Grad der Färbung, der emotionalen Beteiligung und Verarbeitung erspüren, erahnen. Wir begeben uns in eine Inszenierung des Erlebten, in der der Erzähler auf der Bühne steht, der Autor die Regie führt, der Berichterstatter sich in den Souffleurkasten zurückgezogen hat, um gegebenenfalls einzugreifen.

Eine E-Mail erzählt uns also eine Geschichte, die nicht deswegen weniger »wahr« wird, weil sie, wie wir jetzt wissen, durch den Erzähler in eine dramaturgische Form gebracht wird. Die Erzählerin erzählt die Wahrheit, ihre Wahrheit zum jetzigen Zeitpunkt des Erzählens. In zwei Tagen oder zwei Wochen mag sie sie ein wenig anders erzählen, weil Gewichtungen und Bedeutungen der Geschichte sich vielleicht verschoben haben. Dennoch wird es auch zu diesem späteren Zeitpunkt »wahr« sein, weil sie dem momentanen Stand der inneren Beurteilung entspricht.

7.6 Erlebnisebene, Sachverhaltsebene und Darstellungsebene

Alle drei Ebenen haben sich voneinander zeitlich entfernt, die »Geschichts-Schreibung« hat bewertend und korrigierend eingegriffen. Korrelierend zu den drei »Innenpersonen« des Mailers, der Mailerin

(der Autor, der Berichterstatter und der Erzähler) sind die drei Ebenen zu begreifen:
- die **Erlebnisebene** als durchlebte Wirklichkeit der Autorin der Mail;
- die **Sachverhaltsebene** als Faktensammlung der Berichterstatterin;
- die **Darstellungsebene** als Rahmenhandlung und Gestaltungsplattform des Erzählers.

Diese drei haben eine unterschiedliche
- **zeitliche Dimension,**
- eine unterschiedliche **qualitativ/inhaltliche Dimension und**
- **eine unterschiedliche Bedeutungs-Dimension.**

Von diesen drei Ebenen wird nur eine für uns beim Lesen einer E-Mail erfassbar. Es ist die Darstellungsebene, die Darstellungsebene in ihrer erfassbaren jetztzeitlichen Qualität und Bedeutung. Sie ist es, die wir erfahren und lesend aufnehmen.

Durch den Erzähler wird gestalterisch wirksam, was der Autor von sich preisgeben will. Wie er die Geschichte dargestellt haben möchte, welche Wirklichkeit er zu uns transportieren will, »wie und was er herüberbringt«. Erzählen ist zielgerichtet auf das Erzielen von Wirkung.

Es sollen in uns Empfindungen geweckt werden durch die dramaturgische Inszenierung des Erzählers. Das Drehbuch ist von der Autorin zu diesem Zwecke freigegeben worden. Die Berichterstatterin würde sich die Haare raufen, denn von dem, was sie weiß, ist nur ein Teil in das Drehbuch aufgenommen worden – aber es ist eben keine Reportage und kein Sachbericht.

Das Induzieren von Emotionen geschieht mit verschiedenen Hilfsmitteln, mit verschiedenen dramaturgischen Möglichkeiten und Formen. Vom dramatisch über melodramatisch oder humorvoll (manchmal unfreiwillig) bis hin zu satirisch oder kabarettistisch. Die gewählte Darstellungsart ist aber kennzeichnend für die Persönlichkeit der Autorin. Sie kann nicht alles. Sie kann es nur auf ihre ihr eigene Art darstellen. Insofern ist schon ein Rückschluss auf ihre Persönlichkeit und ihre psychische Befindlichkeit erlaubt.

Die Schwierigkeiten hinsichtlich des Lesens und Verstehens einer E-Mail scheinen zuzunehmen. Wir haben erfahren, dass die grundlegenden Gegebenheiten der digitalen Kommunikation die Rezeption des dargestellten Inhalts schwierig macht. Inhalt entsteht in uns neu, auf dem Hintergrund und Nährboden unserer eigenen Sozialisation. Unsere Rezeption induziert in uns unsere eigene Phantasie des vom Autor beschriebenen Erlebens. Nun ist dieses Erleben kein Sachbericht, sondern auch schon eine »Geschichte«, die dramaturgisch inszeniert nur eine »Teilrealität« des Erfahrenen darstellt. Es geschieht also eine Transformierung zwischen dem »real Erlebten« und dem »tatsächlich Dargestellten«, mit dem dazwischen geschalteten Filter des »tatsächlich Preiszugebenden« auf der einen Seite des Autors und dem »real aufgenommenen Inhalt des Erzählten« und der dadurch »wiederbelebten Geschichte« beim Leser auf der Grundlage dessen eigenen Erfahrungshorizonts.

Das erinnert mich an das Spiel »Stille Post«. Für diejenigen, die es nicht kennen: die Regeln sind einfach.

Ein kleiner Text wie etwa der Ihnen bestimmt bekannte Sketsch von Loriot: *»Ich heiße Erwin Lindemann, bin Rentner und 66 Jahre. Mit meinem Lottogewinn von 500 000 DM mache ich erstmal eine Reise nach Island, dann fahre ich mit meiner Tochter nach Rom und besuche eine Papstaudienz, und im Herbst eröffne ich dann in Wuppertal eine Herrenboutique.«* – wird der nächsten im Kreis sitzenden Person ins Ohr geflüstert. Diese flüstert diesen Text wiederum ins Ohr des Nächstsitzenden usw. Der Letzte in der Reihe sagt laut, was er verstanden hat. Was am Ende dabei rauskommt, könnte sich so ähnlich anhören wie bei Loriot: *»Ich heiße – na Erwin. Ich heiße Erwin, und bin Rentner. Und in 66 Jahren fahre ich nach Island und da mache ich einen Gewinn von 500 000 Mark. Und im Herbst eröffnet dann der Papst mit meiner Tochter eine Herrenboutique in Wuppertal.«*

Die »Umgestaltung« des Ausgangstextes, welche bei diesem Spiel durch die geflüsterte Weitergabe durch die Personenkette entsteht, ist gleichzustellen der Weitergabe der »erlebten Realität« durch die verschiedenen personalen Instanzen des Autors, die Verschriftlichung, digitale Übertragung und rezeptive Aufnahme durch uns, die Leserin oder den Leser.

Bei diesem »Umgestaltungsprozess« wird auf Seiten des Autors nur weitergereicht, was für ihn im Moment des Erzählens **Bedeutung** hat.

Die Erzählung ist Diener der Bedeutung des Erlebten.

Mit »Bedeutung« meinen wir nicht die Bewertung im Sinne einer retrospektiven Gewichtung für das Leben der Autorin, sondern den Kern dessen, womit sie sich aktuell beschäftigt. Die Darstellung ist in ihrer zeitlichen Ebene im Hier und Jetzt des Schreibens. Somit ist die Bedeutung auch auf diesen aktuellen Zeitpunkt bezogen. Die »erzählte Welt« im Sinne von Brigitte Boothe bezieht ihre Wirklichkeit aus dem aktuellen Geschehen, das »bedeutungsschwanger« ist. »Bedeutungsschwanger« als Ausdruck eines prozesshaften Geschehens, eines Werdens einer »Bedeutung«, die sich abzeichnet, aber in ihrer wahren Gestalt und Form noch nicht sichtbar, real geworden ist.

7.7 Kommunizierbare Wirklichkeiten

Die Grenzen meiner Sprache sind die Grenzen meiner Welt (Ludwig Wittgenstein).
Bis hierhin haben wir uns mit einigen grundlegenden Schwierigkeiten, die der Produktion und Rezeption von Texten innewohnen, beschäftigt. Wir haben uns mit der Frage des Kommunikationsprozesses eines Textes auseinander gesetzt, doch bleibt eine Frage auf Seiten der Autorin weiterhin offen: Was ist denn grundsätzlich kommunizierbar von der Ebene menschlichen Erlebens und Fühlens? Und im Hinblick auf E-Mails: Was ist unter der Prämisse des schriftlichen Austausches überhaupt kommunizierbar?
Wenn wir von uns als Berater und Therapeutinnen nach Rogers das »Einfühlende Verstehen der Welt und Probleme der Klienten« erwarten, muss, damit dies gelingen kann, ein Zugang zu der Innenwelt des Klienten bestehen.
Zwei Fragen beschäftigen uns hierbei:
1. Können wir über das mentale Innenleben anderer Menschen etwas erfahren?
2. Welche Limitierungen setzt die Sprache der menschlichen Erkenntnis?

Diese Fragen sind verwandt mit den im Kapitel analoge-digitale Kommunikation beschriebenen Problemstellungen der rezeptiven Aufnahme geschriebenen Textes und dessen Umsetzung in Begriffe: dem Verstehen. Als grundsätzliche Fragen des menschlichen Seins fallen sie jedoch in die Domäne der Philosophen.

Es würde an dieser Stelle zu weit führen, sich ausführlicher damit zu beschäftigen, deshalb sei an dieser Stelle ergänzend auf unsere Homepage zu diesem Buch verwiesen, wo Sie ausführlichere Texte zu diesen und anderen Aspekten des Themas nachlesen können (**www.schreiben-tut-der-seele-gut.de**). Unter anderem auch zwei Vorlesungstexte, die Karsten Weber zu diesen Fragen erstellt hat. Die in diesem Zusammenhang wichtigsten Ausschnitte sind:

»Den Zugang zu Erinnerungen, Empfindungen, Meinungen oder anderen mentalen Entitäten besitzt nur das Subjekt, sie gehören nur ihm, sie sind *privat*. Deshalb kann der Schluss auf das Vorhandensein mentaler Entitäten bei anderen Menschen oder gar bei anderen Lebewesen nur über den Umweg der Introspektion gezogen werden; es ist nur möglich zu versuchen, sich in den Gegenüber zu versetzen …

… Bei Lebewesen, die einen ganz anderen Lebensraum besetzen oder andere Sinne nutzen als Menschen, bspw. jene berühmten Fledermäuse von Thomas Nagel, ist dies kaum mehr möglich, bzw. haben wir keine Sicherheit, eben weil unser Zugang hier nur *subjektiv* ist und sein kann. Über uns selbst und unsere Empfindungen wiederum besitzen wir eine Sicherheit, wie dies für physikalische Objekte kaum der Fall ist. Das Haben von Schmerzen oder einer Überzeugung scheint unbezweifelbar, *unkorrigierbar*; niemand kann mich in der Meinung über meine Schmerzen korrigieren, denn ich weiß gewiss, dass ich sie habe. Wo das phänomenale Bewusstsein eines Schmerzes oder einer anderen Empfindung lokalisiert ist, scheint dagegen eine sinnlose Frage zu sein, denn es ist zwar offensichtlich, dass ich heute andere Empfindungen und Gedanken habe, als ich gestern hatte und morgen haben werde, sie sind *temporal* angeordnet. Aber ›in‹ unserem Bewusstsein scheinen sie einfach ›überall‹ zu sein; die Anführungszeichen machen deutlich, wie problematisch hier eine Ortsangabe ist. Gedanken beziehen sich auf physikalische Objekte oder auf andere Gedanken bzw. allgemeiner auf andere mentale Entitäten, sie haben einen *intentionalen* Gehalt. Wenn ich Hunger auf Kartoffelchips habe, beziehe ich mich dabei auf physikalische Objekte. Tatsächlich mag ich Chips sehr gerne, aber ich bin *frei*, sie zu essen oder dies nicht zu tun …

… So banal es klingen mag: Sprache ist im Grunde das einzige Mittel, das Menschen zur Verfügung steht, um Wissen, Informationen, Erkenntnis weiterzugeben. Zwar können wir als Individuen lernen, ohne selbst dabei sprechen zu müssen. Und wir können durch Beobachtung und Nachahmung Wissen erwerben. Doch die Grenzen des Erwerbs neuen Wissens und die Weitergabe desselben sind mehr als deutlich. Dies ist nicht einfach eine philosophische Konstatierung, sondern eine empirisch gestützte Aussage. Beobachten wir die biologisch nächsten Verwandten der Menschen, Primaten, können wir diese Grenzen klar erkennen. Ohne Sprache lassen sich allenfalls einfachste Zusammenhänge weitergeben.

... Sicher ist das geschriebene Wort bereits sehr weit von der beschriebenen Welt entfernt. Doch hat sich die Kluft zwischen Welt und Menschen nicht erst mit der Benutzung der Schrift geöffnet, sondern schon in der Bildung sprachlicher Äußerungen.
Spracherwerb ist nach diesem Modell letztlich Konditionierung. Menschen lernen während ihres Lebens die Benutzung von Sätzen und Wörtern dadurch, dass sie bemerken, dass die Nutzung bestimmter Redewendungen zu ganz bestimmten Reaktionen der Angesprochenen führt. **Die Frage der Richtigkeit oder Wahrheit geäußerter Sätze wird deshalb auch nicht dadurch entschieden, dass ein bestimmter Sachverhalt in der Welt vorliegt, sondern dadurch, dass unsere Kommunikationspartner ein Verhalten zeigen, das zu den geäußerten Sätzen passt.**
Zur Explikation soll folgendes Beispiel dienen: Zwei Menschen beobachten die untergehende Sonne. Wenn einer den Satz äußert, dass die Sonne nicht rund aussieht, dann entscheidet nicht die Tatsache der Nichtrundheit der Sonne über die Richtigkeit des Satzes, sondern die Reaktion des Gesprächspartners. Denn wenn dieser daraufhin äußert ›ja, du hast Recht‹, gilt dies als Bestätigung, die zu einer ganz bestimmten Fortsetzung des Gesprächs führen wird. Wenn hingegen die Antwort eine Verneinung ist, werden unsere beiden ›Sonnengucker‹ vielleicht umstehende Personen befragen. So ergibt eine andere Antwort eben auch eine andere Fortsetzung des Geschehens.

... ›Versuchen wir aber, uns der Frage der Limitierung unseres Denkens durch die Sprache noch auf anderen Wegen zu nähern. Dazu kann bspw. auf den Roman ›1984‹ von George Orwell zurückgegriffen werden. Der Held der Geschichte lebt in einer apokalyptischen Welt der Überwachung und Drangsalierung. Doch für unsere Frage ist ein anderer Aspekt der Geschichte interessant. Es gibt zwei Bestrebungen der Machthaber in jenem Roman. Zum einen versuchen sie sehr erfolgreich, die Kenntnisnahme der Menschen von der Welt in jeder Hinsicht zu beeinflussen. Informationen werden verändert, manipuliert, unterdrückt, lanciert, gemacht. Niemand weiß, ob die Ereignisse, über die in den Medien berichtet wird, tatsächlich in der Form stattfinden, wie sie dort berichtet werden.

Nicht einmal unser Held, der an der Produktion jener Informationen mitwirkt, weiß, was tatsächlich ist und was erfunden. Tatsächlich verschwindet der Unterschied, weil es jenseits der Kommunikation über die Medien gar keinen Zugriff auf eine andere Instanz der Überprüfung gibt. Informationen, Wissen, Erkenntnis können die Menschen von ›1984‹ nur über die ihnen zugänglichen Kanäle gewinnen. Und diese bieten eben keine Abbilder der Realität, wie sie tatsächlich ist, sondern ein Bild der Realität, wie sie von einigen Menschen gemacht wird. Dies ist, nur auf einer anderen Ebene, die Situation, in die Menschen grundsätzlich gestellt sind, wenn man den Skeptikern und Konstruktivisten in der Philosophie Glauben schenken möchte. **Denn unsere Sinne entsprechen der Propagandaabteilung, sie produzieren Informationen, anstatt diese nur wahrheitsgetreu zu übermitteln.**

Dieses Beispiel legt also nahe, dass die uns zur Verfügung stehende Sprache die Grenze unseres Denkens markiert. Zum einen wäre eben nicht klar, wie wir etwas lernen sollten, das wir nicht sprachlich ausdrücken können, zum anderen aber fehlte der Indikator für die Kenntnis darüber hinausgehender Informationen, da diese nicht kommuniziert werden könnten. Allerdings sollte hier beachtet werden, dass der gesamte Bereich des nicht-sprachlichen Wissens ausgeblendet wurde. Fertigkeiten, die nicht mit Sprache, sondern beispielsweise mit Körperbeherrschung zu tun haben, wurden hier nicht berücksichtigt. Doch ist hiermit auch auf ein weiteres und weitergehendes Problem moderner Gesellschaften hingedeutet, das hier nicht weiter vertieft werden kann. Wissen, Erkenntnis, Fähigkeiten oder gar Intelligenz werden in modernen Gesellschaften zunehmend an kommunikative Kompetenzen geknüpft. Sind diese nicht vorhanden, kann dies für die betroffenen Menschen zu erheblichen Problemen führen. Insoweit sind mit dem Grad der Beherrschung von Sprache auch Grenzen der Möglichkeiten der Lebensführung verbunden, die zwar weit von den hier besprochenen

Themen entfernt, aber deshalb nicht unwichtig sind. (Für die E-Mail-Beratung umso wichtiger!)
... Insofern wäre die sprachlich konstituierte Welt die einzige uns zugängliche Welt. Die Sprache als Grenze unserer Erkenntnis wäre dann nicht so sehr als Behinderung oder unüberwindliche Hürde nach ›draußen‹ zu sehen, sondern die Distinktion zwischen Sprache und Welt wird selbst obsolet. Welt und Sprache sind eines: deshalb kann Wittgenstein den Satz ›die Grenzen unserer Sprache sind die Grenzen unserer Welt‹ äußern.
Wittgenstein machte dies an verschiedenen Beispielen deutlich, die sich vor allem in den ›Philosophischen Untersuchungen‹ finden ...
... Das zweite Beispiel thematisiert die Frage nach dem Bewusstsein des Menschen. Wittgenstein vergleicht das Bewusstsein mit einem Käfer in einer Streichholzschachtel. Man stelle sich vor, jeder Mensch laufe mit einer solchen Schachtel durch die Welt. Die Menschen reden über den Käfer in der Schachtel, aber sie öffnen diese nie. Um genau zu sein, vermuten sie nur, dass darin jeweils ein Käfer sei, wissen tun sie es nicht. Sie schließen nur aus dem Rütteln, dem Vibrieren der Schachtel, dass darin ein Käfer sei. Sie schließen also ausschließlich über äußere Beobachtung auf den Inhalt, ohne eine Möglichkeit der Überprüfung zu haben. Doch geht dies noch viel weiter. Denn Menschen bekommen diese Schachtel bei der Geburt geschenkt, ohne jemals in sie hineinzuschauen, weder in die eigene noch in andere, ja sie geben sie nicht einmal aus der Hand. Wie lernen Menschen also zu sprechen über etwas, das sie nicht kennen und für das es keinen Vergleichsmaßstab gibt? Nun, ebenso, wie dies weiter oben beschrieben wurde. Sie bemerken, dass ihre Mitmenschen in einer bestimmten Weise über ihre Schachtel sprechen. Probeweise versuchen sie ähnliche Sätze zu äußern. Wenn die Mitsprecher positiv reagieren, wird der Gebrauch bestimmter Sätze und Redewendungen gelernt, ansonsten nicht. Genau so, meint Wittgenstein, verfahren wir mit Denken, Bewusstsein, Gefühlen, Empfindungen. Es gibt eine bestimmte Praxis der öffentlichen Rede, aber keinerlei öffentlich zugängliche Prüfungsmöglichkeiten.
Aber es gibt ein weiteres Problem, das sich mit der Formulierung schon einfachster Basissätze zeigt. Denn wenn wir Basis- bzw. Beobachtungssätze der Art ›Hier ist ein Kaninchen‹ äußern, so ist dies eine höchst unvollkommene und vor allem unvollständige Beschreibung des Ereignisses. Es ist überhaupt nicht damit ausgedrückt, wie

das Kaninchen aussieht, wie es perspektivisch zum Beobachter steht, wie die Umgebungsbedingungen aussehen. Der Sprecher mag all dies mitdenken, wenn er den Satz äußert, doch der Hörer wird dies nicht können. Er muss also – und wird dies immer auch automatisch tun – in irgendeiner Form sich vorstellen, wie dieser Satz ›Hier ist ein Kaninchen‹ zu füllen sei. Er wird z. B. an ein bestimmtes Kaninchen denken, sich eine Wiese vorstellen etc. Selbst wenn wir die Beschreibung präzisieren, wird immer eine wahrscheinlich unendliche Menge an Details in der Beschreibung fehlen. **Das heißt aber auch, dass bereits einfachste Beschreibungen Abstraktionen darstellen, sodass ein Ereignis als Ereignis gar nicht kommunizierbar ist, sondern immer nur als Beschriebenes.«** (Weber, 2000)

Welche Erkenntnisse sind nun für unser Thema von Bedeutung?

Die Innenwelt des Menschen, seine Gedanken, Gefühle, Erinnerungen und Empfindungen, gehört nur ihm. Nur er hat Zugang dazu. Als solches sind sie sehr schwer kommunizierbar. Ein annäherndes Verstehen des anderen ist nur über das Verständnis unserer eigenen Innenwelt, der Introspektion möglich.

In der Kommunikation mit anderen wird die Richtigkeit oder Wahrheit dessen, was gesagt oder geschrieben ist, nicht dadurch entschieden, dass ein bestimmter Sachverhalt vorliegt, sondern dadurch, dass unsere Kommunikationspartner ein Verhalten zeigen, das zu den Äußerungen passt. Die Herstellbarkeit von Deckungsgleichheit der Empfindungen, Gedanken, Gefühle der beiden Kommunikationspartner entscheidet über den Wahrheitskonsens der geäußerten Worte.

Dies trifft auch für den Bereich des Wissens zu. Wenn wir hier schreiben »die Erde ist eine Kugel«, so können wir erwarten, von Ihnen heute als Leser die Bestätigung des Wahrheitsgehaltes dieser Äußerung zu bekommen, im Gegensatz zu den Menschen zu Zeiten des Aristoteles (384–323 v. Chr.), der die Kugelgestalt der Erde aufgrund von Überlegungen zur Entstehung von Mondfinsternissen vertreten hat. Wenn wir sagen, dass die Erde eine Kugel sei, behaupten wir, die Wahrheit zu sagen. Würde ein Gegenüber dies in Zweifel ziehen oder gar verneinen, hätten wir ein Problem. Denn es ist für uns eine Wahrheit, die wir nur glauben können, denn wir können sie nicht beweisen. Mit dem uns im Augenblick des Schreibens dieses Satzes zur Verfügung stehenden Wissens, also ohne

irgendwo nachzuschlagen oder sonstige Wissensquellen zu bemühen, hätten wir große Schwierigkeiten, diesen Beweis zu führen. Dabei hätten wir den Vorteil, bei der Beweisführung nur etwas Bestätigen zu müssen, von dem wir »wissen«, dass es ja »wahr« ist.
Also, wir wissen, dass die Erde Kugelgestalt hat, weil wir den Menschen glauben, die uns gesagt oder gelehrt haben, dass es so sei, und können deshalb Bestätigung erwarten, weil auch andere irgendwann dies so gelernt haben müssten.
Nach dem Philosophen I. Kant ist Wissen »*ein sowohl subjektiv als auch objektiv zureichendes Fürwahrhalten*«. Wenn wir die Psychologie befragen, bekommen wir etwa folgende Antwort: *Wissen ist etwas, was jemand für wahr hält.*
Auch für subjektives (implizites) Wissen gilt die Wahrheitsvermutung.
Wenn ich zu Ihnen sage »das Wetter wird sich ändern«, so ist diese Aussage für mich ein Erfahrungswert, den ich aus der Tatsache »weiß«, dass ein vor 40 Jahren gebrochenes Bein bei bevorstehendem Wetterwechsel mir dies durch leichte Schmerzen signalisiert.
Mit dieser Äußerung kann ich nun A) auf Bestätigung treffen bei Menschen, die ähnliche Erfahrungen gemacht haben (ja, das kenne ich auch!), oder B) auf mehr oder weniger unverhohlene Skepsis oder Unglauben. Die Herstellbarkeit eines Wahrheitskonsenses hängt in diesem Beispiel von der Deckungsgleichheit der gemachten Erfahrungen beider Gesprächspartner ab. Meine Wahrheit ist aber deswegen nicht weniger »wahr«, weil mein Partner dies in Zweifel zieht.
Unsere berufliche Erfahrung bei der Beratungsarbeit hat uns gelehrt, nichts Gesagtes zunächst abzuwerten, als nicht wahr für unser Gegenüber zu behaupten.
Viele zunächst »haarsträubend« anmutende Geschichten von Anruferinnen und Anrufern bei der Telefonseelsorge, die wir für erfunden, zumindest für maßlos übertrieben gehalten haben, stellten sich als wirklich geschehen heraus. Mittlerweile haben wir gelernt, »*dass es nichts gibt, was es nicht gibt*«, und dass einen Anrufer, dessen Leben und Erleben einem Raritätenkabinett gleicht, nichts hoffnungsloser machen kann, als zu der Verarbeitung seines Erlebens hinaus vergeblich gegen das Etikett »Spinner« oder »Lügenbaron« ankämpfen zu müssen.

Dies ist manchmal genau die Situation, in der wir uns beim Lesen von E-Mails befinden. Die Menschen, die sich an uns wenden, sind isolierter als andere. Gerade die Anonymität der E-Mail-Kommunikation aber erlaubt es ihnen, einen Versuch zu wagen, ihre »Geschichte« einem anderen mitzuteilen. Es sind aber dann auch eben die Menschen, deren Erfahrung ist, dass ihr Erleben, ihre Wirklichkeit im Grunde nicht kommunizierbar ist, weil sie auf kein »Das kenne ich auch« treffen.

Wir erkennen das, was die Schreiberin, der Schreiber einer E-Mail sagen will, nur durch den Text. Es ist ihre, seine Wahrheit, die wir nicht abzuwerten haben.

Das bisher Besprochene ist nur eine Seite der Schwierigkeit, Innenwelt zu kommunizieren. Die Kommunizierbarkeit situativen Erlebens ist von der generellen Fähigkeit des Umgangs mit Sprache abhängig.

Wenn Sie dieses Buch in der Hand halten, gehen wir davon aus, dass Sie es auch lesen können. Das bedeutet, dass Sie gelernt haben, fließend sprechen, lesen und schreiben zu können, was etwa 4 Millionen Menschen in der Bundesrepublik nicht können. Die Fachliteratur zu diesem Thema unterscheidet zwei Formen, den primären Analphabetismus (Menschen, die keinerlei Lese- und Schreibkenntnisse haben) und den funktionalen Analphabetismus (Menschen, die nicht ausreichend lesen und schreiben können).

Sie werden im Zuge ihrer Arbeit mit E-Mail-Beratung feststellen, dass bei jugendlichen Menschen häufiger die sprachliche Ausdrucksfähigkeit und das Vermögen zur grammatikalisch und orthographisch korrekten Umsetzung nicht besonders gut entwickelt sind. Wenn die Schlussfolgerung Wittgensteins (»Die Grenzen meiner Sprache sind die Grenzen meiner Welt«) in Bezug gesetzt wird zu den Ergebnissen der letzten PISA-Studie, so scheinen die Grenzen der Welt immer enger zu werden. Nach diesen Untersuchungen sind ca. 20 Prozent der deutschen Erstklässler schon sprachgestört, bevor sie in die Schule kommen.

Da Sprache und Denken miteinander verwoben sind, ist die Fähigkeit des Menschen, sich selbst zu erkennen und komplexe Zusammenhänge zu erfassen, abhängig von der Ausprägung seiner sprachlichen Kompetenz. Gerade die neuen Medien jedoch setzen den geübten Umgang mit Schriftsprache voraus. Diese Rückentwicklung hat noch kaum zu übersehende Auswirkungen auf die Ent-

wicklung unserer Gesellschaft, da auch das Erlernen sozialer Kompetenz an die sprachliche Entwicklung gekoppelt ist. Der Journalist Markus Leibfritz weist berechtigterweise darauf hin, dass auch Konfliktfähigkeit in Wechselbeziehung zu der Beherrschung von Sprache steht. »Wer nicht in adäquater Weise befähigt ist, seinen Gefühlen Ausdruck zu verleihen, neigt eher zu Gewalttätigkeit.« (P.M. Magazin, 09-2002, »Wer liest, surft besser«) Darin heißt es weiter: »Sprachkompetenz ist das wichtigste Rüstzeug für nutzbringenden Mediengebrauch. Um in den Informationsfluten nicht unterzugehen und Wahres vom Falschen unterscheiden zu können, muss sorgfältig und kritisch ausgewählt werden. Der deutsch-amerikanische Computerwissenschaftler Joseph Weizenbaum definiert die viel zitierte Medienkompetenz als ›Fähigkeit, kritisch zu denken‹. Und dies lerne man allein durch ›kritisches, verarbeitendes Lesen‹ Auch hier sind sich Wissenschaftler und Pädagogen einig: Der bessere Leser ist auch der kompetentere Mediennutzer.«
Wir haben es also mit der Verarmung der Sprache zu tun, die aber nicht nur durch mangelnde Lernleistung und Wissensvermittlung erklärbar ist. Sprache als solche verändert sich durch die neuen Medien.
Das Chatten, an den das Schreiben einer E-Mail in seiner Ausdrucksform Anleihe genommen hat, hat sich zu einem eigenständigen Kommunikationsvorgang entwickelt, der auch eine eigene Textsorte hervorgebracht hat, die eher dem »Verschriftlichen« oder »Vertexten« eines gesprochenen Inhaltes gleicht als der literarischen Abfassung eines Textes. E-Mails sind oft Zwitter zwischen gesprochener Sprache und geschriebenem Text.
Die Gründe hierfür sind sicherlich in der schnellen und ungehemmten Entwicklung verschiedener neuer Kommunikationsformen des Internets zu suchen, unter denen gerade bei Jugendlichen das Hauptgewicht der Nutzung im Chat liegt und im Austausch von E-Mails. Der Chat als solcher hat aber als Hauptmerkmal das unmittelbare »sprechen« mit anderen Personen mittels Schrift. Es wird also jeweils schriftlich kommuniziert, was sonst gesprochen würde. Es gleicht dem Telefonieren mehr als dem Briefschreiben. Gefühlszustände, die der Teilnehmer ja nicht sehen oder – wie am Telefon – hören kann, werden mittels Emoticons (siehe Anhang) mitgeteilt. Auch erwachsene Internetnutzer benutzen, wenn sie eine E-Mail schreiben, die gelernten Verhaltensregeln, Konventionen und Kom-

munikationsmuster des Chats bei der Art der Abfassung ihrer E-Mail. Die Kultur des Briefeschreibens ist der Mehrzahl der jugendlichen Internetnutzer eher fremd. Wir können nicht davon ausgehen, dass sie darin geübt sind.

Die Verarmung der Sprache als Ausfluss bildungspolitischer Defizite und die Veränderung von Sprache im Kontext der neuen Medien ergeben eine problematische Mischung, die unseres Erachtens in ihren Auswirkungen noch nicht zu überschauen ist. Zusammen mit der grundsätzlichen Schwierigkeit, Inneres zu kommunizieren, ergibt sich jedoch die Frage, ob unser traditionelles Textverständnis und unsere Herangehensweise an Text für die E-Mail-Beratung tauglich sind.

Eine quantitative Verarmung von Sprache allein, im Sinne einer Reduktion des Vokabulars, würde für uns »Ältere« ja kein Verständnisproblem aufwerfen, da wir sie aus unserem größeren Repertoire heraus allemal verstehen könnten, nein; es ist die Veränderung, das Entstehen neuer Worte, Wortbedeutungen und Wortkombinationen in Verbindung mit der Verarmung, die an uns Herausforderungen stellt.

Wir wollen hier nicht Bildungspolitik diskutieren oder Medienkritik üben. Wir stellen nur fest, dass eine Veränderung der Sprache und des Sprachgebrauchs im Moment stattfindet, die uns erwachsenen Menschen genauso zu »funktionalen Analphabeten« im Gebrauch und Verständnis einer veränderten Sprache machen kann, wenn wir nicht Schritt halten können.

Da Schriftsprache und ihr vermittelndes Medium zusammenhängen, ist diese Entwicklung schon Realität geworden dadurch, dass viele von uns schon im Hinblick auf den Umgang mit dem Computer zu Computeranalphabeten geworden sind. Es ist für unsere heutige Wirklichkeit unerheblich, früher in der Schule den Umgang mit Füller und Bleistift geübt zu haben.

7.8 Die Sprache der Probleme

Wie im Kapitel »Erlebnisebene, Sachverhaltsebene und Darstellungsebene« beschrieben, hat das Schreiben – im Sinne der Darstellung einer »Geschichte« – auch einen dramaturgischen Aspekt. Aus dem vorhergehenden Abschnitt wird deutlich, dass ein Autor,

eine Autorin aus verschiedenen Gründen die Not haben, ihre »Wirklichkeit« kommunizierbar zu machen.
Welche Vermutungen über die diesem Prozess innewohnenden Gesetzmäßigkeiten könnte es geben? Wie sieht die »Sprache der Probleme« aus? Unterscheidet sie sich von »normaler« Sprache?
Die Sprache, die Menschen benutzen, um ihre eigenen Probleme schriftlich zu artikulieren, ist eine Sprache der Extreme. Sie unterliegt dem Zwang, sowohl faktische Wirklichkeiten – also Lebensumstände, Erlebnisse, Gegebenheiten – als auch emotionale Wirklichkeiten – Gefühle, Empfindungen und Meinungen – der unbekannten Leserin deutlich zu machen.
Für die Zielsetzung, die faktischen Wirklichkeiten darzustellen, gelten folgende Notwendigkeiten:
- die tatsächlichen Gegebenheiten klar zu beschreiben;
- sachliche Verstehbarkeit zu ermöglichen;
- emotionale Distanz zum eigenen Erleben herzustellen.

Für die Zielsetzung emotionaler Wirklichkeit gilt:
- im Anliegen ernst genommen zu werden;
- die Ernsthaftigkeit der Situation deutlich zu machen;
- den Wunsch einer notwendigen Änderung zu transportieren;
- Befindlichkeiten zu beschreiben;
- Hilfeleistung zu erbitten.

Dies gleicht der Quadratur des Kreises. Faktisches zu transportieren entspricht der Verfassung eines Sachstandsberichtes. Dies erfordert überschauende Distanz zum eigenen Erleben. Überflutende Emotionen sind dem Ziel hinderlich. Eine Möglichkeit besteht darin, sich von der Form her an eine Anfrage zu halten wie in den nachfolgenden Beispielen:

✉
Hallo
Ich bin 17 Jahre alt, weiblich, Abiturientin und würde mich gerne über verschiedene Möglichkeiten wie man eine Bulimieerkrankung heilen könnte erkundigen.
Im voraus Danke,
Ihre XXX

✉
Guten Abend,
meine Freundin hat sich vor ca. 5 Wochen das Leben genommen. Es fällt mir sehr schwer, damit fertig zu werden. Ich suche

daher eine Möglichkeit, mit Betroffenen ins Gespräch zu kommen bzw. einen Psychotherapeuten, der sich in diesen speziellen Fällen auskennt. Ich wohne im Raum XY.
Vielleicht können Sie mir weiterhelfen?
Danke

Wie man sieht, sind solche Anfragen recht sachlich gehalten. Eine emotionale Beteiligung ist kaum sichtbar. Der dahinter stehende Leidensdruck muss durch die Leserin vermutet werden. Der Schreiber hat sich selbst auf die sachliche Ebene begeben und sein Anliegen in eine Anfrage gekleidet.
Menschen, die eine solche Leistung der Problembeschreibung aus der emotionalen Distanz heraus nicht erbringen können oder die nicht in der Lage sind, ihre Emotionen und psychischen Befindlichkeiten zu kontrollieren, müssen versuchen, die Darstellung von Sachaspekten trotz ihrer emotionalen Gefangenheit zu ermöglichen. Hier nachfolgend drei Beispiele:

✉
ich bin fahnenflüchtig
hab meine freundin angelogen
das ich dort wär und nur nicht telefonieren könnte,
und sitz nun hier trink mich dumm, was ich gewöhnlich nich mach und hab vorallem keinen plan wies morgen weitergeht soll hab vor einem jahr schon mal sowas gemacht wurde für einjahr zurückgestellt und hab seitdem nicht mehr versucht dran zu denken
nun mußte ich wieder hin hab angst bekommen und konnt nich reingehen
keine ahnung was ich machen soll
hab niemand mit dem ich sprechen kann
aus dem fenster springen kann ich net dazu fehlt mir der mut
wer für ne schnelle antwort wirklich dankbar

✉
Bin ich reif für den Psychologen? Ich bin eine alleinerziehende Mutter von einem kleinen Mädchen – sie ist jetzt xy Monate alt, wir leben von der Sozialhilfe, ich muss aus finanziellen Gründen wieder arbeiten gehen, finde aber keinen Kindergartenplatz, ein Kindermädchen kann ich nicht bezahlen, Freunde habe ich hier auch keine, ich selber bin ein Scheidungskind, habe überhaupt keine Erfahrung mit dem Umgang von kleinen Kindern und fühle mich total überfordert. Der Vater meines Kindes hat mich schon kurz nach meiner Schwangerschaft verlassen, meine Schulden

erdrücken mich und ich will mehr sein als »Nur-Mutter« ... gelernt habe ich nichts, denn als Heimkind hatte ich falsche Freunde, habe mich mit Prostitution finanziell über Wasser gehalten, die letzten Jahre aber den Absprung in die Gastronomie geschafft, dann Schwangerschaft, Job verloren, Partner verloren und nun Sozialhilfe, die hinten und vorne nicht reicht, ungelernt bekommt man heute keinen Job aber was kann ich lernen? Ist da draussen jemand der mir weiterhelfen kann? Ich selber habe keine Familie mehr, die zu mir steht und mir helfen kann ... Habe Angst vor der Zukunft ... träume so lange schon von einer eigenen Familie, möchte heiraten und mich wieder verlieben. Aber alle Männer, die ich bisher kennengelernt habe, haben mir weh getan, mal haben sie mich betrogen, dann waren sie nie da, wenn man sie brauchte und ich sehne mich nach einem starken Arm. Wie bei Pretty Woman, ein weißer Ritter holte sie aus dem Elend raus ...Und – sie liebten sich! Ich möchte auch geliebt werden, weine mich sehr oft in den Schlaf und weiß oft nicht weiter ... Ich weiß nicht ob diese Mail nun von einer Frau oder einem Mann gelesen wird, aber ich glaube ich möchte den Rat eines Mannes dazu haben, warum weiß ich auch nicht. Mir ist nur wohler bei dem Gedanken ... was kann ich tun? bin so verwirrt und brauche wirklich Hilfe

✉

Heut Nacht stand der Tot an meiner Tür. Ich sagte »nein, noch nicht«. Er fragte warum? Ich fand keine Antwort. Kennt ihr die Antworten? Helft mir! Meine priv. Mailadresse: ... – schnell!!!

Mit dem Eingeständnis, ein Problem zu haben, und dem Versuch, dieses zu beschreiben, begibt sich die Schreiberin in eine regressive Haltung, die in einer entsprechenden Sprache ihren Ausdruck findet. Diese Sprache ist unmittelbarer, emotional betont und meist einfach gehalten. Es ist eine Sprache, die oft Gedankengänge, Gedankenfetzen gleichsam so wiedergibt, wie sie während des Schreibaktes auftauchen. Hier wird sehr deutlich, was von verschiedenen Autoren der Literatur zum Thema »Sprachwandel in den neuen Medien« als »Verschriftlichung« des gesprochenen Wortes bezeichnet wird. So merkt Ulrich Schmitz folgendes an: »Die Umwälzung hergebrachter Normen schlägt sich auch sprachlich in einigen Neuerungen nieder. Es entstehen nämlich neue Arten und Weisen, den artikulierten Zeichenkörper ›zum Ausdruck des Gedanken fähig zu machen‹ (Humboldt, 1963). Das geht mit neuen Gestalten sprachlicher Synthesis einher: mit neuartigen Sprachformen werden einzelner Fall und allgemeines Schema in ein neues Verhältnis gebracht. Im Detail führt das zu neuen stilistischen Formen jenseits der Standardschriftsprache: teils formalisierter, teils salopper als diese. Im größeren Maßstab sogar entwickeln sich ganz neue Schreibweisen und Textsorten, die ohne die neuen technischen Mittel nicht denkbar waren. Und dabei schließlich nimmt das Zusammenspiel der semiotischen Kanäle bisher ungekannte Formen an: Mündlichkeit und Schriftlichkeit sowie darüber hinaus Verbalität und Nonverbalität werden neuartig gemischt, so daß die Sprache insgesamt eine veränderte Stellung ›in der Gesamtheit der semeologischen Erscheinungen‹ (Saussure, 1967) bekommt. All diese Neuerungen laden zu vorschnellen Bewertungen ein, enthalten aber tatsächlich differenzierte Entwicklungslinien … Und Reid schreibt über computerbetriebene Mensch-Mensch-Dialoge: ›The divisions between spoken and written, and synchronous and asynchronous forms of language, are broken down.‹ … Doch nicht nur Mündlichkeit und Schriftlichkeit, sondern auch Verbalität und Nonverbalität gehen ineinander über. Das ergibt sich zunächst aus der körperlichen Abwesenheit des Partners (wie bei der Schrift) trotz synchroner Kommunikation (wie beim mündlichen Gespräch).« (Schmitz, 1995)

Diese Anmerkungen sind auf den Sprachgebrauch in den neuen Medien bezogen. E-Mails, die in einem Beratungskontext verfasst werden, sind durch die Art ihrer Zielstellung noch etwas anders zu bewerten. Die schriftliche Darstellung und Erläuterung von Problemen ist für diese Menschen in der Regel keine alltägliche Praxis. Jedoch lässt sich bestätigen, dass »Problemmails« häufig den Versuch darstellen, den artikulierten Zeichenkörper »zum Ausdruck des Gedankens zu machen«. Man könnte auch sagen, es ist der individuelle Versuch, den Zustand der inneren Welt, der psychischen Befindlichkeit kommunizierbar zu machen. Somit liegt es auch nahe, diese Abbildung der momentanen Innenwelt über ein protokollartiges Festhalten der Gedankenkette zu bewerkstelligen; quasi als Angebot zur Teilnahme der Leserin am Gedankengang der Mailerin. Dabei handelt es sich bei der einen um ein Konstrukt, das darauf abzielt, logische, sich aufeinander beziehende Gedankenabfolgen mit dem Ziel, das Verständnis zu einer Problemstellung zu fördern, also eine logische Gedankenentwicklung über eine Problemstellung zu kommunizieren – bei dem anderen um das »Zur-

Verfügung-Stellen« von Gedanken, Gefühlen und Bildern, die sich einstellen, wenn oder »dadurch dass« die Mailerin in ihrer Situation IST. Es ist sowohl das Protokoll einer Analyse zu einem Problem oder Zustand als auch eine Zustandsbeschreibung mittels der Verschriftlichung eines Gedankenflusses.
Beispiel:

> ✉
> »... psychotherapie, ich hab das so satt
> ich will endlich dass ich wieder was erreichen kann
> aber ich kriegs nicht hin, bin ich also falsch im kopf? schraube locker? Nein, einfach ne dumme krankheit ... wenn ich vernuenftig darueber nachdenke, dann komm ich zu dem schluss dass meine vorstellungen und die krankheit nicht zusammenpassen
> es muesste einfach *weg*
> *irgendwas* fehlt mir, ich glaub es ist eine freundin, bzw zuerst einmal n paar kumpels mit denen ich reden und was unternehmen kann, wieso kann niemand kommen und mich abschleppen, entfuehren, irgendwo hinbringen, zu seiner privatparty oder sonst was, mann, schreib(t) irgendwas zurueck
> irgendwas
> hier ist niemand
> ich bin alleine, ich kann mich selbst nicht ausstehen, wer ist schon gerne mit jemandem zusammen, den er nicht ausstehen kann?
> Ich schick das jetzt ab
> Was soll schon passieren ...«

Der Lösungsansatz, seine psychische Befindlichkeit dadurch zu kommunizieren, dass der situative Gedankenfluss verschriftlicht wird, erlaubt es dem Mailer nicht, gleichzeitig eine hohe Kontrolle über das Mitgeteilte aufrechtzuerhalten. Die Kontrollinstanzen greifen nicht bzw. werden ausgeklammert, wenn Bewusstseinsinhalte »losgelassen«, freigegeben werden sollen. Gedankeninhalte unzensiert preiszugeben gehört mit zum Privatesten, was ein Mensch mit anderen teilen kann. Den hohen Zensurhürden entspricht der enorm entlastende Charakter.
Ein Mailer drückt dies folgendermaßen aus:

> ✉
> Guten Abend/guten Morgen,
> wenn ich jetzt wüßte, wer mein Mail lesen wird, könnte ich meine Anrede persönlicher gestalten, so ist es ein Schreiben ins

Blaue, das genauso gut eine Seite eines virtuellen Tagebuchs sein könnte. Vorab: es ist eigentlich nur ein Gedankengeplätscher, da ich im Augenblick nicht schlafen kann. Das ist kein Notruf-Mail, also bitte erst die anderen Mails lesen, es gibt Menschen mit viel dringlicheren Sorgen – und doch: im Augenblick ist der Gedanke wohltuend, einfach so schreiben und sich vorstellen zu können, jemand liest meine Gedanken.
(Es folgen mehrere Seiten Text ...)

Diesen Weg versuchen manche Menschen zu gehen in der Hoffnung, gerade dadurch ein möglichst authentisches Bild dessen wiedergeben zu können, was in ihnen momentan vorgeht. Es ist nicht als das ausgesuchte Mittel der Wahl zu betrachten, sondern Ausdruck der inneren Not und bei manchen auch Tribut an die Unfähigkeit, in der momentanen Situation andere, geordnetere sprachliche Ausdrucksmittel zu gebrauchen, wie dies in den nachfolgenden beiden Mails deutlich wird:
(Auszug aus einer Mail, die ein Jugendlicher von seiner Urlaubsbekanntschaft bekommen hat und deswegen Hilfe sucht)

✉
I'm sorry that I bother you with this e-mail but I just didn't know anyone else to write.
I think I'm going to jump under a train as soon as I get a change. Or eat 20 aspirins. Or cut my wrists open. Or something.
People don't notice ... Everybody hates me ... Or ignores me ... Says mean things ... If they bother to talk ... My sister, XXX, thinks I should kill myself, so she ould get a guestroom ... Maybe I do ... Just to get away from here and near her ... She hates me ... Always has, always will ... I don't know why. Ever since we were kids she has hated me ... She thinks I shouldn't tell anyone if I feel bad, expecially not to you, since you don't need to know/want to know. But you're her friend too ... Life lesson ...: Your enemies' friends cannot be your friend ...
Maybe I'll just go and kill myself. Everybody will be happy.

✉
Er will mich auf keinen Fall verlieren, das weiß ich, aber ich fühle mich scheußlich. Eigentlich bin ich entweder alleine, oder mit seiner Tochter zusammen, denn wenn er nach Hause kommt, dann setzt er sich, nach einer flüchtigen Begrüßung, an den PC ... hört und sieht kaum was um sich herum ... und dort sitzt er ... bis 1 oder 2 Uhr in der Nacht. Und dann ist er müde ... und ich natürlich auch ... und bis wir eine größere Wohnung

haben, kann ich mich nicht mal zurückziehen ... aber ich frage mich auch ... wie wird es demnächst sein ...? Ich liege dann im Bett, und er kommt dann irgendwann in der Nacht dazu ... es wird eine reine Zweckgemeinschaft werden ... ich bemühe mich um seine Tochter, die er unbedingt zu sich nehmen wollte ... und sonst? Oh Gott, ich habe furchtbare Angst. Ich hatte schon mal überlegt, eine eigene Wohnung zu nehmen, aber da hat er äußerst heftig reagiert und an meiner Liebe gezweifelt ... ich weiß nicht mehr weiter ... er bedeutet mir trotz allem sehr, sehr viel ... aber, bzw. gerade deshalb denke ich manchmal, daß ich lieber tot wäre ... irgendwie scheint es so, als habe jemand bestimmt, daß ich im Leben niemals glücklich werden soll ... so, als bestände meine einzige Aufgabe darin, immer für andere dazusein, mir den Kopf zu zerbrechen, wie ich alles richtig mache ...
Dadurch, daß wir, wenn überhaupt ... über alles Mögliche sprechen, nur nicht über uns selbst, ist schon eine gewisse Fremdheit aufgetreten ... er war mir noch vor kurzem so nah ... und jetzt scheint er mir so fern ... irgendwie ... und ich hasse meine eigenen sexuellen Bedürfnisse ... ich hasse meine emotionalen Bedürfnisse ... ich hasse mich langsam selbst ... und ständig könnte ich heulen, kämpfe mit den Tränen, und das, obwohl ich nie ein Mensch war, der sich leicht hat unterkriegen lassen ... jemand, der sich und seine Emotionen unter Kontrolle hatte ... Mein Mann versucht, mich fertig zu machen, weil er es nicht ertragen kann ... verlassen worden zu sein ... es ist alles so schwer für mich ... also, die Trennungssituation ... und dann die Probleme mit meinem Freund ... und zudem die Belastung ... halt plötzlich auch die Tochter meines Freundes noch in meine Überlegungen mit einzubeziehen ... Gott sei Dank verstehe ich mich gut mit ihr ... sie sagt, sie hat mich lieb ... und sie zeigt es auch ... ist anhänglich und vertraut mir hin und wieder ihre Probleme an ... Ich habe sie auch liebgewonnen ... und das Schlimme ist, ich glaube, daß sie zu ihrer Mutter zurückgehen würde, wenn ich nicht bei meinem Freund wohnen, sondern in eine eigene Wohnung ziehen würde. Sie hat es mal so ganz, ganz vorsichtig anklingen lassen ... habe ich meinem Freund nicht erzählt ... das würde ihn umhauen ... er hängt sehr an seiner Tochter ...
So, nun habe ich Unmengen geschrieben ... helfen kann mir niemand, wahrscheinlich auch nicht raten, aber irgendwie tut es gut, sich mal alles von der Seele zu schreiben ... und das Gefühl zu haben, da gibt es irgendwo jemanden, der das liest ... verrückt, ich weiß, aber es ist nun mal so. Ich kenne zwar Men-

schen, denen ich vertrauen kann, aber ... na, ich weiß nicht. In mir sträubt sich alles dagegen ... weil, ich denke, da kommt garantiert:? Verlaß ihn ... vergiß ihn ...? Nur, ich denke halt, daß es einen Weg geben MUß, wie er und ich zusammen klar kommen. Wir sind uns von der Grundhaltung her sehr, sehr ähnlich. Wir haben die gleiche Einstellung zum Leben ... zu den Menschen ... zu den Dingen ... und nur durch die verfluchte Sexualität ist alles so kompliziert ... und irgendwann werde ich mich innerlich ganz tot fühlen, während er wahrscheinlich vor dem PC und seinen Bildchen sitzt und masturbiert ... keine schöne Vorstellung ...
Nun beende ich meinen Brief ... vielleicht weiß ja doch jemand so etwas Ähnliches wie einen Rat ... oder so ... ich weiß nicht mehr weiter ...
Vielen Dank für die Mühe, wenn Sie diese Mail lesen ...
Mit freundlichen Grüßen
<Vorname>

In beiden Mails benutzen die Verfasserinnen zur Verdeutlichung des Dahinfließens ihrer Gedanken drei Punkte (...) nach jeweils einem »Gedankenfetzen«. Dies scheint auch über Sprachgrenzen hinweg ein beliebtes Hilfsmittel zu sein.
Gerade junge Menschen mit niedrigem Bildungsstand greifen gerne auf das »Verschriftlichen der Gedanken« zurück, frei nach dem Motto: »Ich werfe dir einfach mal vor die Füße, was mir im Kopfe rumschwirrt, versuch du daraus schlau zu werden.« Es ist oft nicht die situative Unmöglichkeit, die sie dazu zwingt, sondern ihre sprachliche Armut, die ihnen keine anderen Ausdrucksmittel zur Verfügung stellt. Diese Unzensiertheit findet ihren Niederschlag in zum Teil erschreckend offenen, schonungslosen Mitteilungen mancher jungen Menschen.
Die andere Variante, das protokollartige Zur-Verfügung-Stellen aufeinander folgender Gedanken, wird eher von gebildeteren Personen benutzt. In ihrer Verwirrung und Hilflosigkeit ist es ein Darstellungsmittel, die Art ihrer Gedankengänge zur aktuellen Lage wiederzugeben. Es ist also eher als eine Handhabe zu verstehen, dem chaotischen Inneren einen formellen Zwang aufzuerlegen und sie dadurch mitteilbarer zu gestalten.
Eine seltsame Realität ist es, dass sich sprachlich ungeübte Jugendliche für ihr Hilfeersuchen eines Mediums bedienen, das ihren funktionalen Analphabetismus offensichtlicher zu Tage treten lässt als

die gesprochene Sprache. Ihnen scheint aber der Schutz, den sie durch Anonymität und die physische Abwesenheit des Beraters haben, wichtiger und wertvoller zu sein als die höhere Anstrengung, die sie durch das Schreiben erbringen müssen. Es ist aber auch zu vermuten, dass sie das Gefühl dabei haben, eine optimale Darstellung erreichen zu können, als sie sonst dazu in der Lage sind. Da das Schreiben keinem unmittelbaren Zeitdruck unterliegt, können sie ausprobieren und korrigieren und sich so gefühlsmäßig an das für sie bestmögliche Ergebnis in Relation ihrer sprachlichen Fähigkeiten herantasten.

> ✉
> Hallo Leute
> ich werde im Dezember umbriegen.
> Es ist für mich viel zu viel paßiert.
> Und es hat für mich selber keinen sin mehr darin mit.
> Oder kann man mich helfen.??
> Ich glaube nicht.
> Ich hoffe das ich eine Antwort bekommen.
> Bitte nehmen sie mich erst ja ich meine es bitteren ernst.
> Bye.
> Ich möchte noch sagen Ich heiße ... Und bin 20 Jahre alt.
> Ich werde gehast.
> Mir hat schon einer den Tot gewünscht.
> Mein Bruder ist verstorben.
> Ich habe solche angst vor den 2000 Jahr hunter.
> habe kein pock auf Weinachten.
> Ich habe vor die zukumft angst.
> Das, das ganze noch schlimmer wird und so weiter.
> Ich hörre mal auf bye und Tschüss

Doch es gibt auch Beispiele, in denen Jugendliche durchaus im Stande sind, sich mit relativ einfachen sprachlichen Mitteln gut auszudrücken, wie das nachfolgende Beispiel einer 14-Jährigen zeigen soll:

> ✉
> hallo,
> ich habe eine frage. Ich bin ein 14 jähriges mädchen aus XXX. ich habe seit längerer zeit eine brieffreundschaft mit einem 14jährigen jungen aus XXX. er war immer schon sehr ruhig und hatte deshalb probleme in der schule, obwohl er sonst ein guter schüler ist. Jetzt hatte er aber immer schlechte noten, weil er nicht mitgearbeitet hat. Seine eltern sind geschieden, und seine

mutter war damit überfordert. Auf den rat einer freundin hat sie ihn dann vor einiger zeit ins XY Krankenhaus (Psychiatrie) gebracht, wo er jetzt unter der woche ist. Jetzt redet er mit überhaupt niemandem mehr. Aber mir schickt er fast täglich emails. Er hat mir erzählt, dass ein »ER« in seinem kopf ihm verbietet, mit anderen menschen zu sprechen. Dieser »ER« ist sehr stark und will ihn bestrafen. Er hat gesagt, er ist schuld an schrecklichen dingen. Ich glaube, er meint die tatsache, dass sein vater weg ist. Dann ist noch etwas passiert. An einem wochenende, als er zu hause war, hat er versehentlich die tür offengelassen, und seine katze, die er sehr mochte, ist weggelaufen. Daran fühlt er sich auch schuldig.
Jetzt hat er geschrieben, dass »ER« ihn nachts aus seinem bett gegen die wand geworfen hat.
Ich möchte ihm natürlich helfen, aber ich mag nichts falsch machen. Zwar ist er schon in behandlung, aber er hat gesagt, den ärzten im XY hat er nichts von »IHM« erzählt, weil er angst hat, dass er dann für immer drinnen bleiben muss. Er erzählt das nur mir.
Ich möchte gern wissen, was ich ihm schreiben soll. Bisher habe ich geschrieben, dass ich immer für ihn da bin und ihn gern habe, dass er aber unbedingt mit einem erwachsenen über das alles sprechen sollte. Ich hab ihm vorgeschlagen, dass er vielleicht mit seiner mutter sprechen soll, weil die wird ja auch nicht wollen, dass er dort immer drin bleiben muss. Aber ich glaub nicht, dass er das tut.
Ich hab ihm auch geschrieben, dass dieser »ER« ja keine eigene person ist sondern nur in seinem kopf, also ein teil von ihm, und deswegen kann er auch damit fertig werden. Und dass wir das schon schaffen werden.
vielen dank für ihre antwort.

Manche umgehen eine sprachlich ausgefeilte und ausführliche schriftliche Darstellung, indem sie quasi die Quintessenz dessen, was sie momentan empfinden und denken, in Fragen kleiden:

✉
Das Leben soll doch einen Sinn haben, oder? Ohne Sinn kann man doch nicht leben. Was macht man aber, wenn man keinen Sinn sieht? Wenn der Körper nur benutzt und beschmutzt wird, jeden Tag aufs Neue, und die Seele zerbrochen wird? Wenn der Wille gebrochen wird? Wenn der einzige Mensch, den man vertrauen kann, nur zu bestimmten Zeiten verfügbar ist?
Was dann?
Ist das nicht ungerecht, daß einige durchs Leben tanzen und andere immer Steine in den Weg gelegt bekommen?

Was ist schlimmer, tot zu sein oder tot zu leben?
<Name>, 16
kleiner Steckbrief:
se*ueller Mi*brauch von 2 Personen
2 Schwangerschaftsabbrüche
eine Fehlgeburt
ohne Vater
depressive Verstimmungen
usw.

Manche Mailer greifen auf Fremdtexte zurück:

✉
Ich kann nicht mehr und brauche Hilfe.
Bitte helfen Sie mir.
Ihre <Name>
Besser als Langsätze folgendes Gedicht:

Leere
Ich fühle mich so leer, eine blosse Hülle noch,
gedankenleer, liebeleer, lebensleer ...
Alles was ich hatte an Gedanken,
alle Liebe, die ich fühlte,
alles Leben, das ich spürte,
gab ich fort, verschenkte, verschwendete ich
(möglicherweise, vielleicht, eventuell!).
Nun ist nichts mehr übrig ... für mich.
Also bin ich
TOT.

Andere Mailerinnen verfassen selbst Gedichte:

✉
Verrückt

Spürst die Last,
die dich erdrückt.
Kennst kaum Gefühle
bei dieser Kraft.

Merkst nur die Wut
den Schmerz
der dich durchfährt.

Es fliegt und knallt
ohne Schrei und Wut
von mir hört es auf.

> Erst jetzt kommt alles
> voller Wucht, grausame
> Träume und Sehnsucht
> nach dem Tod.
>
> Hier noch eins zum schneiden mit dem Messer!
>
> Ein Schnitt!
>
> Wenn Schmerz befreit
> ist vieles zu spät
> Die Seele schreit nach
> Hilfe und lässt es zu.
> Blut fließt und befreit
> die Seele von allem.
> Wenigstens für kurze
> Zeit kannst du so
> tun als ob nichts ist.

Grundsätzlich stellt der Versuch, eine Mail zu schreiben, die Verfasserin vor die Schwierigkeit, sich und ihr Problem gegenüber einer potenziellen Leserin zu positionieren. Die neben dem reinen Informationstransfer wirksamen Anteile der Kommunikation, also Selbstoffenbarung, Beziehung und Appell, setzen eine problembezogene Selbsteinschätzung voraus. Zusammen mit der Fantasie und Vermutung über die Person der Leserin ergibt sich die eine Strategie, wie und durch welche Mittel diese Kommunikation der Probleme und Befindlichkeit am besten realisiert werden könnte. Damit wiederum werden alte Erfahrungen angesprochen, wie Hilfeleistung von außen am besten erbittet, eingefordert, erreicht werden kann.

Einige dieser Muster sind beispielsweise:
- eine übertriebene Darstellung der Situation und des Empfindens als Versuch, ernst genommen zu werden.
- Eine negativere Darstellung als Versuch, Teilnahme und Mitleid des Lesers zu wecken.
- Eine verharmlosende Darstellung, wenn die Erfahrung gemacht worden ist, dass bei Problemen die Hilfsperson eher überfordert ist oder mit Vorwürfen reagiert.

Die individuell möglichen Erfahrungen sind zahlreich und spiegeln sich genauso vielfältig im dramaturgischen Aufbau einer E-Mail wider. Dies bedeutet für die Beraterin oder den Berater nicht, in ihrer Beurteilung am Wahrheitsgehalt des Dargestellten Abstriche machen zu müssen im Sinne eines »nicht in die Falle laufen«. Nein, gerade auch diese dramatischen Wendungen und Kniffe sind nicht bewussten Ursprungs, sondern vielmehr eher Ausdruck der Hilflosigkeit und Not der Mailerin oder des Mailers. Es gilt auch hier, dass das Geschriebene in und mit seiner Form die Wahrheit des Autors ist, an der wir nicht zu zweifeln haben. Es wäre falsch, sie als übertreibend, negativ oder verharmlosend zu werten. Therapeutisch richtig ist es vielmehr, diese Dramatisierungen als notwendige Mittel in und aus der Weltsicht des Erzählers zu begreifen.

Der Appell, das Hilfeersuchen an die Beraterin wird in seiner Dringlichkeit sprachlich hervorgehoben. Dringlichkeit ist in der gesprochenen Sprache ja etwas, das sich besser durch Tonfall, Betonung und nonverbale Sprechanteile darstellen lässt als durch ausgesuchte Formulierungen. Da jugendliche Mailerinnen und Mailer die Erzählung als Darstellungsform bevorzugen, übertragen sie die verbalsprachlichen Ausdrücke und damit auch deren Betonung ins Schriftliche:

> ✉
> Hallo ihr Ich habe total ein Problem ich schreib es mal kurz vielleicht meldet ihr euch ja bei mir!!!!!!???????? BiTTTTEEEEE Alsooooooooooooo erstens ich bin 17 gehe in die 11 Klasse MEIN PROBLEM ich bin im Kopf total Kaputt Immer ausgelaucht ich mache mir total Gedanken was die Leute in Meiner Schule über mich denken und das einzige was ich noch schön Finde ist wenn ich Zuflucht bei meiner Freundin finde bitte meldet euch mal?!

Wir stellen fest, dass Jugendliche häufig das Gefühl haben, sie müssten gegen eine ihnen unterstellte Unglaubwürdigkeit ankämpfen. Wir empfinden diese Tatsache nicht als Ausdruck einer Strategie, durch Überbetonung der Emotionalität eher etwas erreichen zu können, sondern vielmehr als Auswirkung eines resignativ gefärbten Selbstwertgefühls, unter normalen Umständen sowieso nicht beachtet zu werden.

Beim Lesen von Mails – und vielleicht können die hier aufgenommenen Beispiele etwas davon vermitteln – wird uns immer sehr deutlich, dass die Darstellungsweise über die Schriftlichkeit eine Dimension eröffnet, die im persönlichen Gespräch so nicht mitteilbar wäre. Lesen Sie doch bitte die folgende Mail, damit Sie einen

Eindruck davon bekommen, was wir meinen, bevor wir versuchen uns näher zu erklären.

✉

... Ich weiß nicht was ich machen soll meine Gedanken schwirren wie wild im Kopf, finden keinen Landepunkt ... ich höre sie regelrecht ein Unheimliches Rumoren ... ein rauschen ... es ist ganz komisch.. ich sehe meine Gedanken durch meinen Kopf rennen ... ab und an stossen sie zusammen und das tut weh.
Dann ist es wie ein Blitz in meinem Kopf und ich mache zu ... das bedeutet ich gehe aus der ebene der Realität raus und verstecke mich in mir selbst ... aber bitte nicht stören dabei ...!
Dort drinnen fühle ich mich sicher, eine »Kiste« die mich beschützt ... aber es wird immer schwerer diese offen zu halten ... sie hat zwar ein Schloss dennoch habe ich den Schlüssel nicht, sie ist immer mal offen und ich kann nach draußen gehen ... aber wenn sie zu ist und ich es wünsche rauszugehen dann passiert es sehr oft das sie zu ist ... und ich kann Schreien und machen was ich will es kommt niemand der die Kiste aufmacht, wenn ich mich dann gegen die wände drücke zieht es mir schnell den boden weg ... und soviel kraft habe ich nicht mich dann zu fangen.
Ich habe mal ein Buch gelesen von Birger Selin ... auch einem Autisten ... aber nur deswegen weil ich Ihn im Fernseh gesehen habe und doch sehr viele Parallelen gesehen habe ... er sagte so schön »Ich will kein in mich mehr sein« Kistenwelt nennt er das ...
Aber besser ist es bei mir auch nicht ...
Gut ich kann Normal Schreiben auch wenn viele Rechtschreibfehler und Grammatik fehler drin sind ... auch Verbal kann ich mich Verständigen wenn auch nur sehr Schwer ... ich besitze eine Normale Sprache ... nur ab und an muss man mich zum Sprechen zwingen ... mir alles einzeln erfragen.
Jetzt schwindet meine Kraft weiter zu Schreiben ... aber das hat auch ein wenig geholfen ... vileicht sote ich sie doch nicht absendn
Überleg ich gerade ... aber warum habe ich sie dann geschrieben ... für mich?? Nen ich weiss ja wer ich bin.

Eine solche Sprache wäre in mündlicher Mitteilungsform nicht denkbar, obwohl sie in ihrer monologischen Form stark daran erinnert. Wir denken, es hat mit den Bildern zu tun, die gebraucht werden. Nicht nur, dass der Autor der oben abgedruckten Mail zu dieser Leistung im persönlichen Gespräch nicht fähig wäre, wie er selbst ja zu erkennen gibt, nein, wir denken, dass ihm auch eine solche Darstellung im Hier und Jetzt des Sprechens, durch die Notwendigkeit, den Redefluss aufrechtzuerhalten und gleichzeitig mental den nächsten Satz vorzubereiten, gar nicht »einfallen« würde. Nur durch die Möglichkeit, sich Zeit zu lassen, gründlich nachzudenken, nach passenden Bildern zu suchen, ja durch das Ungestörtsein von der Anwesenheit anderer, also des Verbleibens bei sich, kann solche Darstellung Realität finden. Dieser auskultatorische Prozess kann sprachlich nicht in Fakten seinen Ausdruck haben und er ist auch nicht mündlich darstellbar. Nur im Schriftlichen, durch den Gebrauch von Bildern, wird es dem Autor möglich, seine Innenwelt annähernd zu kommunizieren. Ich weiß nicht, wie es Ihnen ergeht, aber ich kann mir z. B. als Ersatz für den dritten Absatz der schriftlichen Darstellung ein gemaltes Bild vor Augen führen. Insofern sind Metaphern und Bilder für diesen Personenkreis unersetzbar. Nur durch ihren Gebrauch sind sie in der Lage, Unvermittelbares, Undarstellbares, ja Un-aus-sprech-bares mitzuteilen.

Es wird übrigens die Anstrengung, die das Schreiben dem Mailer abverlangte, nicht nur durch seine diesbezügliche Aussage selbst deutlich, sondern auch durch die im letzten Absatz zusammenbrechende Aufmerksamkeit für die Orthografie.

Aber es gibt Situationen und Gegebenheiten, wo Sprache auch nicht mehr weiterhilft. Wo der Mensch an das Ende seiner sprachlichen Ausdrucksfähigkeit angekommen ist. Es hat ihm »die Sprache verschlagen«, sagt man landläufig dazu. Ein Hilfeschrei bleibt noch übrig.

Beispiele dafür sind die folgenden, ungekürzten und unveränderten Mails, die nicht zu kommentieren sind.

✉
ich habe angst

✉
ich will mich umbringen !!
helft mir !!!

✉
hallo,
ich heisse <Vorname>, ich bin ...
Ich würde gerne über meine ... sprechen, bitte ...

✉ Ich weis gar nicht wo ich anfangen soll. Ich wurde vergewaltigt

In der angloamerikanischen Literatur im Netz findet man Ansätze und Versuche, psychische Krankheitsbilder einer bestimmten Sprach- und Ausdrucksform zuzuordnen. Nach dem Motto: eher so oder so veranlagte Menschen benutzen bevorzugt dieses oder jenes Ausdrucks- und/oder Stilmittel oder bilden beispielsweise längere oder kürzere Sätze als »gesunde«. Wir halten diese Zuordnungsversuche für nicht statthaft, da sie sich unseres Erachtens an einer »Norm« oder »Normsprache« zu orientieren hätten, von dieser aus man Abweichungen auf ihre Krankheitsaussage überprüfen könnte. Wenn dieser Maßstab – bedingt durch einen momentan stattfindenden Sprachwandel im Internet – derzeit nicht zu finden ist und sich aus der Sprache der Jugendlichen und Erwachsenen eher auf deren Bildungsstand und soziale Realität schließen lässt als über eventuelle psychische Krankheitsbilder, ist ein solcher Zuordnungsversuch nicht möglich. Dies sehen wir zumindest für die deutsche Sprache im gesellschaftspolitischen Kontext der Bundesrepublik so. Ob es sich für andere deutsche Sprachräume oder gar andere Sprachen unterschiedlich darstellt, können wir nicht beurteilen. Letztlich ist dieser Versuch, über die Analyse von Sprachgebrauch einen diagnostischen Zugang zu Krankheitsgeschehen beim Menschen zu finden, Ausdruck einer Unsicherheit und Hilflosigkeit – sowohl gegenüber einer ganzheitlichen Sichtweise des Menschen als auch der Möglichkeit, über Inhalt und Wirkung des Gesagten, sich einem Verständnis der dahinter verborgenen Person nähern zu können.

Wenn sich Beratungseinrichtungen schriftlichen Anfragen aus dem Netz öffnen, bedeutet dies, eine »Eingangskontrolle« nicht oder nur schwer realisieren zu können. Auch eine Fachberatungsstelle öffnet damit eine Tür, wird zu einer »offenen Tür«, die durch die Niederschwelligkeit des Zugangs sich jedem Hilfesuchenden öffnet, der sich auch nur im Entferntesten durch diese Stelle eine Hilfeleistung verspricht. Das Internet gestattet und ermöglicht es ja gerade den Menschen, die sich durch die Komplexität ihrer Problemlage nicht in der Beratungslandschaft zuordnen können, einfach mal eine Anfrage in die »Welt hinaus« zu senden, ohne vorher um »Erlaubnis« zu bitten oder die »Zuständigkeit« abzufragen:

✉
Hallo Ihr da draußen,
ich weiß gar nicht so recht, wo ich anfangen soll und ob Ihr überhaupt die Richtigen seid, an die ich mich zu wenden habe.

✉
... Diese Mail schreibe ich, damit ich wenigstens einmal in meinem Leben weiß, das vielleicht irgend jemand da draußen weiß, wie ich mich fühle.

✉
Noch habe ich nicht den Mut Sie zu belästigen.
Aber ich weiß ich muß es tun.
Ich melde mich wieder. Danke das Sie da sind.

Dies ist die große Chance von E-Mail-Beratung. Dies bedeutet aber in der Folge, sich eben auch vielen »ungeordneten« Anfragen stellen zu müssen, die in ihrer sprachlichen Form und Ausdrucksfähigkeit Spiegel der Verfassung der Beratungssuchenden sind. Dies betrachten wir als ein Recht des Beratungssuchenden, auch in seiner Ungeordnetheit einen »unzensierten« ersten Zugang zu einem Hilfeangebot finden zu dürfen. Was aber für die Telefonseelsorge schon immer gilt, wird durch die Niederschwelligkeit des Zugangs über das Netz, wenn auch vielleicht ungewollt, für andere Beratungseinrichtungen zur Realität werden. Hier sind aber im ersten Schritt nicht diagnostische Kriterien oder psychische Krankheitsbilder als Verständnisgrundlage gefragt, sondern ein ganzheitliches Menschenbild als Schlüssel des Zugangs zu demjenigen, der sich an uns wendet.

7.9 Realitätsangleichung

Im beraterischen oder therapeutischen Geschehen ist die Exploration der Persönlichkeit und Problemstellung der Klientin der erste Schritt, der miteinander zu tun ist. Für die Klientin ist dies der Zeitpunkt, ihre Probleme darzulegen und sich auf die Therapeutin einzulassen. Im Normalfall ist dies ein vom Berater gelenkter Dialog, der durch seine Fragestellungen hilft, die wichtigen Aspekte der Persönlichkeit, Befindlichkeit und Geschichte des Klienten herauszuarbeiten. Der Klient hat die Möglichkeit, in der Selbstexploration

das zu offenbaren, was er sich von der beratenden Person erhofft und wünscht. Dies ist aber auch in Abhängigkeit zur Person der Beraterin, des Beraters zu sehen, die an diesem Prozess beteiligt ist, und allein durch ihre Anwesenheit, ihre Ausstrahlung und Wirkung auf den Klienten jeweils Offenheit oder Verschlossenheit fördert.
Was ist jedoch für den Beginn eines Beratungsprozesses der Unterschied zwischen dem Aufsuchen einer Beratungsstelle und dem Schreiben einer Mail? Nun, im Moment des Betretens einer Beratungsstelle hat die Klientin noch nichts Substanzielles von sich und über sich gesagt. Dies kann sie der Situation überlassen, entscheiden, was sie preisgeben will und was nicht. Anders bei E-Mail Beratung. Dort muss der Klient einen Text schreiben, in dem er sein Problem darlegt. Dies tut er im Normalfall für sich alleine, also ohne Beteiligung und Anwesenheit einer anderen Person. Es sind also keine Einflussnahme und Rückkopplung durch die Person des Beraters auf ihn und seine Problemdarstellung möglich.
Die Voraussetzung des Schreibens einer Beratungsanfrage ist ein Akzeptieren seiner Problemlage. Oder genauer gefasst, es tritt durch das Schreiben selbst eine Realitätsangleichung an die Problemwirklichkeit des Autors ein. Wie ist dies zu verstehen?
Nun, jeder Mensch steht für sich selbst in einem Spannungsverhältnis zwischen objektivem Selbst, gewünschtem Selbst, erkanntem Selbst, real Erlebtem oder gefühltem Selbst. Es besteht immer ein Unterschied zwischen dem, wie ein Mensch objektiv ist, wie er sich selbst zu sein wünscht, wie er sich selbst erkennt und sieht und wie er sich selbst fühlt und erlebt.
Dies sind unterschiedliche Sicht- und Erlebensweisen seiner Person, die nicht immer deckungsgleich sind. Je größer der erlebte oder objektive Unterschied zwischen diesen Selbst-Welten ist, desto größer die innere Zerrissenheit und das subjektive Problemempfinden.
Im schriftlichen Darstellungsprozess seines Problems tritt eine stufenweise Angleichung zwischen den verschiedenen Ebenen ein. Indem ich mich selbst und meine Problemlage beschreibe, anerkenne ich sie und transferiere sie in meine Realitätswahrnehmung oder Realitätsakzeptanz. Zumindest wird damit die Kluft zwischen meinem Erleben und Fühlen und dem Erkennen selbst kleiner. Wenn ich es schaffe, mich und mein Empfinden zu erkennen, werden diese Bestandteile meiner erkannten Realität und stehen nur noch im

Widerspruch zu meinem gewünschten Selbst. Dieses kann weiterhin als Zielstellung dienen und mir Orientierung und Ansporn sein.
Es ist ein Prozess, der am fruchtbarsten ist, wenn er ohne Einflussnahme von außen zustande kommt. Im Nachdenken, Schreiben, Umformulieren, Verwerfen und Neuschreiben, in diesem schrittweisen Sichannähern an eine darstellbare Realität liegt der eigentliche Gewinn, die Realitätsangleichung.
Darin liegt auch der Schlüssel der Wirksamkeit der E-Mail-Beratung.

7.10 Die Seite des Lesers der Mail (Seite des Beraters)

»Lektüre geschieht immer in konkreten Kontexten. Mein Lesen des Neuen Testamentes geschieht in den Kontexten meines Lebens, so wie das Schreiben in den Kontexten eines anderen Lebens geschah. Auch das Lesen geschieht, wenn man den Vorgang einmal als Nacheinander zu beschreiben versucht, analog zu den Vorgängen, die beim Übersetzen eine Rolle spielen: Der ersten Wahrnehmung, es vermutlich mit einem ›sinnvollen‹ Textganzen zu tun zu haben, und ersten Vermutungen und Annahmen über seinen Inhalt folgt die Phase, in der der Text Stück für Stück ›abgetragen‹ wird; Wort für Wort, Satz für Satz wird verstanden (bzw. missverstanden, erneut nachgelesen, bei fortschreitender Lektüre korrigiert usw.) und zusammengesetzt zu einem neuen Sinn, zu meinem Verständnis dieses Textes. Beide geraten in diesem Prozess in eine Instabilität: Der Text, insoweit sein Sinn fraglich wird, der Leser, insoweit die Lektüre ihm Neues bringt, ihn verändert, irgendeine Wirkung hinterlässt, ihn selber besser begreifen oder sich gar im Text wiedererkennen lässt, ihm etwas verständlich macht, aufschließt usw. Es wird ›sein‹ Text; er ist nun übertragen in seine Lebenswelt und wird Teil von ihr.« (Reinmuth, 2002)
Was E. Reinmuth hier für das Lesen eines geschichtlichen Textes feststellt, ist für uns als Leser von Beratungs-Mails übertragbar. Es ist nicht wichtig, ob der zeitliche Abstand zwischen Schreiben und Lesen Jahrhunderte oder gar Jahrtausende umfasst oder ob es nur Stunden und Tage sind. Es sind zwei verschiedene Welten, die sich mittels geschriebener Sprache um Verständigung bemühen.

Doch wenden wir uns zunächst ganz einfachen praktischen Dingen zu.

Wenn Sie eine Mail empfangen haben, haben Sie zwei Möglichkeiten, sie zu lesen. Sie können dies am Bildschirm tun, oder Sie können den Text ausdrucken und vom Papier ablesen.

Wir drucken uns die Mails gerne aus. Dies hat den einfachen Grund, dass wir erstens ein »stofflich fassbares« Produkt in den Händen halten, was für uns persönlich eine andere Realität begründet als Schrift auf dem Bildschirm. Und zweitens ermöglicht es uns jede erdenkliche Art von Hervorhebungen, Anmerkungen, Unterstreichungen oder sonstige Zeichensetzung. Drittens wird der Text auch in seiner Gesamtheit erfassbar und überschaubar, was bei manchen kleinen Bildschirmen nicht immer der Fall ist und auch bei größeren ein dauerndes Vor- und Zurückscrollen vermeidet. Zu guter Letzt haben wir dadurch immer eine stoffliche Kopie des Geschriebenen in Reserve, was wir sehr zu schätzen wissen, wenn der Rechenknecht unvermittelt den Geist aufgibt. Und sei es nur ein vorübergehender komatöser Zustand für ein paar Stunden, und genau in dieser Zeit **müssen** wir eine bestimmte Mail nachlesen. Und genau jetzt hatten wir uns vorgenommen, eine Antwort zu schreiben. Oft haben solche virenbedingte Krankheiten eine totale Amnesie zur Folge. Papier ist, so unsere persönliche Erfahrung, gegen solche Krankheitssymptome immun.

Nehmen Sie sich bitte Zeit zum Lesen. Die Absenderin meint es ernst. Beschäftigen Sei sich ausführlich mit dem Text, lehnen Sie sich zurück, entspannen Sie sich und lassen Sie das Ganze auf sich wirken.

7.11 Der implizierte Leser und ich als realer Rezipient

Ich lese eine Beratungsmail, das bedeutet, dass ich bereit bin, mich für diesen Moment auf das Geschriebene einzulassen, dem Geschriebenen die Erlaubnis zu geben, auf mich einzuwirken.

Tun Sie es bitte unter den gleichen Bedingungen, die Sie einhalten und voraussetzen, wenn Sie ein persönliches Beratungsgespräch mit einer Klientin führen. Keine Störung, kein Telefon, nur Sie und der Text. Wenn es Ihnen möglich erscheint, dann tun Sie es, zumindest am Anfang ihrer »E-Mail-Beraterkarriere«, unter den gleichen

Bedingungen, die Sie brauchen und sich schaffen, wenn Sie ein Buch zu Ihrer Erbauung in die Hand nehmen. Kuscheln Sie sich in Ihren Lieblingsohrensessel, mit einem Glas Rotwein und meinetwegen einer dicken Zigarre oder/und einer Schachtel Pralinen, und lesen Sie. Manche Mails sind literarische Kleinode, zum Teil spannend wie ein Krimi und so zauberhaft schön geschrieben, dass Sie enttäuscht sein werden, schon am Ende angekommen zu sein. Andere werden von Ihnen Höchstleistungen an kriminalistischen Fähigkeiten und Kombinationsgabe abverlangen. Bei wieder anderen werden Ihnen die Haare zu Berge stehen, in solche Abgründe werden Sie blicken. Geben Sie sich die Erlaubnis, Ihre voyeuristischen Anteile hervorzuholen und ihnen freien Raum zu lassen. Erlauben Sie sich, in ein Märchen entführt zu werden, wie Alice, ein Wunderland zu betreten.

Sie werden jetzt vielleicht einwenden wollen, dass diese Aufforderung eigentlich der Haltung entgegensteht, mit der Sie bisher an Ihre Aufgaben herangegangen sind. Professionelles Handeln, werden Sie sagen, verlangt eine Distanz, ein Zurückdrängen der persönlichen Anteile zugunsten einer sachlich begründeten, möglichst emotionsfreien Arbeitshaltung. Diese neue Aufgabe, an die Sie herantreten, ist aber zuallererst einmal ein schöpferischer Prozess, der, als solcher erkannt und angenommen, bedingt, Ihre kreativen und emotionalen Anteile ihm nicht zu entziehen. Er ist nicht nur im Schreiben schöpferisch, sondern auch im Lesen. Und das Lesen ist das erste, was den Dialog und die Beziehung zwischen Ihnen und der Klientin eröffnet und Wirklichkeit werden lässt, ja überhaupt erst konstituiert. Der fiktive Adressat, an die die Mail gerichtet ist, wird durch Sie und Ihr Lesen zu einem realen Menschen, findet in Ihnen überhaupt seine reale Existenz.

Wenn Sie ihn bereits im ersten Lesen schon in seiner psychologischen Dimension erfassen und begreifen wollen, werden Sie ihm nicht gerecht und in Ihrem Vorhaben vermutlich scheitern. Warum? Weil Sie so aufgrund einer falschen kognitiven Haltung die Botschaft nicht werden verstehen können.

Douglas R. Hofstadter hat das in seinem schon zitierten Buch »Gödel, Escher, Bach« folgendermaßen beschrieben:
»Jede Botschaft hat drei Schichten. 1) die Rahmenbotschaft, 2) die äußere Botschaft, 3) die innere Botschaft. Am vertrautesten sind wir

mit 3), der inneren Botschaft; das ist diejenige, die zu übermitteln ist: ein emotionales Musikerlebnis, der Phänotyp in der Genetik, die Könige und Riten alter Zivilisationen usw.

Die innere Botschaft verstehen heißt, die vom Sender beabsichtigte Bedeutung herauszuziehen.

Die Rahmenbotschaft lautet: ›ich bin eine Botschaft – entschlüssele mich, wenn du kannst‹, und sie ist implizit durch grobe strukturelle Aspekte jedes beliebigen Informationsträgers übermittelt.

Die Rahmenbotschaft verstehen heißt, die Notwendigkeit für einen Entschlüsselungsmechanismus erkennen.

Wenn die Rahmenbotschaft als solche erkannt worden ist, dann wird die Aufmerksamkeit auf Ebene 2 umgeschaltet, die äußere Botschaft. Das ist die implizit von Symbolmustern und Strukturen in der Botschaft getragene Information, die angibt, wie man die innere Bedeutung entschlüsseln kann.

Die äußere Botschaft verstehen heißt, den richtigen Entschlüsselungsmechanismus für die innere Botschaft zu bauen oder bauen zu können.

Diese äußere Botschaft ist notwendigerweise eine implizite Botschaft in dem Sinn, dass der Sender ihr Verständnis nicht gewährleisten kann. Es wäre vergebliche Mühe, Anweisungen zu senden, die angeben, wie die äußere Botschaft zu entschlüsseln ist, denn diese müssten Teil der inneren Botschaft sein, welche nur verstanden werden kann, wenn der Entschlüsselungsmechanismus erst einmal gefunden worden ist. Aus diesem Grund ist die äußere Botschaft notwendigerweise ein Arrangement von Auslösern, und nicht eine Botschaft, die von einem bekannten Decodierer enthüllt werden kann.

Die Formulierung dieser drei ›Schichten‹ ist ein ziemlich primitiver Ansatz zur Lösung des Problems, auf welche Weise die Bedeutung in Botschaften enthalten ist. Es können Schichten um Schichten von äußeren Botschaften vorhanden sein, und nicht nur je eine. (...)

Das Buch *Nach Babel* von George Steiner ist eine lange Auseinandersetzung mit der Wechselwirkung mit inneren und äußeren Botschaften. Der Tenor des Buches geht aus dem folgenden Zitat hervor: Wir bedienen uns ... normalerweise einer gesprochenen Kurzschrift, unter der ein ganzer Schatz an unbewussten, halbbewussten, absichtlich verheimlichten oder bekundeten Assoziationen liegt. Diese unser Assoziationsvermögen ist so umfangreich

und detailliert, dass es wahrscheinlich in seiner Einzigartigkeit der Summe unserer personalen Individualität, unserer Persönlichkeit gleichkommt.
Auf der gleichen Linie liegen die von Leonard B. Meyer in seinem Buch *Music, the Arts, and Ideas* ausgesprochenen Gedanken: Die Art, wie man einer Komposition von Elliott Carter zuhört, unterscheidet sich grundlegend von der, die Werken von John Cage angemessen ist. Auf ähnliche Weise muss ein Roman von Beckett grundlegend anders gelesen werden als einer von Saul Bellow. Ein Gemälde von Willem de Kooning und eines von Andy Warhol fordern verschiedene perzeptionelle und kognitive Haltungen.«

Es liegt auf den ersten Blick zunächst nahe, diese drei beschriebenen Schichten einer Botschaft auf unsere E-Mails so anzuwenden, dass die Rahmenbotschaft als die E-Mail selbst angesehen wird, die äußere Botschaft als die Worte und Buchstaben der Mail, und die innere Botschaft als Bedeutung der Worte der Mail. Worin liegt aber dann die zwingende Logik der Sichtweise von Leonard B. Meyer für die Herangehensweise an unsere Mails? Wenn jedes Werk, also auch jede Mail, eine unterschiedliche perzeptionelle und kognitive Haltung erfordert, wie sollen wir diese erkennen und welcher Art sind sie? Der Schlüssel liegt in den Worten von Hofstadter; *die äußere Botschaft ist notwendigerweise ein Arrangement von Auslösern.*
Diese Auslöser können für uns nur im Text selbst verborgen sein und gefunden werden. Somit wäre der Text selbst die äußere Botschaft, die innere Botschaft wäre die vom Sender beabsichtigte Bedeutung seiner Worte und seines Textes als Ganzes. Also im Gegensatz zu unserer ersten Annahme nicht der geschriebene Text mit seiner Botschaft in ihrer allgemeinen Bedeutung, sondern die hinter dem Text selbst liegende tiefere Bedeutung für den Autor – also das zwischen den Zeilen Gesagte.
Der Text würde dann zur Sammlung von Auslösern, die die Bedeutung der Inneren Botschaft als solche erst aufschließt oder – aus der Sicht von Leonard B. Meyer – den die angemessene perzeptionelle und kognitive Haltung induziert, um die hinter den Worten liegende tiefere Botschaft und Bedeutung verstehen zu können.
Dieser Umweg war nun notwendig, um Ihnen deutlich zu machen, weshalb Sie, wenn Sie einen E-Mail-Text bereits **im ersten** Lesen

schon in seiner psychologischen Dimension erfassen und begreifen wollen, der Autorin nicht gerecht werden können. Weil Sie damit die perzeptionelle und kognitive Haltung eines Psychologen einnehmen und sich Ihnen der Text in seiner Gesamtbedeutung nicht aufschließen wird. Sie legen gleichsam einen Filter vor den Text, der Ihnen nur Teilbereiche sichtbar werden lässt und anderes, vielleicht Wichtigeres, verborgen hält. Die eigentlichen Auslöser für das Verständnis können nicht wirksam werden.

Bitte achten Sie darauf, wenn Sie das erste Mal einen Text lesen. Sie sollen nicht ihr psychologisches Wissen oder Ihre berufliche Identität verleugnen. Diese benötigen Sie später noch zur Genüge. Es geht darum, sich zu einer Haltung zu befähigen, die den Wirkungen solcher Auslöser keinen Widerstand entgegensetzt.

Eckart Reinmuth veranschaulicht diesen Prozess für historische Texte in folgender Weise: »Genau genommen ist sogar jedes Lesen eine Übertragung – eine Art metaphorischer Prozess –, auch dann, wenn ich nicht aus der Ursprache in die eigene übersetze. Denn ich verschaffe dem, was ich als Bedeutung des Textes erkenne, Zugang zu meiner eigenen Vorstellungswelt. Ich setze mich mit dem Gehalt des Textes auseinander, und das nur deshalb, weil und insofern ich Bedeutung in seinen Zeichen erkenne.

Jeder Erzähltext ist auf ein Mindestmaß an Anschaulichkeit angewiesen, und jede Übersetzung (also auch das Lesen selbst) eines solchen Textes muss versuchen, diese Anschaulichkeit auf ihre Weise zu überragen, also erneut zu gewinnen; der Text bliebe sonst ohne Leben. Es ist also keine Not, sondern Notwendigkeit, dass wir dem Text beim Lesen den Vorrat unserer Bilder und Anschauungen nicht entziehen. Aber sie dürfen den Text nicht verdrängen und sich nicht an seine Stelle setzen. Dies geschieht oft genug. Dann meint man zu wissen, dass es nur so gewesen sein kann und nicht anders; dann hat das Gelesene den eigenen Vorstellungen zu gehorchen.« (Reinmuth, 2002)

Historische Texte haben mit unseren E-Mail-Texten die gemeinsame Herausforderung an die Leserin, sie aus der Weltsicht des Autors heraus zu verstehen. Ob es nun eine Welt aus der Vergangenheit oder eine zu unserem eigenen Erleben differente Innenwelt einer anderen Person ist, spielt eine untergeordnete Rolle; der Kontext, aus dem heraus er verfasst wurde, muss erkannt und verstanden werden. So würde die Vorschaltung eines psychologischen Fil-

ters zur Folge haben, den zur Verfügung gestellten Vorrat an eigenen Bildern auf »psychologische« Bilder und (Be-)Deutungsmuster zu beschränken. Für das erste Lesen würde dies den hinter der Autorin stehenden Menschen auf seine psychologischen Anteile reduzieren. Diesen Filter sollen und müssen wir, allerdings erst zu einem späteren Zeitpunkt, benutzen. Unsere Professionalität ist ja auch Gegenstand der Nachfrage. Nur verhält es sich mit dem Lesen genauso wie mit der ersten Begegnung zweier sich fremder Menschen. Der erste Eindruck ist entscheidend. Von daher sollten wir versuchen, diese erste Begegnung von unserer Seite heraus so offen und unbelastet wie möglich zu gestalten.
An dieser Stelle fügt sich das im Kapitel Produktion und Rezeption Gesagte mit dem hier Beschriebenen zusammen. Sie erinnern sich? »Wir wollen nur erreichen, dass wir uns über die Variablen in diesem Prozess bewusst werden, um daraus für uns abzuleiten, welche Optimierungsmöglichkeiten in unsere Verantwortung gegeben sind.«
Nun, eine dieser Optimierungsmöglichkeiten und darin liegende Verantwortung für den Prozess der Rezeption eines Textes ist, ihm den Vorrat an eigenen Bildern nicht zu entziehen oder durch einen vorgeschalteten psychologischen Perzeptionsfilter einzuschränken. Psychologie ist ein Instrument, um zu analysieren und tiefer zu verstehen, insofern eine Bereicherung und Erweiterung unserer Verständnismöglichkeiten. Als Wahrnehmungsfilter reduziert und beschränkt sie unsere Sicht.

7.12 Die Zeitverschiebung zwischen Schreiben und Lesen

Zwischen dem Verfassen, Schreiben und Absenden einer Mail sind Zeitabstände zwischengeschaltet. Wie groß sie auch sind, wir gehen davon aus, dass der Text den aktuellen Stand der Befindlichkeit und Erkenntnis der Mailerin im Moment des Absendens widerspiegelt. Zwischen Versenden und Empfangen bzw. Schreiben und Lesen sind schon größere Abstände im Spiel. Am längsten ist die verstrichene Zeit, wenn man zwischen Absenden der Mail des Ratsuchenden und Lesen der Antwortmail der Beraterin misst. Das ist abhängig vom zeitlichen Rahmen, innerhalb dessen Sie eine Antwort versandt haben wollen. Üblicherweise ist die Vorgabe für eine Erstantwort auf eine Erstmail 24 bis 48 Stunden, für die weitere Taktfrequenz eine Woche bis 10 Tage. Damit haben wir gute Erfahrungen gemacht.

Grundsätzlich gilt, eine Erstantwort so schnell wie irgend möglich zu erstellen, sich aber für die weiter daraus ergebende Korrespondenz auf der Beratungsseite einen realistischen Taktschlag vorzubehalten. Häufig werden Sie eine Antwort auf Ihre Antwort viel schneller erhalten.

Was bedeutet dies für den Beratungsprozess?

Nun, Ihre Antwort wird auf eine Situation bei der Absenderin treffen, die nicht der entspricht, in der sie geschrieben worden ist. Beispielsweise könnte es sein, dass sie beim Schreiben ihrer Mail deprimiert und betrunken war. Zum Zeitpunkt, wo sie die Antwort erhält, ist sie aber viel stabiler und nüchtern. Der Effekt ist – wenn wir dies in unserer Antwort nicht bedenken –, dass sie ihre eigene Vergangenheit durch das Lesen unseres Textes wieder einholt. Dies ist nicht notwendigerweise negativ oder positiv zu werten. Es ist als Instrument zu verstehen, welches eines bewussten Einsatzes unsererseits bedarf und so verstanden eine Bereicherung unserer Handlungsmöglichkeiten darstellt. Die Schwierigkeit ist nur, dass wir jetzt in der Rolle der Autorin sind und uns Gedanken und Fantasien darüber machen müssen, in welcher Verfassung unsere Antwort die Empfängerin wohl antreffen mag.

Um nichts falsch zu machen, könnten wir uns damit behelfen, irgendwelche Handlungsanweisungen vor die Botschaft zu stellen, – also etwa: »Bitte zu einem späteren Zeitpunkt lesen, wenn Sie jetzt gerade nicht betrunken sind!« Sie erweisen sich aber als wenig hilfreich und therapeutisch recht fragwürdig. Es wird damit genauso umgegangen werden wie mit dem großen Paket, das die Post für uns bringt, wo in großen Buchstaben darauf geschrieben steht »Bitte erst zum Geburtstag öffnen!«; zumindest ich habe es noch nie geschafft, mich dran zu halten.

Nein, das, was wir schreiben, wird den Empfänger immer in einer anderen Situation antreffen, welche nicht vergleichbar ist mit der Situation in der er war, als er die erste E-Mail abschickte. Das lässt sich durch nichts umgehen. Und es ist auch nicht denkbar, dass wir diese Situation je voraussagen können. Wir sollten es auch gar nicht erst versuchen, weil es unsere eigene Projektion wäre. Was wir tun können, ist, auf die Wirklichkeit des Ratsuchenden zum Zeitpunkt des Schreibens Bezug zu nehmen und ihm mitzuteilen, welche Bilder und Fantasien sie in uns ausgelöst hat, also ihm seine Situation aus unserer Sicht und unserem Erleben zurückzuspiegeln. Diese Fremdperspektive ist dann ein Puzzleteil, welches er für die Interpretation und das Verständnis seiner selbst, im Blick auf sein vergangenes Erleben, seinen eigenen Deutungsmöglichkeiten hinzufügen kann. Dies ist ein entscheidender weiterer Bestandteil der Wirksamkeit von E-Mail-Beratung. Unser Antworttext ist die Brücke, die zwischen seinem vergangenen Erleben und situativen Empfinden und seiner Sicht auf das Vergangene aus dem heutigen Kontext heraus errichtet wird. Diese Brücke ist ein Deutungsangebot an die Vergangenheit, aus der heraus er eine Bedeutung für das Heute und eine Sinnzuschreibung für die Zukunft ableiten kann. Damit wird auch eine fließende, in die Zukunft gerichtete Dynamik hergestellt, die man durchaus als positiv prozesshaft bezeichnen kann. Dieses Deutungsangebot, oder besser Deutungsangebote, müssen so offen wie möglich formuliert sein, im Dialog passieren, gleichzeitig aber nicht die faktische Wirklichkeit der Vergangenheit verleugnen oder gar verniedlichen, denn daran kann sich die Autorin sehr wohl erinnern und – bei großer Widersprüchlichkeit zu ihrem eigenen Erleben – den Wahrheitsgehalt der Deutung ablehnen.

Für die sprachliche Gestaltung unserer Antwort folgt daraus, dass wir für die Passagen, in denen wir z. B. auf das Gefühlsleben der Erzählerin eingehen, diese in der Vergangenheit belassen und nicht in die Gegenwart mit hineinnehmen.

Also z. B.: »*Sie fühlten sich niedergeschlagen und deprimiert, als Sie mir die Mail schrieben*« und nicht »*Ich kann daraus entnehmen, dass Sie niedergeschlagen und deprimiert sind*«.

Erwähnen möchten wir der Vollständigkeit halber ein anderes Thema, das sich aus der Zeitverschiebung ergibt. Es sind Mails, die uns aus rechtlichem Hintergrund dazu zwingen könnten, aktiv zu werden. Wir denken da z. B. an Mails, in denen die Verfasserin ihren bevorstehenden Suizid ankündigt oder eine sonstige Straftat zum Schaden anderer ernsthaft plant. Diese rechtlichen Aspekte der Beratung im Internet sind wichtig, allerdings erst im Ansatz behandelt und beantwortet. Wir möchten Sie also darauf hinweisen, sich hier selbst für Ihre Einrichtung um eine Klärung zu bemühen.

7.13 Rekonstruierte Wirklichkeit – Konstruierte Wahrheit

Im Lesen nehmen wir die einzelnen Buchstaben und Worte auf, entnehmen ihnen ihre Bedeutung, fügen Wortbedeutungen zu Aussagen von Sätzen zusammen, analysieren, bewerten, bis sich der Informationsgehalt und der Sinn des Gelesenen uns aufschließen. Wir rekonstruieren durch das, was Worte und Wortbedeutung des gelesenen Textes in aus auslösen, gleichsam einem Bauplan folgend ein Gebäude unter Verwendung unserer eigenen Materialien. Um in diesem Bild zu bleiben, könnte ein neutraler außenstehender Beobachter in dem Originalgebäude und seiner Rekonstruktion zwar den zu Grunde liegenden identischen Plan erkennen, das Aussehen würde sich jedoch in Details mehr oder weniger stark unterscheiden. Wenn der Architekt des Gebäudes mit seiner Konstruktion nicht nur funktionale Ansprüche, sondern auch eine Idee, eine Weltanschauung oder künstlerische Botschaft verbinden wollte, hätte er vermutlich Schwierigkeiten, im »Nachbau« diese Intentionen wieder realisiert zu finden. Er könnte seinen Fehler darin sehen, seiner Konstruktionszeichnung nicht auch eine genaue Materialauflistung beigefügt zu haben. Doch selbst diese würde nicht den gewünschten Erfolg garantieren, wenn er es dabei belässt mitzuteilen, dass für die Dacheindeckung grüne Dachziegel zu verwenden sind, statt diese gleich mitzuliefern. Was in unterschiedlichen Ländern aus der Anweisung »grüne Dachziegel« gemacht werden könnte, bleibt ganz offen.

So gesehen entsteht durch unser Lesen eine rekonstruierte Wirklichkeit des situativen Erlebens der Autoren, die nur annäherungsweise ein Abbild ihrer Wirklichkeit sein kann. Es ist auch sicher, dass sowohl unser Konstrukt als auch die Worte der Autorin von einer objektiven Wahrheit gleich weit entfernt sind. Auch die Worte der Autorin sind eine konstruierte Wahrheit und Wirklichkeit, die, wenn sie sich zumindest an der Wahrheit orientieren, in ihrer Darstellungsweise nie der objektiven Wirklichkeit gleichkommen können. Was wir jedoch als Leserin tun können, ist, uns über unsere »Lieblingsmaterialien« klar zu werden. Auch über unsere Eigenarten und Eigenwilligkeiten, Baupläne zu interpretieren. Dass wir Keller sehen, wo gar keine hingehören, und verzierte Giebel, die im Plan nicht wiederzufinden sind.

8. Die Theorie der Wirkung von E-Mail-Beratung

8.1 Das Schreiben über sich als selbstheilender Prozess

Wie können wir uns die Wirksamkeit und Effektivität von Beratung per E-Mail erklären?
Hier sieben Thesen dazu:
1. E-Mail-Beratung ist ein gelenkter selbstheilender Prozess.
2. E-Mail-Beratung gleicht eher einem beraterisch-supervisorischen Prozess als einem psychotherapeutischen.
   (Wenn ein Mensch Therapie braucht, wird davon ausgegangen, dass er krank ist. In der Regel wird eine Diagnose gestellt, der Klient wird – als Voraussetzung seiner Heilung – »pathologisiert«. In der Beratung ist unser Ziel, dass der Mensch wieder am normalen Leben teilnehmen kann. In der Therapie ist die allgemeine Haltung eher geprägt durch Zurückhaltung und reaktiv. In der E-Mail-Beratung sind wir proaktiv, unsere Beziehung ist engagiert und parteilich und nicht abstinent und neutral.)
3. Die Verschriftlichung als solche begründet die Wirksamkeit.
4. E-Mail-Beratung erlaubt offenere Problemkommunikation als Face-to-face-Beratung.
5. Die zeitlich versetzte Kommunikation ist wesentlicher Bestandteil der Wirksamkeit und verfügt über bestimmte Vorteile.
6. Die drei Basisvariablen nach Rogers: Empathie, Wertschätzung und Kongruenz sind im schriftlichen Prozess leichter zu realisieren als in der persönlichen Begegnung.
7. Qualitätskontrolle und Supervision sind um ein Vielfaches effektiver zu gestalten.

Sich mit einem Problem per E-Mail an eine Beratungsinstitution zu wenden, erfordert verschiedene innere und äußere Schritte des Ratsuchenden.
- Kapitulation vor dem eigenen Problem und das Ersuchen um Hilfe. Das Entscheidende dabei ist für die betroffene Person, sich selbst einzugestehen, dass sie alleine nicht mehr weiterweiß

und außenstehende Hilfe benötigt. Dies ist ein wichtiger Bestandteil, der aber auch für andere Beratungsformen zutreffend ist.

- Der nächste notwendige Schritt ist, die eigene aktuelle Lage und Befindlichkeit schriftlich einem anderen mitzuteilen. Dies bedeutet, für die eigene Problemstellung Worte und Begriffe, Be-*schreibungen* und Um-*schreibungen* zu finden, die dem Erlebten entsprechen. Schreiben hat einen höheren Verbindlichkeitscharakter als Sprechen. Geschriebene Worte sind, wenn sie per E-Mail gesendet wurden, nicht zurückholbar.

    Geschriebene Sprache unterliegt anderen Gesetzmäßigkeiten als gesprochene Sprache.

    Einen Sachverhalt mündlich wiederzugeben hat ein anderes Ergebnis zur Folge, als diesen gleichen Sachverhalt schriftlich zu fixieren. Daher erfordert der Verschriftlichungsprozess höhere Aufmerksamkeit und eine größere Abstraktionsleistung. Das einmal Geschriebene kann durch andere, wenn es erst einmal aus der Hand gegeben ist, jederzeit nachgelesen und als Nachweis einer gemachten Aussage dienen. Im Bewusstsein dieser Tatsache wird die schriftliche Darstellung eigener Probleme in der Ich-Form zu einem Prozess des Herausschälens, des Filtrierens, Abwägens und Kondensierens des eigenen innerpsychischen Zustandsbildes und der aktuellen Problemlage.

    Dieser Prozess ist aber auch eine autooptimierende Handlung in Form einer sich selbst korrigierenden Schleife.

- Durch die Notwendigkeit, das eigene Erleben darstellen zu müssen, muss der Hilfesuchende sich in eine Erzählposition oder Berichtsposition begeben, die in sich schon eine Distanz zum aktuellen Geschehen voraussetzt. Er erzählt oder berichtet über sich aus der Warte einer anderen Innenperson. Diese kann sich von dem Vorgefallenen emotional ein wenig distanzieren, indem sie sich von ihrer erlebten Innenwelt entfernt und in die gewünschte Position des Erzählers oder Berichterstatters begibt.

Die Prozesse, die sich zwischen der Produktionsseite und Rezeptionsseite einer Mail vollziehen, sind für die Produktionsseite in sich alleine schon gültig und wirksam, da in der Zeit zwischen Beginn des Schreibens und Absenden des Geschriebenen der Autor selbst sowohl Produzent als auch Rezipient seines eigenen Geschriebenen

ist. Der eigentliche Akt des Schreibens ist kein kontinuierlicher linearer Prozess, sondern gleicht einer Schleife, die sich im Schreiben, Lesen des Geschriebenen, Wirkung des Geschriebenen auf den Autor, Korrektur des Geschriebenen, erneutes Lesen des Korrigierten usw. vollzieht. Dies erklärt sich dadurch, dass im Schreiben etwas aus der Innenwelt in die reale Welt transportiert und transformiert wird, was durch seine Stofflichkeit realen Charakter bekommt. Dieses real existierende, diese Buchstaben und Wörter auf dem Papier oder Bildschirm werden als Reales aus der Außenwelt wieder in die Innenwelt des Schreibers aufgenommen und entfalten dort ihre Wirkung. Dem Spannungsverhältnis, das zwischen realer Rezeption durch die Leserin und der intendierten Rezeption durch die Autorin entsteht, ist die Autorin schon in sich und für sich selbst ausgesetzt und unterworfen, da sie im Produktionsprozess in Personalunion sowohl Autorin als auch ihre eigene Rezipientin ist. Ihr geschriebener Text entfaltet also genauso eine unabhängige eigene Wirkung auf sie, die ihrer intendierten Rezeption entgegenstehen kann.
Durch die Zielgerichtetheit der intendierten Rezeption auf den außenstehenden Leser wird dieses Spannungsverhältnis erhöht, denn im Schreiben hat er nicht sich selbst als Rezipient im Blick, wie es z. B. beim Schreiben eines Tagebucheintrages ist, sondern die ihm unbekannte Person des Beraters. Dies zwingt ihn, im Erklärungsgehalt, in der Präsentation des Erlebten für Fremde verstehbar zu formulieren und damit in diesem Produktionsprozess einerseits sich selbst schreibend deutlicher zu erklären und andererseits, sich selbst lesend, deutlicher zu verstehen. Dies entspricht dem Wirkmechanismus eines Perspektivenwechsels, der es dem Ratsuchenden z. B. in der Supervision ermöglicht, sich sein Problem von außen anzuschauen. Die heilende Wirkung der Gegenüberstellung von Eigenwahrnehmung und Fremdwahrnehmung durch andere Personen wird hier in sich und mit sich selbst wirksam.
Im Moment des Schreibens findet eine stufenweise gegenseitige Abgleichung der erlebten und gedachten Innenwelt an die dargestellte Welt ein, also eine Realitätsangleichung von erlebtem Selbst an das erkannte Selbst und umgekehrt.
In einer Gesprächssituation ist die oben beschriebene Wirkung durch die Beraterin oder den Therapeuten zu erreichen, da der mündliche Kommunikationsprozess mittels gesprochener Sprache

ein flüchtiges Medium benutzt und der von außen zurückkommende Input durch die Spiegelung des vom Klienten Gesagten durch die Beraterin geleistet werden muss. »Der Therapeut gibt die Äußerungen des Klienten spiegelbildlich wieder (ohne eigene Interpretationen). So hört der Klient seine eigenen Worte aus dem Mund des Therapeuten und kann beginnen, sich zu korrigieren (Verbalisierung emotionaler Erlebnisinhalte). Der Klient fühlt sich auf diese Weise verstanden, aber auch dazu bewogen, etwas zu verändern.« (Rogers, 1972)
Die Person des Beraters oder der Therapeutin wird im schriftlichen Beratungsprozess zu diesem Zeitpunkt und in dieser Form nicht gebraucht. Die damit verbundene Aufgabe leistet die Klientin selbst. Somit sind also auch die Einflussnahmen und Unsicherheiten, die durch die Person der Beraterin in dieses Wirkungsgeschehen einfließen, nicht mehr vorhanden.
Die gesprochene Sprache als Transportmedium im persönlichen Gespräch ist flüchtig. Sprechen ist ein linearer Prozess, der einmal Gesagtes nicht zurückholen kann und von daher in seinem Gehalt nach Beendigung eines jeden Satzes einer Korrektur durch den Sprecher bedürfte. Dies wird beim Sprechen erst in den nachfolgenden Sätzen durch Korrektur, Erklärung, Ergänzung oder Richtigstellung des Gesagten vollzogen. Es ist den allermeisten Menschen auch nicht möglich, ihre zuletzt gesprochenen Sätze Wort für Wort genau zu wiederholen. Sie können es dem Inhalt nach, aber nicht als genaue Wiedergabe im Sinne des Abspielens einer Aufzeichnung. Dies wird in der Gesprächstherapie nach Rogers durch die Anwesenheit der Therapeutin geleistet. C. Rogers' Grundgedanke ist die Herstellung eines wertfreien Zurückspiegelns des Gesagten als Möglichkeit für die Klientin, sich von außen selbst wieder zuzuführen. Dies sollte natürlich so neutral und authentisch wie möglich erfolgen. Auf der Grundlage eines persönlichen Gespräches zwischen zwei Menschen wurde aber dadurch die Einführung der beiden anderen Basisvariablen oder Therapeutenvariablen – Wertschätzung (Akzeptanz) und Kongruenz (Echtheit) – notwendig. Sie sind Hilfswerkzeuge, um Wertfreiheit und Neutralität möglichst optimal herzustellen und nur zur Unterstützung des eigentlich wirksamen Moments notwendig, nämlich das Spiegeln des vom Klienten Gesagten als Ausdruck des einfühlenden Verstehens. Im eigentlichen Akt des Verfassens und Schreibens sind sie nicht notwendig, da eine

Verfälschung des Geschriebenen nicht möglich ist. Die Verfasserin hat im Text ihren eigenen Spiegel, erfährt ihre eigene Wertschätzung, und die Echtheit ist durch die Abwesenheit einer anderen Person nicht in Frage zu stellen.

Der Selbstexplorationsprozess findet im Schreiben selbst statt, auf der Basis der Interaktion des Schreibers mit sich selbst.

Ein Vorteil ist beim Akt des Verfassens und Schreibens, dass keine zeitliche Limitierung vorhanden ist. Nicht nur, dass im zeitlichen Ablauf das Schreiben kein linearer Prozess ist, da er sich in Schleifen vollzieht, die im Schreiben und Wiederlesen des Geschriebenen immer wieder Rückbezug auf Vorhergehendes nimmt, sondern auch, dass das Schreiben an sich keiner gesamtzeitlichen Beschränkung unterliegt (zumindest für die Seite des Klienten beim Verfassen einer Erstanfrage).

Da ein großer Teil der Wirksamkeit der E-Mail-Beratung im Verfassen einer Beratungsanfrage (Erstmail) selbst zu finden ist, also im ersten Schritt, und vom therapeutischen Geschehen sich als autonomer Wirkmechanismus darstellt, ist folgerichtig, die anschließende Beteiligung des Beraters durch seine Antwort eher als supervisorischen Prozess zu betrachten, der dem weiteren Schreiben seine eigenständige Wirksamkeit belässt. Das Antworten auf eine E-Mail, also auf eine Gesamtdarstellung einer inneren Wirklichkeit des Klienten, kann an sich nicht als therapeutische Intervention gewertet werden, da sie sich auf ein Gesamtbild bezieht und nicht die unmittelbare Reaktion oder Intervention auf ein im Moment aktuell stattfindendes Geschehen ist. Dies ist auch durch die zeitliche Versetzung von Schreiben, Empfang und Antwort nicht möglich. Das Verfassen eines Antwortschreibens hat mehr den Charakter dessen, was zu Beginn einer neuen Gesprächstherapiesitzung zwischen Klientin und Therapeutin sich vollzieht, nämlich der Rückschau und Auswertung dessen, was in der letzten Sitzung geschehen ist und was es in der Klientin bewirkt hat. Oder im Sinne einer Supervision, die beabsichtigt, Probleme und Geschehnisse aus der Distanz und vom unmittelbaren Handlungsdruck befreit anschauen und reflektieren zu können.

Für das Schreiben einer Erstmail ist es sehr hilfreich, dass die elektronischen Medien eine offenere Problemkommunikation ermöglichen, als dies in persönlicher Begegnung oder in unmittelbarer dialogischer Form wie z. B. dem Telefongespräch möglich ist.

Die Abwesenheit einer anderen Person, die auch im weiteren Geschehen nicht wirklich sichtbar wird, erlaubt aus diesem geschützten privaten Rahmen und der Anonymität heraus einen wesentlich ungehemmteren, ehrlicheren und damit tieferen Zugang zur eigenen Problemrealität. Die durch persönliche Anwesenheit einer Beraterperson entstehenden Hemmungen und Hemmnisse fallen weg.
Das Empfangen und Lesen der Antwortmail der Beraterin eröffnet nach zeitlichem Abstand von einigen Tagen einen zweiten Prozess, in welchem der Klient neben der Wertschätzung seiner Anstrengung und des sich »Outens« mit seinem Problem aus der Sicht eines Unbeteiligten die Wirkung und Bewertung seiner Mitteilung erfährt. Was er erfährt, ist aber die Reaktion und Antwort auf einen Text aus seiner Vergangenheit, wenn diese auch nur um Tage oder Stunden zurückliegen mag. Seine Realität hat sich in dieser Zeit verändert, wenn auch vielleicht nur um Nuancen, dennoch ist Tatsache, dass er mit seinem eigenen Erleben zu einem früheren Zeitpunkt konfrontiert wird. Es ist vorauszusetzen, dass er in der Situation des Empfangens und Lesens der Antwort seinen Ursprungstext, müsste er ihn nochmals oder zu diesem anderen Zeitpunkt erstmals schreiben, anders gestalten und gewichten würde. Er wird also mit seiner eigenen Befindlichkeit, Selbstdarstellung und Selbstbewertung zu einem früheren Zeitpunkt konfrontiert, zusammen mit einer Gesamtsicht und Wirkung, die sein Text im Kontext dieses früheren Zeitpunktes auf den außenstehenden Berater hatte. Er gerät somit in eine Instabilität, indem er sein »früheres Selbst« mit dem »aktuellen Selbst« in einen Abgleichungsprozess bringen muss. Diese Instabilität muss zwingend aufgehoben werden. Dabei wird die Antwort des Beraters als »neutraler Beobachter« eher zu einem Verbündeten seines jetzigen Standpunktes, da beide ihre Wirklichkeit aus einem Perspektivenwechsel beziehen; die Antwort aus der Perspektive des Beraters, er selbst aus der Perspektive der Rückschau auf einen früheren Zeitpunkt seines Erlebens. *Diese Nachträglichkeit induziert eine Bedeutungszuschreibung an das Vergangene, aus der eine Botschaft an das Heute herauszulesen und abzuleiten ist.* Bei der Bedeutungszuschreibung hat die Antwort des Beraters wegweisenden Charakter. Die Botschaft selbst wird er für sich selbst herausfinden müssen.
Da er aber wieder auf die Antwort des Beraters eine Antwort finden will und muss, unterliegt er damit wieder dem oben geschilderten

selbstheilenden Prozess des Schreibens mit all den genannten Wirkmechanismen. Hier schließt sich der Kreis.
In Rogers' Konzept spielt die Selbstaktualisierungstendenz des Menschen eine zentrale Rolle. »Es war die nach und nach entwickelte und geprüfte Hypothese, dass das Individuum in sich selbst riesige Hilfsquellen für das Sich-selbst-Verstehen, für die Änderung seines Selbstkonzeptes, seiner Einstellungen und für die Veränderung seines selbstbestimmten Verhaltens hat.« Genau da setzt auch die Wirksamkeit von E-Mail-Beratung an.
Für die Supervision der Mitarbeiterinnen, und damit für die Qualität und Effektivität des Beratungsprozesses, stellt die E-Mail-Beratung das beste Instrument zur Verfügung, das man sich wünschen kann: ein vollständiges schriftliches Protokoll des gesamten Beratungsverlaufs. Nichts ist ausgelassen, kein Satz, kein Wort und keine Silbe. Alles ist dokumentiert und steht der Supervisorin zur Verfügung. Es muss nicht auf die mündliche Erzählung und Zusammenfassung mit all ihren Unzulänglichkeiten zurückgegriffen werden.
Psychologische Abwehrmechanismen wie z. B. Vergessen und Verdrängen können bei dieser Darstellung des Beratungsverlaufs nicht wirksam werden. Ja, selbst die persönliche Anwesenheit der Supervisoren ist durch einen E-Mail-Kontakt mit ihnen zu ersetzen. Die Vorteile, die sich für die Supervision ergeben, sind auch auf die Aus- und Weiterbildung von Mitarbeiterinnen zu übertragen.
Die Erarbeitung der hier an dieser Stelle vorgestellten Thesen zur Theorie der Wirkmechanismen von E-Mail-Beratung ist für uns ein Prozess gewesen, bei dem wir im Nachdenken den Schlüssel in dem Moment gefunden haben, in dem uns bewusst wurde, dass der Berater oder die Therapeutin im Konstrukt von Rogers eigentlich ein Fremdkörper ist (im wahrsten Sinne des Wortes). Da haben wir gewagt, die Wirkmechanismen der nichtdirektiven Beratung von C. Rogers ohne den Berater zu denken. Uns wurde schlagartig klar, dass erst die Anwesenheit der Person des Beraters die Notwendigkeit der Einführung der so genannten Therapeutenvariablen notwendig machte. Diese Variablen existieren nur, um die Person der Therapeutin gleichsam wieder in den Hintergrund treten zu lassen, unsichtbar und »nichtexistent« zu machen.
Ebenfalls hilfreich war die Erinnerung an ein kleines Software-Programm für den Atari. Es war ein als Scherz angelegtes Programm,

welches in der Art einer Beratungssituation einen Dialog mit dem am Bildschirm sitzenden Menschen begann mit der Frage »wie geht es Ihnen heute?« Die eingetippte Antwort wurde vom Programm genau im Sinne Rogers' umformuliert und zurückgegeben. Selbst bei diesem simplen Programm konnte man für etwa ein Dutzend Sätze nicht klar beantworten, ob da am anderen Ende ein Mensch saß oder nicht. Erst als der Dialog von seiner Struktur für das Programm zu komplex wurde, erkannte man die Unsinnigkeit der vom Programm generierten Sätze.

8.2 Unser Beratungsverständnis

Unser Beratungsverständnis basiert auf folgenden Gedanken: »Beratung bezieht sich auf Menschen, die in Fragen der allgemeinen Lebensplanung, der Gestaltung von menschlichen Beziehungen und im Umgang mit Konflikten und Entwicklungsproblemen in Partnerschaft und Familie nach Veränderungen und neuen Lösungen suchen. Beratung hat prozesshaften Charakter und ist darauf angelegt, dass Ratsuchende mit ihren Fragen und Problemen besser umgehen können und eigene Lösungswege erarbeiten können.« (Vgl. DAJEB)
Beratung orientiert sich an der individuellen und gesellschaftlichen Situation der Ratsuchenden mit dem Ziel, Selbsthilfemöglichkeiten zu entfalten.
Nicht nur das Fachwissen, sondern vor allem menschliche Fähigkeiten bestimmen den Verlauf einer Beratung. Beraterinnen und Berater müssen dem Ratsuchenden offen und verständnisvoll begegnen, seine Persönlichkeit akzeptieren und wertschätzen. Wenn sich der Ratsuchende verstanden fühlt, kann sie oder er die Probleme besser beschreiben und selbst Ideen zur Lösung entwickeln.
Wichtig in unserer Beratungsarbeit ist uns: Wir liefern keine endgültigen Antworten, die haben wir auch nicht, sondern wir wollen mit den Ratsuchenden gemeinsam herausfinden, was sie tun können. In diesem Sinne verstehen wir uns auch als Zuhörerin und Zuhörer von »Geschichten«.
Vielleicht kennt die eine oder der andere von Ihnen die Geschichte vom Wanderzirkus und dem Elefanten; für die, die sie nicht kennen

oder nur noch »bruchstückhaft« erinnern, sei sie hier kurz erzählt: »Ein Wanderzirkus hatte seinen Elefanten in einem Stall in der Nähe einer Stadt untergebracht, in der man noch nie einen Elefanten gesehen hatte. Vier neugierige Bürger hörten von dem verborgenen Wunder und machten sich auf, um vielleicht im voraus einen Blick darauf zu erhaschen. Als sie jedoch zu dem Stall kamen, fanden sie, daß es kein Licht darin gab. Sie mußten ihre Untersuchungen also im Dunkeln vornehmen. Der eine bekam den Rüssel des Elefanten zu fassen und meinte folglich, das Tier müsse einer Wasserpfeife ähneln; der zweite erfühlte ein Ohr und schloß, es sei eine Art Fächer; der dritte, der ein Bein anfaßte, konnte es nur mit einer lebenden Säule vergleichen; und der vierte schließlich, der seine Hand auf den Rücken des Elefanten legte, war überzeugt, eine Art Thron vor sich zu haben. Keiner von ihnen konnte sich ein vollständiges Bild machen, und nur den Teil, den jeder erfühlte, konnte er in Begriffen beschreiben, die ihm bekannte Dinge bezeichneten. Das Ergebnis der Expedition war Verwirrung. Jeder der vier war sicher, dass er recht hatte, und keiner der anderen Bürger der Stadt konnte verstehen, was wirklich geschehen war.« (Shah, 1964)
Keiner von den vieren konnte die Komplexheit des Elefanten erfassen, jeder von ihnen erwischte einen Teil des Tieres und verband dies mit den eigenen zur Verfügung stehen Begriffen und Assoziationen.
Wenn sich Menschen an uns wenden, verstehen wir auch nur einen kleinen Teil ihrer Geschichte. Es würde anmaßend sein, uns als Expertin oder Experte zu sehen.
Wir begegnen den Mailerinnen und Mailern mit Respekt, mit Respekt vor ihrer eigenen Geschichte, vor ihrer Art, das Leben zu leben, und mit Respekt, dass sie sich im Moment Unterstützung holen. Wir verstehen uns als gleichrangige Kooperationspartnerinnen, wir lernen von der Mailerin und dem Mailer, unser Kontakt ist ein Geben und Nehmen. Sie sind die Kundigen, die Wissenden, und wir sprechen ihnen Anerkennung, Würde und Kompetenz zu.
Luise Reddemann schreibt in ihrem Buch »Imagination als heilsame Kraft«: »Wir lernten aber mindestens genauso viel von unseren Patientinnen. Am entscheidendsten war die Erkenntnis, die schon Hölderlin so formuliert hat. ›Wo aber Gefahr ist, wächst das Rettende auch.‹ Das lehrten uns unsere Patientinnen, denn sie hatten in den Situationen ihrer größten Not für sich kreative Auswege gefun-

den. Sie hatten sich innere und manchmal äußere Räume geschaffen, in denen sie sich wohl und geborgen fühlen konnten. Sie hatten innere Begleiter erfunden, Feen, Schutzengel, Tiergestalten und anderes, um sich nicht mehr alleine fühlen zu müssen und um Trost zu erhalten. Als unsere Patientinnen merkten, dass wir sie nicht für verrückt, sondern ihre kreativen Lösungen für höchst achtenswert und wunderbar hielten, ließen sie uns teilhaben an diesen inneren Welten.« (Reddemann, 2001)
Vielen Ratsuchenden fällt es schwer, professionelle Hilfe in Anspruch zu nehmen. »Ich muss mir eingestehen, dass ich mit meinen Problemen nicht alleine zurechtkomme. Ich muss meine Situation einer fremden Person erzählen, von der ich nichts weiß.« Von daher ist es wichtig, dass die Beraterin oder der Berater Bedingungen schafft, die es dem Ratsuchenden erleichtern, sich »angenommen zu fühlen«. In der E-Mail-Beratung haben wir die besten Erfahrungen mit der klientenzentrierten Gesprächsführung (Carl R. Rogers) und dem ressourcenorientierten Ansatz (Steve de Shazer) gemacht.

8.3 Klientenzentrierter Ansatz nach Carl Ransom Rogers

Der amerikanische Psychologe Carl R. Rogers hat mit seinem klientenzentrierten Ansatz sehr deutlich die allgemeinen Grundlagen hilfreicher menschlicher Beziehungen formuliert. Er beschreibt drei Haltungen oder innere Einstellungen, die eine Beraterin einnehmen sollte, um die Entwicklung seines Gegenübers zu fördern:
»Das erste Element könnte man als Echtheit, Unverfälschtheit oder Kongruenz bezeichnen. Je mehr der Therapeut in der Beziehung er selber ist, das heißt kein professionelles Gehabe und keine persönliche Fassade zur Schau trägt, desto größer ist die Wahrscheinlichkeit, daß sich der Klient ändern und auf konstruktive Weise wachsen wird … Kongruenz besagt, daß der Therapeut sich dessen, was er erlebt oder leibhaft empfindet, deutlich gewahr wird und daß ihm diese Empfindungen verfügbar sind, so daß er sie dem Klienten mitzuteilen vermag, wenn es angemessen ist.
Die zweite Voraussetzung für ein Klima, das Veränderung fördert, ist das Akzeptieren, die Anteilnahme oder Wertschätzung … Wenn

der Therapeut eine positive, akzeptierende Einstellung gegenüber dem hat, was der Klient in diesem Augenblick ist, dann wird es mit größerer Wahrscheinlichkeit zu therapeutischer Bewegung oder Veränderung kommen ... Eine solche Zuwendung seitens des Therapeuten ist nicht besitzergreifend. Der Therapeut bringt dem Klienten eine totale, nicht an Bedingungen geknüpfte Wertschätzung entgegen.

Der dritte förderliche Aspekt einer solchen Beziehung ist das einfühlsame Verstehen (Empathie). Das bedeutet, dass der Therapeut genau die Gefühle und persönlichen Bedeutungen spürt, die der Klient erlebt, und daß er dieses Verstehen dem Klienten mitteilt. Diese Art des sensiblen, aktiven Zuhörens ist äußerst selten in unserem Leben und stellt eine der mächtigsten Kräfte der Veränderung dar, die ich kenne.« (Vgl. Rogers, 1981)

Im Rahmen ihrer Möglichkeiten wird die Klientin Ziele und Wunschvorstellungen hinsichtlich ihres Problems formulieren. Der Berater hilft ihr mit seinem Fachwissen und seiner Berufserfahrung im Hintergrund, diese Ziele konkret, klar, überschaubar, realistisch und im Einklang mit ihren Wertvorstellungen auszudrücken. Nur so können Ziele auch zu Handlungen führen, die eine Veränderung bewirken.

Auch bei der Erarbeitung von Lösungswegen und Handlungsstrategien sind Fachwissen und Berufserfahrung bedeutsam. Die Beraterin kann ihrem Klienten Informationen über geeignete Lösungswege zur Verfügung stellen und ihm helfen, den für ihn geeigneten Weg ausfindig zu machen. Als Beraterin versuche ich zu vermeiden, die von mir als sinnvoll erachteten Wege meinem Klienten einfach überzustülpen. Die Lösungswege müssen seiner Realität sowie seinen Möglichkeiten und Werten gerecht werden.

Bei der Umsetzung der Lösungsschritte benötigt die Klientin häufig Ermutigung. Ansonsten kann sie bei den ersten Schritten und Misserfolgen leicht resignieren. Der Berater sollte die Erfahrungen verständnisvoll und ermutigend aufgreifen und helfen, die entsprechenden Gefühle zu verarbeiten. Wenn neue Hindernisse oder Blockaden auftauchen, unterstützt er die Klientin bei deren Erforschung und versucht, sie in ihrem Veränderungspotenzial zu stützen. Vielleicht müssen die Ziele neu und realistischer gefasst werden, vielleicht sind die Lösungswege aufgrund der aufgetretenen Schwierigkeiten abzuwandeln.

Klientenzentrierte Beraterinnen stärken die Selbstheilungskräfte und die Eigenverantwortung des Klienten. Sie helfen ihm, sich auf seinen Wunsch nach Entwicklung, Verantwortung und Gesundheit zu besinnen und seine Fähigkeiten zur Veränderung zu entdecken. Die klientenzentrierte Haltung schafft die Grundlage für einen konstruktiven, vertrauensvollen Beratungsprozess. Der Berater hilft, die Schwierigkeiten herauszuarbeiten, und ist mittels seiner Empathie und Wertschätzung imstande, dem Klienten genau an den Stellen zu helfen, an denen er Unterstützung und Rat benötigt.

Empathie richtet sich also auf:
- den Ratsuchenden in ihrer/seiner gesamten Persönlichkeit,
- ihr/sein inneres Erleben, ihre/seine Sichtweisen von sich und der eigenen Lebenswelt,
- die eigenen Schwierigkeiten, mit ihren psychischen, sozialen und medizinischen Facetten,
- die eigenen Fähigkeiten und Blockaden, die in dem Problem bzw. dessen Bearbeitung zum Ausdruck kommen.

(http://www.zpp.de/home3.htm)

Rogers sieht seine drei Basisvariablen nicht als spezielle Technik, sondern eher als eine Grundeinstellung der Beratenden.

Von den drei Variablen sind die Umsetzung der Wertschätzung und Achtung (Akzeptanz) der hilfesuchenden Person durch die Beraterin in der schriftlichen Kommunikation relativ unproblematisch, weil sie sich auf Persönlichkeitsmerkmale und Haltung bezieht und sich somit auch im schriftlichen Austausch wiederfinden wird.

Die Empathie und die Kongruenz hingegen benötigen als Voraussetzung die Möglichkeit der Wahrnehmung der (verbalen und nonverbalen) Mitteilungen der Klienten sowie auf der Seite des Beraters die Fähigkeit und Möglichkeit, etwas von der Welt und den Problemen des Klienten zu begreifen und mit ihm darüber zu kommunizieren.

Dies im schriftlichen Prozess lesend aufzunehmen und schreibend umzusetzen ist die Hauptschwierigkeit. Wenn wir uns jedoch zunächst als Modell für die verbale Mitteilung die »schriftliche Aussage« denken und für die non-verbale das »zwischen den Zeilen« Gesagte, könnte sich damit vielleicht ein Weg abzeichnen. Für die Beratung per E-Mail gilt es, sich dieser eigenen Grundhaltung und der Merkmale von Echtheit und Kongruenz, der Bedeutung positiver Wertschätzung und des einfühlenden Verstehens (wieder) bewusst zu werden und sie anzuwenden.

8.4 Lösungsorientierter Ansatz von Steve de Shazer

Der andere theoretische Hintergrund, den wir zur E-Mail-Beratung nutzen, ist der von Steve de Shazer entwickelte Ansatz der lösungsorientierten Kurztherapie.
Lösungsorientierte Kurztherapie bedeutet: Die Lösung steht im Brennpunkt. Die Erklärung eines Problems ist primär nicht notwendig. Die Lösung beinhaltet die Erklärung. Sonst wäre sie keine Lösung. Unser Ansatz richtet sein Augenmerk auf die Gegenwart, auf das Hier und Jetzt.
Die Aufgabe der Therapeutin ist, laut de Shazer, die Aufmerksamkeit der Klientin darauf zu lenken »... daß er (der Klient) alle Fähigkeiten besitzt, die nötig sind, um das Problem zu lösen. Die einzige Schwierigkeit besteht darin, daß die Klienten noch nicht wissen, daß sie bereits wissen, wie ihr Problem zu lösen ist.« (de Shazer, 1989)
»Um in wirklich *passender Weise* zu intervenieren, muß man über die Details einer Klage, die der Klient vorträgt, gar nicht so genau Bescheid wissen. Es ist nicht einmal nötig, daß man sich genau vorstellen kann, wodurch die beklagte Situation am Leben gehalten wird, um dann eine Lösung finden zu können. Vor dem Hintergrund all dessen, was ich bis dahin getan hatte, schien diese Erkenntnis zunächst jeder Erwartung zuwiderzulaufen. Und doch ist es ganz offensichtlich so, daß ein beliebiges Verhalten, wenn es nur wirklich ein anderes als das gewohnte Verhalten ist, in einer problematischen Situation ausreichen kann, um eine Lösung herbeizuführen und dem Klienten die Befriedigung zu vermitteln, die er sich von der Therapie erwartet hat. Notwendig ist nur, dass die betroffene Person in ihrer unangenehmen oder lästigen Situation etwas anderes tut, selbst wenn dieses Verhalten scheinbar irrational, ganz und gar irrelevant, eindeutig bizarr oder komisch ist.« (de Shazer, 1997)
Sein Konzept basiert unter anderem auf der Kundenorientierung, das heißt, das Angebot ist auf die Nachfrage der Ratsuchenden abgestimmt. Im Begriff der Kundenorientiertheit steckt die Idee des

Kundig-Seins. Eine Kundige oder ein Kundiger kennt sich aus, sie weiß Bescheid, und daran können wir als Beraterinnen und Berater anknüpfen. Wir nutzen »das, was der Klient mitbringt, um seine Bedürfnisse in der Weise zu erfüllen, daß er sein Leben zu seiner Zufriedenheit gestalten kann« (de Shazer, 1997). Professionelle Interventionen richten sich nicht nach »objektiver Indikation« oder »Bedürftigkeit«, sondern nach dem jeweils subjektiven Bedarf des Klienten (von Schlippe u. Schweitzer, 1997).

Übersetzt für die E-Mail-Beratung bedeutet dies, wir leben in einer medialen Welt, und die Nutzung von E-Mail als Kommunikationsmittel, als Hilfe zur Selbsthilfe, als Beratungsform, als Möglichkeit der Kontaktaufnahme, als Option, sich Unterstützung und Hilfe zu suchen, ist für viele Menschen Alltag geworden.

> ✉
> Hallo! ich bin mich schon seit einiger zeit im internet am erkundigen um Irgendwie heraus zu bekommen wo ich am besten hilfe bekomme, ich habe leider nichts Passendes gefunden! ich bin auf der suche nach jemanden der mir vielleicht dabei helfen kann etwas zu regeln!

Sie können sich vorstellen, Hilfe durch die E-Mail-Beratung zu finden (und unsere Erfahrungen aus den letzten acht Jahren machen dies deutlich), also warum sollten wir als Beraterinnen und Berater nicht darauf reagieren. Die Lösung liegt im Ratsuchenden!!
De Shazer betont besonders, dass die Lösungsvorstellungen der Klienten ernst zu nehmen sind, und er hat eine »Katalogisierung« der Ratsuchenden eingeführt.

»Besucherin oder Besucher (Visitor)
Besucherinnen kommen oft nicht freiwillig, es gibt keine explizite Beschwerde, keine Veränderungserwartung, keinen Veränderungsauftrag. In diesem Fall werden nur ›Komplimente‹ gemacht, die bisherigen Lösungen positiv gewertet, ansonsten weder Therapie noch Aufgaben angeboten.

Klagende oder Klagender (Complainer)
Als ›Klagende‹ werden Personen mit Beschwerden bezeichnet, doch wird die Veränderung in erster Linie von anderen erwartet (z. B. vom Therapeuten oder von der Ehepartnerin). In der Therapie werden hier vor allem Verhaltensbeobachtungs- oder Denkaufgaben gestellt.

Kundin oder Kunde (Customer)
Nur Personen, die eine Beschwerde haben, aber darüber hinaus die Vorstellung mitbringen, aktiv etwas dagegen tun zu können, werden als Kundinnen angesehen, mit denen es einen Veränderungskontrakt gibt. Sie bekommen neben Beobachtung auch verhaltensrelevante Aufgaben.« (von Schlippe u. Schweitzer, 1997)
Natürlich ist es nicht immer einfach, eine klare Einschätzung und Zuordnung zu den drei Kategorien vorzunehmen. Es ist durchaus möglich, dass aus dem Klagenden ein Kunde wird. In der E-Mail Beratung haben wir die Erfahrung gemacht, dass sehr viele der Ratsuchenden Kundin und Kunde sind, sie wollen etwas, und dies wird auch schon deutlich, sie haben mit uns Kontakt aufgenommen. Sie zeigen sich schon dadurch, dass sie ihr Problem aufschreiben, sich die Zeit nehmen zu reflektieren oder zumindest etwas von sich erzählen.

> Hallo …, vielen Dank für Ihre Antwort, das Schreiben mit Ihnen tut mir richtig gut, leider gab es bis dato noch keine Möglichkeit in der ich mal allein war und Ihnen antworten konnte. Sie haben mit Ihren angesprochenen Phantasien völlig recht, Genau so ist das bei mir ständig Druck ständig der innere Druck nach allem Arbeit und Uni perfekt, perfekte Freundin um nicht wieder enttäuscht zu werden. Das alles ist ganz schön heftig und manchmal sitze ich abends daheim und könnte nein eigentlich mache ich es auch, nämlich die ganze Zeit heulen.

Wichtig ist es uns zu erwähnen, dass auch wir in unserer Arbeit unsere eigene Lebensgeschichte mitbringen, die unsere beruflichen Erfahrungen und unsere Ausbildungen prägen. Wir sind überzeugt, dass es – meist – mehr als zwei Möglichkeiten gibt, sich zu entscheiden. Vielleicht kennen Sie den Satz von Virginia Satir: »Always try for three options« (bemühe dich immer um [mindestens] drei Möglichkeiten).

9. Die Praxis der E-Mail Beratung

Jetzt, da Sie einen Eindruck gewinnen konnten, was Sie erwartet und welche Vielfalt und Unterschiedlichkeit an Menschen, Problemen und Schreibstilen auf Sie zukommen kann, ist es auch Zeit, sich darüber Gedanken zu machen, wie und auf welche Art man dem begegnen und antworten kann. Denn antworten müssen Sie, so viel ist klar.

Einige der Fragen, die sich dann stellen, sind z. B.:
- Was kann ich der Schreiberin, dem Schreiber – ja, was muss ich antworten?
- Muss ich mich an die Sprache der Schreiberin anpassen?
- Kann ich von einem Jugendlichen erwarten, dass er mich und meine Sprache versteht?
- Wie schaffe ich es, auch komplexere Zusammenhänge einfach zu erklären, ja wie schaffe ich es, meine Gedankengänge und Überlegungen der Mailerin und dem Mailer so zu schreiben, dass er mich und meine Intentionen versteht?

Wir haben uns bisher mit Texten und dem Zugang zu deren Verständnis befasst.

Der nächste Schritt ist nun, die richtige Form und die angemessenen Formulierungen zu finden, die den Klienten auch erreichen.

Zur Form:

Sie haben drei Alternativen für die äußere Form Ihrer Antwort:
- Sie schreiben einen neuen, vollständig neuen unabhängigen Text.
- Sie lassen den Originaltext der Anfrage stehen und schreiben, bezugnehmend auf vorangegangene Textpassagen des Klienten, in diese Ursprungsmail Ihren Antworttext hinein (so genanntes Quotieren).
- Sie benutzen eine Mischform aus den beiden ersten Varianten und zitieren den Originaltext je nach Bedarf durch Kopieren und Einfügen in Ihren eigenständigen Antworttext.

Es ist sowohl Geschmackssache als auch eine Frage der Praktikabilität.

Die erste Variante ist sehr eigenständig, und gibt ihnen größtmögliche eigene Freiheit der Gestaltung, lässt aber manchmal die Anbindung und Verbindung zur Ursprungsmail vermissen. Der Leser Ihrer Mail hat den Text, auf den Sie sich beziehen, mit hoher Wahrscheinlichkeit nicht mehr exakt in Erinnerung und hat ohne weitere Anhaltspunkte große Mühe, den Sinn Ihrer Ausführungen ganz zu verstehen.

Die zweite Variante folgt dem Originaltext; lassen Sie gerade nur so viel Originaltext stehen, dass der Zusammenhang nicht verloren geht. Das ist a) wesentlich leichter zu lesen und zu verstehen und b) keine Verschwendung von Ressourcen. Bei längeren Mailwechseln kann die Übersichtlichkeit leiden.

Benutzen Sie, bitte auch bei Variante drei, einen anderen Zeichensatz, als es die Ausgangsmail tut. Damit ist Ihr Text deutlich vom Originaltext zu unterscheiden. Aber bitte auch wiederum keine exotischen Schriftarten, von denen Sie nicht erwarten können, dass sie auch im Computersystem des Klienten zur Verfügung stehen. Achten Sie darauf, dass Ihr Gegenüber Sie versteht, weniger ist hier mehr (zum Weiterlesen: www.netikette.de).

Zur Anrede und Ansprache

Im Internet ist in weiten Bereichen das »du« als Anrede selbstverständlich.

Als Beraterin oder Berater sollten Sie sich überlegen, ob Sie die Mailerin oder den Mailer duzen möchten, was spricht dafür, was dagegen, und ob Sie sich duzen lassen. Die Praxis zeigt, dass beides möglich ist, ich muss es nur als Beraterin deutlich haben. Es kann sein, dass manche Jugendliche Sie duzen werden (Sie sollten dies nicht als Übergriffigkeit interpretieren, sondern als gängige Praxis und Ausdruck eines ungezwungenen Umgangstils). Sie können gerne auch mit »du« antworten, wenn Sie sich bewusst bleiben, dass dies kein Zeichen einer vertrauten Beziehung ist und der Gebrauch des »du« in Ihnen nicht Sprachbarrieren aufweicht, die durch den Gebrauch der Höflichkeitsform erhalten bleiben würden. Sie können aber auch mit »Sie« antworten.

Sollten Sie mit »Sie« angesprochen werden, besteht kein Anlass, zumindest bei Erwachsenen nicht, Ihrerseits auf das »du« umzusteigen.

Wir haben gute Erfahrungen damit gemacht, die Anrede direkt nachzufragen: Soll ich du oder Sie sagen? Wie möchtest du/Sie angeredet werden?

In manchen Mails werden Sie gar nicht direkt angesprochen, sodass Sie keine Vorgabe für eine Ansprache haben. Hier bleibt es Ihrer Sensibilität überlassen, die geeignete Wahl zu treffen. Im Zweifel machen Sie aber bitte selbst keine Weltanschauungsfrage daraus; das Internet verträgt manches an Umgangsformen, was im »normalen« Leben falsch verstanden würde.

Das gerade Besprochene ist sinngemäß auch auf die Anrede selbst zu übertragen. Von »Hi« und »Hallo« über »Lieber Berater« bis »Sehr geehrte Damen und Herren« wird Ihnen alles begegnen, was Ihre Fantasie hergibt. Was Sie darauf antworten, ist auch Ihrem Einfühlungsvermögen überlassen. Oft haben Sie jedoch schon den Vorteil und Vorsprung, den Namen des Schreibers zu kennen, und können ihn direkt ansprechen.

Wie Sie schon bemerkt haben, ist in Mails sehr selten orthografisch Korrektes vorzufinden. Die Rechtschreibregeln werden kaum noch beachtet, und die Frage nach alter oder neuer Rechtschreibung stellt sich schon überhaupt nicht. Die Gründe dafür könnten vielfältig sein: Unvermögen, Uninteressiertheit, Lästigkeit oder auch Zeitmangel. Vielleicht bildet sich im Internet auf die Dauer eine eigene neue deutsche Rechtschreibung heraus, die sich am Bedürfnis und den Möglichkeiten der User/innen orientieren wird. Schon jetzt wird aus der Not eine Tugend gemacht und beispielsweise durchgehend kleingeschrieben, manchmal sogar am Satzanfang.

Sie können die korrekte und Ihnen vertraute Rechtschreibung beibehalten. Das wird immer richtig sein bzw. nie als falsch empfunden werden. Es ist eine Frage Ihrer eigenen Maßstäbe und/oder die der Vorgaben Ihrer Institution und Ihres Arbeitgebers. Ihre Mails sprechen für Sie, schreiben Sie Ihre Mails leicht verständlich und übersichtlich. Achten Sie auf die Rechtschreibung; richtige Interpunktion sollte selbstverständlich sein; durch Groß- und Kleinschreibung wird der Text lesbarer. Schreiben Sie nur dann in GROSSBUCHSTABEN, wenn Sie einen Punkt besonders hervorheben möchten – außerhalb von Überschriften werden GROSSBUCHSTABEN im Netz allgemein als SCHREIEN interpretiert. Kennzeichnen Sie Humor mit den entsprechenden Emoticals und Akronymen. Fügen Sie eine »Signatur« an das Ende der Mails. Diese Signatur sollte den Namen und die elektronische Adresse enthalten, und nicht länger als vier Zeilen sein. Gegebenenfalls kann sie

Adresse, Telefon- und Faxnummer sowie die URL einer persönlichen Web-Seite enthalten.

Die letzte Frage, die hier zu beantworten ist, ist zugleich auch eine der wichtigsten. Es ist die Frage nach der Art der Sprache, die wir gebrauchen wollen, nach ihrem Stil, ihrem Niveau und ihrer Gestaltung und damit nach ihrer Verstehbarkeit, Akzeptanz und Mitteilungsfähigkeit für den Klienten als Leser.

Damit ist aber auch die Frage nach Ihrer beraterischen Haltung verbunden.

Sprachlich müssen Sie versuchen, mehreren Kriterien gerecht zu werden:
- Ihre Sprache muss authentisch sein in Bezug auf Ihre Person
- Sie muss im Verhältnis stehen zum:
  ○ Bildungsniveau des Klienten
  ○ Alter der Klientin
  ○ Sozialen und kulturellen Hintergrund des Klienten
- Sie muss Rücksicht nehmen auf:
  ○ Die aktuelle physische und psychische Befindlichkeit der Klientin
  ○ Ein eventuell akutes Krankheitsbild der Klientin
  ○ Die Aufnahmefähigkeit und Aufnahmebereitschaft des Klienten
- Sie muss Transportmedium sein für:
  ○ Ihre Intervention
  ○ Ihre Haltung
  ○ Ihre Beziehung

Lassen Sie uns mit der Frage nach den Haltungen beginnen.

Unsere Haltung ist geprägt aus unserer Biographie, unseren Moral- und Wertvorstellungen und unserer Spiritualität. Dessen sollten wir uns bewusst sein.

Unser Beratungsverständnis ist abhängig von unserer Ausbildung und der zu bewältigenden Aufgabe, in die wir durch unseren Beruf gestellt sind. Eine Beratung per E-Mail im Rahmen eines Kindersorgentelefons erfordert eine andere Ausdrucksform und Sprache, als es z. B. eine Seniorenberatung notwendig macht. Die Arbeit mit behinderten Menschen, z. B. Gehörlosen, erfordert ein anderes Wissen als die Arbeit mit ethnischen Minderheiten. Alle werden dafür ihre eigene (An-)Sprache für ihren Klientenkreis finden müssen.

Die Frage, wie Authentizität im Schriftlichen herstellbar sei, möchten wir dahingehend beantworten, dass Sie sich auf eine Entdeckungsreise zu Ihrer eigenen Sprache und schriftlichen Ausdrucksfähigkeit begeben sollten. Der Startpunkt der Reise könnte da sein, wo man für das Sprechen gemeinhin sagt: »Reden Sie, wie Ihnen der Schnabel gewachsen ist.«
Sicher ist aber, dass Sie an Ihrer Aufgabe wachsen und dann zu Ihrem eigenen Stil und eigener Ausdrucksweise finden werden, wenn Sie sich nicht zu sehr verbiegen. Was wir nun im Folgenden anbieten, ist eine Anleitung für Ihr eigenes Schreiben einer Antwortmail. In dieser ist all das zusammengefasst und in eine Handlungsanweisung transformiert, was Inhalt, Gegenstand und Erkenntnis der vorausgegangenen Kapitel war.
Wir haben dafür das Bild von Folien gewählt, die man nacheinander über den zu beantwortenden E-Mail-Text legt. Die einzelne Folie wirkt wie ein Filter, der immer nur eine bestimmte Sichtweite auf den Text zulässt.
Das Vier-Folien-Konzept ist in vielen Fort- und Weiterbildungen erfolgreich erprobt und wird von Beraterinnen und Beratern aus den unterschiedlichsten Einrichtungen als Gedankenstütze und Orientierungshilfe immer wieder gerne zur Hand genommen.

9.1 Das Vier-Folien-Konzept

Das Vier-Folien-Konzept will nicht als strenge, unbedingt einzuhaltende Richtlinie für Inhalt und Abfolge missverstanden werden. Es ist ein erprobter Vorschlag, der aufzeigt, wie es gehen kann. Es mag Ihnen als erste Orientierung auf Ihrem neu einzuschlagenden Weg helfen.
Unser Ziel ist es, Kontakt aufzunehmen und eine vorsichtige erste Annäherung an die Ratsuchende oder den Ratsuchenden zu formulieren. Wir benennen die Anliegen oder/und Probleme, sind zugleich aber auch offen für neuere Schwerpunktsetzungen. Wir laden ein zu Folge-Mails, machen aber keinen Druck. Manchmal ist ein Anliegen auch mit einer Mail erledigt, zumal ja das Schreiben schon als selbstreflexiver Prozess fungiert.
Um Sie nicht weiter auf die Folter zu spannen, stellen wir nun endlich unser für die E-Mail-Beratung entwickeltes Konzept vor. Wie

der Name schon impliziert, versteht es sich als Folie. Sie können also die Mail unter der ersten Folie lesen, unter der zweiten ...

1. Folie – Der eigene Resonanzboden
- Was ist das erste Gefühl, das ich beim Lesen verspüre?
- Welche Bilder und Fantasien sind in mir beim Lesen der E-Mail entstanden?
- Halte ich das Problem für lösbar, auch per E-Mail, oder möchte ich lieber an eine Kollegin, Kollegen weiterverweisen?
- Was würde ich der Schreiberin, dem Schreiber spontan wünschen?
- Kann ich mir vorstellen, mit dieser Ratsuchenden, diesem Ratsuchenden in Beziehung zu treten?

2. Folie – Das Thema und der psychosoziale Hintergrund
- Was ist das Thema der Mail?
Unterstreichen der Schlüsselwörter.
- Bekomme ich ein Bild von der Mailerin, dem Mailer und dem sozialen Kontext, in dem sie/er sich befindet?
- Bekomme ich genügend Fakten? (z. B. Alter, Geschlecht, Familienstand ...)
- Wo sehe ich Stärken und Schwächen des Ratsuchenden?

3. Folie – Diagnose
- Was ist das Thema des Ratsuchenden?
- Was sind die Fragen oder Wünsche an mich?
- Ist das Ziel des Ratsuchenden klar?
- Was sind meine Hypothesen?
- Welche Fragen habe ich noch?

4. Folie – Intervention
- **Anrede**
  Wenn möglich an den Stil des Ratsuchenden anpassen (»sehr geehrter Herr« oder »liebe Magdalena« oder »Hallo Franz«)
- **Einleitung – Vorstellen der Institution und der eigenen Person**
  (Ihre Anfrage ist bei uns in der ... angekommen. Mein Name ist ..., ich antworte Ihnen gerne)

- **Auf generelle Fragen der oder des Ratsuchenden eingehen**
  Unser Kontakt ist vertraulich ...
  Die Anonymität ist im Rahmen der Standards des Internet gewährleistet ...
  Ich bin Mitarbeiterin oder Mitarbeiter der ...
- **Positive Wertschätzung ausdrücken**
  Lob und Anerkennung ausdrücken, dass der oder die Ratsuchende sich dem Problem stellt und eine Problemlösung anstrebt (Ich finde es toll, dass Sie [du] den Mut gefunden haben [hast], uns zu schreiben. Wie ich lesen kann, ist es Ihnen nicht leicht gefallen ...)

Feedback

- **Mitteilen, was ich sachlich und emotional verstanden habe**
  (Aus Ihren Zeilen konnte ich deutlich Ihre Verzweiflung, Wut, Trauer lesen ... und ich kann mir vorstellen ...
- **Mitteilen, was ich nicht verstanden habe, Klären fehlender und unverstandener Dinge**
  Mir ist nicht ganz klar, warum Sie ...
  Sind sie eigentlich schon lange verheiratet?
  Was hat Sie bewogen, nach Berlin zu ziehen?
- **Hypothesen und Vermutungen in Fragen kleiden**
  Könnte es möglich sein, dass ...
  Ich vermute mal, dass ... liege ich damit richtig?
  Wenn ich davon ausgehe, dass ..., dann würde das bedeuten ... trifft das vielleicht zu?
  Ich kann mich des Verdachtes nicht erwehren, dass ... könnten Sie mir da zustimmen?
- **Problemlösungswege aufzeigen und begründen, Alternativen offen lassen**
  Vielleicht sollten Sie mal versuchen ..., denn ich glaube, sollten Sie es schaffen ..., dann ..., aber vielleicht wäre für Sie auch eine Möglichkeit, es zunächst mal ..., denn
- **Nachfragen, ob dieser vorgestellte Weg gangbar ist**
  Können Sie sich vorstellen, dies einmal zu versuchen?
- **Einen Wunsch für die Ratsuchende oder den Ratsuchenden formulieren**
  Ich wünsche Ihnen, dass Sie es schaffen, mit Ihrer Frau das Thema zu besprechen.

- **Angebot und Grenzen deutlich machen**
  Ich bin bereit, mit Ihnen zusammen herauszuarbeiten, wie Sie bezüglich Ihres Studiums zu einer Entscheidung kommen können ...
  Was ich nicht leisten kann, ist Ihre Panikattacken zu behandeln, dies erfordert sicherlich eine Behandlung durch einen Therapeuten vor Ort.
- **Abschluss**
  Einladung zu einer Antwort
  Ich würde mich freuen, von Ihnen eine Antwort zu bekommen ...
- **Mitteilen der technischen Modalitäten/Antwortadresse, Antwortfrequenz usw.)**
  Bitte antworten Sie mir an die Adresse meinname@beratung.de. Ich werde mich bemühen, Ihnen innerhalb einer Woche wieder zu antworten, in der Regel antworte ich alle 10 Tage, ist dies o. k. für Sie?

Mit freundlichen (lieben) Grüßen
Bis dann

Sinnvollerweise lässt sich das Konzept an verschiedenen Beispielen am besten erschließen.

Erste Beispiel-Mail

✉

Betreff: ... schwierig, aber ernst ...
Hallo,
ich nehme an, es ist immer schwierig, diesen ersten Schritt zu wagen. Vielleicht deshalb, weil einem dadurch erst so richtig bewusst wird, dass man wirklich eine Situation im Leben erreicht hat, mit der man nicht (mehr) klar kommt.
Zu meiner Person:
Mein Name ist Rainer, ich bin 34 Jahre und komme aus dem Raum ***. Ledig, keine Kinder und im Bereich EDV taetig. Ich glaube an Gott als eine Kraft, die unser Universum lenkt und in Grenzen haelt. Mit der katholischen Kirche konnte ich mich nicht mehr identifizieren, darum trat ich vor 7 Jahren aus der Kirche aus. Mein Glaube an Gott ist intakt, ich bete regelmaessig, bedanke mich fuer gute Erlebnisse und bitte um Hilfe

in schlechten Situationen. Mein momentan groesstes Problem bin sehr wahrscheinlich ich, zu tun hat es mit einer Partnerschaft.
Zur Vorgeschichte:
Ich war bis zum Jahr 1992 selbstaendig taetig. Ich war mit meinem damaligen Partner sehr gluecklich. Durch eine typische – im Nachhinein als vermeidbar anzusehende – Dummheit (Fehlentscheidung) finanziell in sehr starke Bedraengnis geraten.
Zu diesem Zeitpunkt verliess mich meine damalige Partnerin. Eine sehr boesartige Trennung. Bis zu diesem Zeitpunkt habe ich immer alle Probleme meines Lebens (und derer gab es viele) entweder gemeistert oder gelernt, damit zu leben. Optimistisch, lebenslustig aber auch realistisch. Durch diesen Verlust erreichte ich einen Punkt, an dem ich bereit war, mir das Leben zu nehmen. Irgendetwas hat mich in letzter Minute davon abgehalten, sehr wahrscheinlich der Gedanke daran, dass ich meiner ehem. LG diesen Gefallen nicht tun wolle ...
Ausserdem hatte ich einen guten Freund – besser gesagt, einen sehr guten Bekannten, der ebenfalls eine Scheidung mit Kampf um Kinder hinter sich hatte, und mir wieder einigermassen auf die Beine geholfen hat.
Bis zum Jahre 1996 irrte ich ziellos durchs Leben, ohne wirklichen Job, auf der Suche nach neuen Zielen. Ich war alleine, einsam und fand auch falsche Freunde. Das Resultat war ein Konflikt mit dem Gesetz. Von Natur aus harmoniebeduerftig, gewaltlos und mit dem Vorsatz ausgestattet, nie anderen Personen zu schaden, besann ich mich zurueck und hatte seither keine Konflikte mehr mit dem Gesetz.
Leider auch keinen Job. Sozialhilfe, hoffnungslos ueberschuldet und ohne Ziele, ohne Freunde, ohne Kontakte. Ein Ortswechsel in meine jetzige Heimatstadt brachte mir wieder etwas Hoffnung. Immerhin drei neue Bekannte, eine neue Wohnung und Lust auf das Leben. Dann lernte ich meine jetzige LG kennen. Per Zufall in einer Mailbox.
Wir trafen uns ganz unverbindlich und eigentlich war es nicht mein Typ. Das beruhte auf Gegenseitigkeit.
Meine Grundprinzipien, an die ich mich bisher IMMER im Leben gehalten habe sind: Treue, Ehrlichkeit gegenueber den engsten Mitmenschen, keinen Menschen koerperliches Leid zufuegen, kein Alkohol, keine Drogen und aufrichtig in Gefuehlsdingen.
Ich war natuerlich einsam, weil ich berufsbedingt keine Probleme damit habe, auf Leute zuzugehen, Schulungen zu halten, zu kommunizieren – im Privatleben aber eher schuechtern, zurueckhaltend. Somit wenig private Kontakte.

Sehnsucht nach einer Partnerschaft, oder einen Menschen der »zu mir gehoert« waren sehr gross. Nachdem meine LG mir bei jenem Treffen sagte, dass ich absolut nicht »ihr Typ« sei, wurde ich in meiner »Ehre sehr gekraenkt«, weil ich wirklich keinerlei Ambitionen auf mehr als »nur Kennenlernen« hatte. Ich bin kein Mann, der auf Optik bei Partnern Wert legt, mich zieht die Ausstrahlung und der Charakter an. Daher fasste ich den Entschluss, »dieser arroganten nicht unbedingt als Traumfrau anzusehenden Person« diesen Triumph nicht zu goennen. Mit sehr viel Psychologie und passivem Verhalten versuchte ich, sie vom Gegenteil zu ueberzeugen.
Schliesslich begann sie von sich aus eine Beziehung mit mir.
Wir waren wirklich gluecklich, bis auf kleinere Probleme keine Streitigkeiten. Wir unternahmen zusammen sehr viel, waren fast staendig zusammen. Ich habe alle Aktionen von ihr ausgehen lassen, die zum Beginn einer Beziehung fuehrten.
Dann geschah etwas, was ich eigentlich nicht wollte: ich verliebte mich in diese Frau. Und lt. ihrer eigenen Aussage war ich ein idealer Partner: zaertlich, hilfsbereit, ehrlich, liebevoll. Ich habe in dieser Partnerschaft wieder mein Leben in geordnete Bahnen lenken koennen. Neuer Job, geregeltes Einkommen, Liebe, alles, was so lange nicht mehr vorhanden war. Ich habe dieser Frau sehr viel zu verdanken, finanzielle Unterstuetzung in der Anfangsphase, eigentlich jede Hilfe, die ich wollte, bekam ich. Nur konnte ich nicht viel von meiner Liebe zurueckgeben, weil sie ein Mensch war, der – wahrscheinlich durch die ebenfalls schmerzliche Erfahrung des »auf sich alleine gestellt seins« – nicht viel von ihrem Leben teilen wollte. Mein groesster Fehler war – ich habe sie mit meiner Liebe foermlich erdrueckt. Die Probleme kamen auf, sie wurde immer ungluecklicher und kaempfte sichtlich fuer den Erhalt unserer Beziehung. Gleiches tat ich. Dann kam das entgueltige »Aus«. Fuer mich brach eine Welt zusammen, weil meine ganze Hoffnung, Traeume, Zukunft, Gegenwart auf diese Frau ausgerichtet war. Ein Ort der Ruhe, Erholung und Zuwendung fuer mich. Aus – Liebe oder was auch immer zu mir – versuchte sie mir zu helfen, die Trennung zu verschmerzen. Wir hielten eine Restbeziehung aufrecht, sahen uns oft, unternahmen zusammen etwas, hatten auch sexuellen Kontakt.
Aber dann zog sie sich immer mehr zurueck, um ihr eigenes Leben in den Griff zu bekommen, neu zu ordnen. Irgendwie konnte ich es aber immer wieder zu meinen Gunsten gestalten. Unsere gemeinsamen Treffen wurden immer schlimmer – sie war sichtlich ungluecklich in meiner Gegenwart. Je mehr sie sich zurueckzog, desto mehr zog ich sie wieder her. Das

Loslassen war das Problem. Es ging an unserer beider Nerven. Sie hat mich oft gebeten, etwas loszulassen, damit sie sich auch wieder etwas auf mich zubewegen koenne. Ich konnte es nicht. Ich verstand ihre Beweggruende und wir wollten auch sehr gute Freunde bleiben. Aber ich konnte nicht weg von ihr. Mittlerweile versuchte sie absichtlich Hassgefuehle gegen mich aufzubauen, sie behandelte mich absolut demuetigend, respektlos, unwuerdig. Bei fast jedem Zusammensein gab es ein Chaos. Sie drohte mir, wenn ich nicht loslasse, werde sie die »Noch-Beziehung« gewaltsam beenden.

Ich wollte es so sehr, aber schaffte es nicht. Letzte Woche (volle 8 Tage) waren wir beide (!) zusammen sehr sehr gluecklich – kein Streit, keine negativen Gefuehle. Ich war sehr gluecklich.

Aber dann, letzter Donnerstag, kam das grosse AUS. Sie hatte einen Mann kennengelernt, mit dem zwar noch kein intensiver Kontakt besteht, aber der wahrscheinlich meine Nachfolge antreten wird. Aus diesem Grund habe ich ein letztes Ultimatum erhalten, sie endlich loszulassen oder die Bindung wird gewaltsam gekappt.

Ich habe verstanden, dass dies meine letzte Chance ist, noch irgendetwas von den positiven Erinnerungen zu retten, eine Beziehung aufrechtzuerhalten, Freunde zu bleiben.

Die Bedingungen: Kontaktaufnahme – ausser in wirklichen Notfaellen – nur von ihrer Seite aus.

Und hier beginnt mein Problem:

Ich bin taeglich 12 Stunden beruflich engagiert, die restliche Zeit bin ich alleine. Keine Freunde, keine Bekannten (die drei Bekannten sind mittlerweile in ganz Deutschland beruflich weggezogen). Ich leide unter der Einsamkeit, ich bin nicht nur alleine, sondern wirklich einsam. Es faellt mir schwer, auf Menschen zuzugehen, nicht einmal bei meinen Arbeitskollegen (ich habe extra die Firma gewechselt, damit ich etwas mehr raeumliche Distanz zu ihr bekomme) klappt eine Beziehung irgendeiner Art.

Die einzige Person, mit der ich ueber meine Gefuehle sprechen kann, ist meine ehem. LG. Und sie ist fuer dieses Thema mittlerweile der falsche Ansprechpartner.

Jede Minute, die ich zuhause bin, denke ich an sie. Habe das Beduerfnis, zu ihr zu gehen, frage mich, was sie gerade tut, wie es ihr geht, wo sie gerade ist und und und. Ich will sie anrufen, sie sehen. Ich kann nicht mehr schlafen, wenn mich der Schlaf uebermannt, traeume ich von ihr und erlebe diese Traeume (es geht immer um die Trennung) so realistisch, dass ich den ganzen Tag brauche, diese Erlebnisse irgendwie zu verdauen.

Dann komme ich wieder heim von der Arbeit und alles beginnt von vorne.

Sie tut momentan wirklich alles, um meine Umklammerungen zu loesen. Sie meidet jeden Kontakt, trifft sich mit anderen Maennern (obwohl sie da eher zurueckhaltend ist). Sie will mir mit allen Mitteln klar machen, dass ich in ihrem Leben nichts zu suchen habe. Ich bin ihr deswegen nicht boese, ich verstehe sie. Auch ihre Nerven sind ueberstrapaziert. Wobei sie ueber das »Groebste« schon weg ist.

Meine momentane Situation kann ich nicht mehr sehr lange ertragen, schon alleine aus koerperlichen Aspekten. Aber auch dieses Gefuehl des Leids, des innerlichen »Zerrissenwerdens« ist enorm. Ich weiss nicht wie ich da drueber hinwegkommen soll. Bei der letzten Trennung hat es immerhin 4 Jahre gedauert, bis ich mein Leben wieder einigermassen in den Griff bekommen habe – und ich hatte dabei Hilfe von Bekannten, Freunden. Diesmal bin ich alleine – und der Gedanke, wieder 4 Jahre oder noch mehr in diesem Zustand verweilen zu muessen, ist unertraeglich. Ich habe viele Probleme, gesundheitliche, finanzielle und nun auch noch dieses. Mit den anderen Problemem konnte ich gut leben – umgehen, dieses ueberfordert mich.

Ich kann nicht auf diese Frau verzichten, ich kann dieses »Loslassen« nicht, weil sie der Inhalt meines Lebens war. Vielleicht habe ich sie nur missbraucht, um mein Leben wieder aufzubauen, dabei wollte ich sie nur gluecklich machen.

Im Moment geht es noch, dass ich einigermassen Selbstkontrolle ueber meine Handlungen habe. Doch der Punkt, wo mir diese entgleitet, ist sehr nahe. Ich habe Angst davor, dass ich aus dieser Einsamkeit, diesem Leid nicht mehr herauskomme. Ich habe Angst davor, dass ich etwas tue, was ich normalerweise nie tun wuerde, nicht absichtlich, aus einer Art Kurzschluss heraus.

Ich habe Angst, wie ich reagiere, wenn sie wirklich in naher Zukunft einen neuen Partner hat. Dabei ist die Moeglichkeit, mein eigenes Leben zu beenden, noch der harmloseste Fall.

Auf der einen Seite lebe ich – trotz meiner anderen Probleme – recht gerne, ich mag unsere Welt und kann mein Dasein auf ihr geniessen. Aber in der jetzigen Situation kommt sehr bald der Punkt, wo ich meine Handlungen nicht mehr kontrollieren kann. Neun Tage fast ohne Kontakt (2 Min. Telefonat, 3 Minuten zufaelliges Treffen in der Stadt) bringen mich fast um den Verstand. Wie soll ich da evtl. eine »Ewigkeit« verkraften koennen? Meine Kraft wird immer weniger, meine Sehnsucht immer groesser und mein Leben immer sinnloser.

++++
Ich weiss, dass ich von Ihnen keine Hilfe in Form eines Patentrezeptes erwarten kann, obwohl dies im Moment gerade das Richtige waere. Vielleicht koennen Sie mir in letzter Minute ein paar Moeglichkeiten aufzeigen, wie ich aus dieser Krise evtl. herauskommen koennte. Wie kann ich dieses Verlangen nach ihr mindern? Wie kann ich die Barriere der Einsamkeit durchbrechen?
Wie kann ich meinem Leben wieder einen Sinn geben?
Es war gut, darueber einmal in allen Einzelheiten »sprechen zu koennen«, jedoch hat es mein Problem nicht gemindert. Ich habe ein fast uebermenschliches Verlangen, jetzt (2:37) zu ihrer Wohnung zu gehen, nur um wenigstens ein paar Meter naeher bei ihr zu sein. Vielleicht habe ich ja auch ein psychisches Problem: auf der einen Seite realisiere ich durchaus, dass der momentane Zustand nicht korrigierbar ist, ich kennen zum Grossteil meine Probleme, habe aber nicht die Kraft, den Willen, diese Probleme zu loesen. Ich schaffe es nicht einmal, sie zu verdraengen.
Ich weiss nur, wenn ich diesen Zustand nicht sehr bald aendern kann, wird etwas passieren, was weitreichende Folgen haben kann – und sei es nur fuer mein Dasein, das ich als letzte Loesung nur beenden kann. Was zwar keine Loesung ist, aber diese tiefen Schmerzen waeren dadurch beendet.
Ich wollte nur einen Partner, mit dem ich mein Leben teilen kann, einigermassen gesund sein und meinen Lebensunterhalt bestreiten koennen. Im Moment habe ich nur noch mein Leben und einen Job, bei dem ich zwar einigermassen Geld verdienen kann, aber niemanden habe, der dieses Leben mit mir teilt.
Meine finanziellen Probleme kann ich durch das neue »Insolvenzenrecht« bis 2005 loesen. Aber wozu?
Vielen Dank fuers »Zuhoeren«. Vielleicht koennen Sie mir ja wirklich ein paar Tipps geben.
Darf man sich an dieser Stelle auch »duzen«?
Viele Gruesse – ich hoffe auf eine Antwort, die mir irgendwelche Perspektiven aufzeigen kann.
Rainer

Ich drucke mir diese Mail erst einmal aus, um sie in Ruhe zu lesen. Durch das Papier in meinen Händen wird ein Sinneskanal mehr angesprochen, was mir hilft. Ich kann in die ausgedruckte Mail hineinschreiben, kann meine Gedanken und Bilder an die Seite schreiben, wichtige Worte unterstreichen und habe als taktiler Mensch die Möglichkeit, mit dem Stift in der Hand zu spielen, zu fühlen.

Es hilft mir bei der Reduzierung durch die digitalisierte Form des Kontaktes, mir ein Bild zu machen. Ich spüre meine eigenen Gefühle. Ich weiss, ob ich den Mailer mag, ob ich mit ihm in Kontakt treten möchte ...

Erste Folie: mein eigener Resonanzboden
- Mein erstes Gefühl beim Lesen?
- Die in mir entstandenen Bilder und Fantasien: Für mich bekommen Worte Energie und Leben, wenn ich ein Bild dafür finde. Und ich finde es, wie auch in anderen Beratungssettings, überaus hilfreich, mit Bildern zu arbeiten.
- Ich frage mich, ob ich Rainers Problem in der E-Mail-Beratung für lösbar halte.
- Ich frage mich, ob ich mit ihm in Beziehung treten möchte.

Mir ist der Mailer durchaus sympathisch. Er zeigt beim Schreiben Humor, das zeigt sich für mich schon im Betreff: »schwirig, aber ernst«. Seine Lebensgeschichte finde ich interessant. Ein Mann, der viel erlebt hat, viel »Mist« gemacht hat, immer wieder auf die Beine gekommen ist und der sich in seiner männlichen Eitelkeit verletzt fühlt, wenn die Frau, die er will, ihn nicht will. Der sich Tricks und Strategien überlegt, wie er an sie herankommt. Der sich dann verliebt und nun vor dem Aus steht. Vielleicht weil er, wie er selbst schreibt, zu sehr geklammert hat, vielleicht aber auch aufgrund der Beziehungsdynamik. Ich kann mir gut vorstellen, mit ihm in eine Beratungsbeziehung zu gehen. Aber duzen lassen will ich mich noch nicht. Ich möchte beim Sie und dem Vornamen bleiben, das schafft für mich eine angenehme Distanz. Außerdem habe ich sein Klammern im Ohr, da will ich nicht die Nächste sein.
Ich halte sein Problem für lösbar.

Zweite Folie: Das Thema des Mailers und sein psychosozialer Hintergrund
- **Ich frage mich, was ist sein Thema?**
- **Ich unterstreiche mir die Schlüsselwörter**
- **Ich mache mir ein Bild von dem Mailer in seinem eigenen sozialen Kontext**
- **Ich überlege, wo ich seine Stärken und Schwächen sehe**

Das für mich auffälligste Thema des Mailers ist seine Einsamkeit. Er schreibt: »Ich leide unter Einsamkeit, bin nicht nur alleine, sondern

wirklich einsam.« Die Beziehung zu seiner Lebenspartnerin ist auseinander gegangen. Sie will im Moment keinen Kontakt zu ihm. Und er hat keine anderen Freunde. Er arbeitet 12 Stunden am Tag, arbeitet viel und sonst wartet er. Ich kann mir nicht vorstellen, dass er nach der Arbeit nur herumsitzt und wartet, es wird auch noch etwas anderes in seinem Leben geben. Aber sein momentanes Gefühl ist so, er ist einsam. Seine Erfahrung mit der Trennung oder Scheidung seiner ersten Frau liegt länger zurück, aber er erinnert, dass es ihm danach vier Jahre schlecht ging. In dieser Zeit ist er kriminell geworden, hat an Suizid gedacht, hatte keinen Job, kein Geld und keine Freunde. Und wahrscheinlich macht ihm diese Erfahrung wieder zu schaffen. Aber er ist aus dem Tief auch wieder gekommen. Er ist in eine andere Stadt gezogen, hat neue Bekannte gefunden, eine Arbeit und eine Freundin.
Schlüsselwörter sind für mich: *mein Glaube an Gott ist intakt, selbstständig im EDV-Bereich, Trennung von LG, Konflikte mit dem Gesetz, Ehre gekränkt, ich habe sie mit meiner Liebe förmlich erdrückt, Alleinsein, Selbstkontrolle.*
(Wahrscheinlich sind für Sie andere Schlüsselwörter wichtig, und das ist auch gut so.)
Von den Fakten weiß ich – immer unter der Prämisse, diese müssen nicht der Realität entsprechen –, der Mailer ist 34 Jahre alt, arbeitet 12 Stunden täglich, lebt alleine, hat kaum Freunde, seine Lebenspartnerin will keine Liebesbeziehung mehr zu ihm, er hat Schulden, die aber in 2005 erlassen werden, und er hat einen speziellen Humor. (Ich finde, Humor ist eine reife Leistung.)

Dritte Folie: Diagnose

- Was hat er für Fragen oder Wünsche an mich?
- Ist mir sein Ziel klar?
- Welche Fragen habe ich noch?
- Was würde ich ihm wünschen?

Am liebsten hätte er ein Patentrezept von mir, obgleich er schreibt, dass es dieses nicht gibt, und doch wünscht er es sich im Moment. Er fragt, wie er aus dieser Krise herauskommen kann, wie sein Verlangen nach seiner Exfreundin zu mindern ist, wie er seinem Leben wieder Sinn geben, wie er seine Einsamkeit überwinden kann.
Ich bin der Meinung, dass ihm das Aufschreiben gut getan hat, eine erste Entlastung für ihn war. Vielleicht hat es auch ein klein wenig

Druck von ihm genommen, obwohl er es selbst verneint. Ich spüre, dass er in einer Krise steckt, aber ich muss nicht im Sinne der klassischen Krisenhilfe handeln. Dies würde per E-Mail auch nicht gehen. Was ich ihm spontan wünschen würde, weiß ich nicht genau: eine interessante Begegnung, vielleicht in der Arbeit; dass er auf jeden Fall durchhält, dass sein Glaube ihn weiterträgt.

Vierte Folie: Intervention
Mein Interventionskonzept ist lösungsorientiert, entwicklungsfördernd, aktivierend und auf die Ressourcen des Mailers aufbauend. Das heißt, meine Fragen sind zielgerichtet, ich frage nach dem *wie* und selten nach dem *warum*. Ich akzeptiere, bestätige, verdeutliche, bekräftige, ermutige, beschreibe, fokussiere. Ich reframe und konnotiere positiv. Ich gebrauche Metaphern und Bilder, zeige Wertschätzung und stelle Aufgaben.

Anrede
Wie bereits erwähnt wird, im Internet viel salopperer »gesprochen«. Es ist ein anderer Stil als in der Beratungsstelle oder in der Face-to-face-Situation, es gibt eine andere, eigene Sprache mit eigenen Abkürzungen und Emoticals. Der Mailer, Rainer, möchte gerne, dass ich ihn duze, ich möchte dies nicht, es ist mir zu nah. Ich bin nicht muttersprachlich mit Englisch groß geworden, ich unterscheide zwischen Sie und du, und es gehört mit zu mir und zu meiner Beraterinnenrolle. Daher bleibe ich beim Siezen.

Einleitung – Vorstellen der Institution und der eigenen Person
Meist wissen die Ratsuchenden nicht, wer sich hinter der Telefonseelsorge im Internet oder einer Beratungsstelle verbirgt. Sie kennen ihr Gegenüber nicht. Als Beraterin stelle ich mich und meine Institution kurz vor. Für die Ratsuchenden ist es manchmal wichtig, dass sie anonym bleiben können, das macht es leichter, einen Anfang zu wagen. Manche Mailerin und mancher Mailer geben sich vielleicht eine andere Identität (siehe Kapitel Identitäten). Als Beraterinnen und Berater sollten wir nicht anonym bleiben, als Gegenpol zu der Anonymität ist es wichtig, dass wir uns zeigen, dass wir ein »sichtbares« Gegenüber sind. Es ist auch nicht unwesentlich, dass die Ratsuchenden erkennen, ob wir weiblich oder männlich sind.

Auf generelle Fragen der oder des Ratsuchenden eingehen
Manchmal werden wir angefragt, wie es mit der Vertraulichkeit und Anonymität gehalten wird. Hier ist es wichtig, dass wir zu unseren Standards etwas schreiben und zu den Sicherheitsstandards im Netz. Vielleicht ungefähr so: *Unser Kontakt ist vertraulich, Ihre Anonymität ist im Rahmen der Standards des Internet gewährleistet (eine Mail liest sich für jemanden, der sich auskennt, im Netz wie eine Postkarte).*

Positive Wertschätzung und Respekt ausdrücken
Respekt heißt Achtung vor dem Sinn und der Einzigartigkeit des Erlebens und Handeln des Menschen entsprechend seiner Lebenswirklichkeit. Der gleiche Respekt gilt mir selbst als Beraterin. Respekt gegenüber sich selbst ermöglicht Echtheit und Authentizität. In den Mails (und nicht nur da) ist es wichtig, dass ich Lob und Anerkennung ausdrücke, dass der/die Ratsuchende sich dem Problem stellt und eine Problemlösung anstrebt.

Feedback
Mitteilen, was ich sachlich und emotional verstanden habe
Dies ist an das Konzept von Rogers angelehnt und hilft Klarheit zu schaffen.
Mitteilen, was ich nicht verstanden habe, klären fehlender und unverstandener Dinge
Da wir beim Mailen nicht die Möglichkeit haben, direkt zu fragen oder an der Stimme oder Mimik zu erkennen, wie unser Gesagtes ankommt, ist es in der schriftlichen Form der Beratung besonders wichtig, sich zu vergewissern, wie der geschriebene Text ankommt. Wichtig ist es, in den eigenen Formulierungen keine Unterstellungen, Vorannahmen einzubauen, sondern immer nachzufragen, wie das Geschriebene wirkt. Dies ist auch eine Chance der E-Mail-Beratung. Der Ratsuchende hat so die Option, noch einmal nachzudenken und zu reflektieren.

Hypothesen und Vermutungen in Fragen kleiden –
Offene Fragen verwenden
Bitte achten Sie auch darauf, dass Sie Ihre Hypothesen und Vermutungen in Fragen kleiden. Dies schafft einen Rahmen, in dem die Ratsuchende und der Ratsuchende überlegen können. Sie müssen

sich nicht verteidigen, müssen keinen Machtkampf eingehen und können selber noch einmal überprüfen, wie sie fühlen, ob die Aussage so stimmt. Vielleicht ist ja auch, z. B. auf Grund der zeitlichen Versetzung, etwas Neues geschehen, ein Sachverhalt hat sich verändert. Ein Gefühl hat sich verändert, durch das Schreiben ist der erste Druck weg ...
Beispiele können sein:

Problemlösungswege aufzeigen und begründen, Alternativen offen lassen

Mein Beratungsverständnis ist ressourcenorientiert. Ich richte meine Aufmerksamkeit auf das, was die Mailerinnen und Mailer für sich selbst tun können. Ich »unterstelle« ihnen Kundigkeit und Kooperationsbereitschaft. Die Ratsuchenden sind Expertinnen und Experten in ihrem eigenen Lebenskontext. Niemand weiß besser, wie sie ihr Problem erleben und welche Lösungen zu ihnen passen. Ich versuche herauszufinden, welche Dinge die Mailerin oder der Mailer tut, die gut, nützlich und wirksam sind, und diese betone ich, mache Mut und Komplimente (sie müssen aus der Realität begründet sein). Wenn ich vorschlage, etwas zu tun, zu wagen, zu unternehmen, zu handeln, dann will ich ermutigen, aber auch die Möglichkeit offen lassen, dass es vielleicht beim ersten Mal nicht klappt. Ich setze den Ratsuchenden nicht unter Druck, und ich möchte auch nicht, dass er sich schämt, weil er die Anregungen nicht angenommen hat.

Nachfragen, ob dieser vorgestellte Weg gangbar ist

In diesem Zusammenhang ist es wichtig, dass ich nachfrage, ob der Mailer sich diesen Weg vorstellen kann zu gehen.

Einen Wunsch für die Ratsuchende oder den Ratsuchenden formulieren
Angebot und Grenzen deutlich machen

Als Beraterin und Berater ist es wichtig, meine Möglichkeiten und meine Grenzen deutlich zu machen. Es ist unsinnig, dem Ratsuchenden etwas zu versprechen, das ich nicht halten kann.

Abschluss

Selbstverständlich gehört zu einer Mail auch immer ein Abschluss. Hier kann ich z. B. meinen Wunsch formulieren, und hier kann ich auch die technischen Modalitäten/Antwortadresse, Antwortfrequenz usw. mitteilen.

Antwort

Bei der Beantwortung der Mail an Rainer habe ich mich für das »Quotieren« entschieden. Das heißt ich nehme unmittelbar auf das Geschriebene von Rainer Bezug, indem ich in seine Mail hineinschreibe.

✉

Hallo Rainer,
im Zuge der Arbeitsaufteilung ist Ihre Nachricht an die Telefonseelsorge XXX weitergeleitet worden. Mein Name ist B.
Wenn Sie den Kontakt aufrechterhalten wollen, richten Sie Ihre nächste Mail bitte direkt an mich in XXX.
Ihre Anfrage bezüglich der Anrede: Ich möchte erst einmal beim Sie bleiben, das Duzen kommt für mich etwas schnell. Ich weiß, dass es eher üblich ist, sich beim Mailen zu duzen, für mich ist es zu schnell.

> Ich nehme an, es ist immer schwierig, diesen ersten Schritt
> zu wagen.
> Vielleicht deshalb, weil einem dadurch erst so richtig
> bewusst wird, dass man wirklich eine Situation im Leben
> erreicht hat, mit der man nicht (mehr) klar kommt.

Das stimmt, und dennoch haben Sie es gewagt, heißt, Sie haben sich Ihre schwierige Situation eingestanden und sind auch aktiv geworden.

> Ich weiß, dass ich von Ihnen keine Hilfe in Form eines Patent-
> rezeptes erwarten kann, obwohl dies im Moment gerade das
> Richtige waere.

Auch das stimmt, und Ihren Wunsch nach Patentrezepten kann ich gut verstehen.

> Vielleicht koennen Sie mir in letzter Minute ein paar
> Moeglichkeiten aufzeigen, wie ich aus dieser Krise evtl.
> herauskommen koennte.

In Ihrer Schilderung Ihrer Lebensgeschichte und Ihres Problems wird für mich ein Mann mit mehreren Facetten sichtbar. Einer, der aktiv, unterhaltsam, kommunikativ,

verantwortlich ... sein kann, und ein anderer, der gerne
die Verantwortung abgibt, der sich und anderen Druck
macht, wenn es nicht so läuft, wie er es will.
In den Situationen in Ihrem Leben, in denen Sie eine
Frau verlässt, scheint es mir so, dass Sie alle Ihre
Verantwortung für sich selber abgeben. Ihr höchstes Ziel
ist es, diese Frau zurückzubekommen. (Ihre Trauer und
Wut über den Verlust kann ich gut verstehen, aber Ihre
Reaktionen nachzuvollziehen fällt mir schwerer.)

> Wie kann ich dieses Verlangen nach ihr mindern?

Ich glaube, dass Ihr Verlangen erst einmal völlig normal
ist und es seine Zeit braucht, bis das Verlangen, der
Schmerz? langsam nachlassen. Also: Geduld und etwas Ablenkung?

> Wie kann ich die Barriere der Einsamkeit durchbrechen?

Das hört sich für mich so gewaltvoll und auch »pathetisch« an. Auch hier braucht es zum einen wieder die
Zeit und zum anderen ein Rückbesinnen auf Ihre anderen
Fähigkeiten und Facetten. Sie haben in Ihrer Mail geschrieben, dass Sie im Arbeitsleben kommunikativ, unterhaltsam und auch erfolgreich sein können. Diese Fähigkeiten gehören zu Ihnen genauso wie Ihr Nicht-loslassen-
Können/wollen. Auch wenn es zur Zeit sehr schwer für Sie
ist, versuchen Sie sich nicht einzuigeln und sich nur
dem Verlangen nach Ihrer ExLP hinzugeben.

> Wie kann ich meinem Leben wieder einen Sinn geben?

Das finde ich eine schwierige Frage. Ich glaube, sie ist
so direkt nicht zu beantworten. Sie schreiben zu Beginn,
dass Sie ein gläubiger Mensch sind. Ich glaube, dass wir
Menschen in unserem Leben immer wieder vor neue Aufgaben
gestellt werden. Das hört sich im Moment vielleicht
etwas »platt« an, hilft Ihnen auch nicht weiter.
Ich glaube auch, dass es die Kunst oder den Sinn des
Lebens ausmacht, sich diesen Aufgaben zu stellen, sie zu
durchleben, ohne zu zerbrechen. Auch dies hört sich
vielleicht »pathetisch« an, aber ich weiß es zur Zeit
auch nicht anders zu formulieren.

> Es war gut, darueber einmal in allen Einzelheiten »sprechen
> zu koennen«, jedoch hat es mein Problem nicht gemindert.

Das sehe ich auch so, und ich sehe auch den Teil, dass Sie in Kontakt mit der Außenwelt, mit der Telefonseelsorge, hinter der sich viele Menschen verbergen, getreten sind, also ein erster, vorsichtiger Schritt?!

> Ich weiss nur, wenn ich diesen Zustand nicht sehr bald
> aendern kann, wird etwas passieren, was weitreichende
> Folgen haben kann – und sei es nur fuer mein Dasein, das ich
> als letzte Loesung nur beenden kann.

Geben Sie sich auch hier Zeit, diesen Schritt genau zu überlegen und nicht schnell aus einem Druck heraus zu handeln.

> Meine finanziellen Probleme kann ich durch das neue
> »Insolvenzenrecht« bis 2005 loesen. Aber wozu?

Für Sie selbst!!!

> Vielen Dank fuers »Zuhoeren«.

Gerne!

> Viele Gruesse – ich hoffe auf eine Antwort, die mir
> irgendwelche Perspektiven aufzeigen kann.

Ich kann Ihnen keine Perspektiven aufzeigen, aber vielleicht gemeinsam welche mit Ihnen entwickeln.
Gruß aus XXX
B.

Zweite Beispiel-Mail

✉

betr.: Hi there (mit wem auch immer ich jetzt hier spreche),
ich sitze jetzt seit gut fuenf Minuten vor meinem Bildschirm und weiss immer noch nicht, was ich schreiben soll. Das ist dann der dritte Versuch einer Email an Euch.
Mein Name ist <Vorname>. Ich bin 20 Jahre alt. Weiblich. Ich mache gerade ein AuPair Jahr in USA (bin jetzt seit fuenf Monaten hier).
Ich mag meine Hostfamily und »mein« Kind sehr. Sie heisst <Vorname>, ist 18 Monate alt und das suesseste Baby auf der Welt. Es ist eigentlich echt super. Ich fuehle mich wirklich als Teil dieser Familie. Es ist nicht so, dass ich einsam waere.
Das klingt schon wieder falsch, oder?

Aber diesmal werde ich nicht mehr loeschen. Ich schreib einfach mal weiter. Mal sehen, was daraus wird.
Meine Gedanken fliegen gerade mal wieder etwas schneller als mein Gehirn arbeitet. Sorry, wenn es etwas durcheinander wird. Ich liebe Amerika. Und ich denke tatsaechlich manchmal darueber nach, hier spaeter zu studieren. Mit der Sprache komme ich gut klar. Das war nie ein Problem.
Ich hasse es abends auszugehen. Ich hasse laute Musik in einer Disko. Und ich hasse den Zigarettenqualm in einer Bar.
Dafuer mag ich Filme, Diskussionen am Abend bei einer Tasse Tee und Spaziergaenge im Wald.
Mit dieser Bilanz stehe ich aber leider ziemlich alleine da.
Soweit ich mich erinnern kann, habe ich vor zwei Jahren das erste Mal ernsthaft an einen Selbstmord gedacht. Damals verlief das ganze ziemlich planlos. Ich habe wahllos alle Tabletten im Haus geschluckt, und mich zwei Stunden spaeter uebergeben. Das war's auch schon, denn alle dachten, ich haette eine Grippe, und ich sah keinen Grund meinen Eltern meine wahren Absichten mitzuteilen. Die Tablettenidee habe ich jedenfalls daraufhin ziemlich schnell fallenlassen.
Allerdings blieb die Suizididee bestehen. Inzwischen weiss ich sehr viel mehr ueber meine Moeglichkeiten. Ich koennte es tun ohne jegliches Risiko. Ohne eine Chance der Rettung. Ich ueberlege es mir jeden einzelnen Tag, in jeder freien Minute.
Einerseits habe ich schreckliche Angst vor diesem Gedanken - Tod -, aber andererseits warum nicht? Eine schnelle, saubere Loesung fuer alle Problemchen und allen Schmerz.
So viele Dinge tun weh. Viel zu viele Dinge. Und meine Energiereserve habe ich schon vor langer Zeit aufgebraucht.
Warum also?
Ich weiss, wie pathetisch das alles klingen muss. Noch mal: Sorry!
Trotzdem werde ich die Mail einfach mal abschicken. Was soll schon Schlimmes passieren? Schlechter kann ich mich nicht mehr fuehlen, auch wenn ihr mir schreibt, dass ich total verrueckt bin und sofort zu einem Arzt muss (was jetzt bitte keine Aufforderung sein soll! Ich will lieber keine Antwort als so was).
Es fuehlt sich an, als wuerde sich irgendetwas in meinem Inneren sammeln. Mit jedem boesen Wort, das jemand mir entgegen wirft, und mit jeder haesslichen Bemerkung waechst etwas in mir. Aber dieses Wesen in mir ist nicht gut, sondern sein einziger Zweck ist meine Vernichtung ...
Seit einer Woche kann ich nachts nicht mehr schlafen. Ich habe wirre Alptraeume von Stuermen, duennen Drahtseilen und

bunten Steinen in meiner Haut. Dabei ist das doch alles, was ich moechte. Schlafen ...

Erste Folie

- **Was ist das erste Gefühl das ich beim Lesen verspüre?**
  Ich bin ratlos, aufgeschreckt, da läuft etwas ganz gewaltig schief ...
- **Welche Bilder und Fantasien sind bei mir beim Lesen der E-Mail entstanden?**
  Einsame Waldspaziergänge, Selbstmord durch Erhängen im Wald ...
- **Halte ich das Problem für lösbar, auch per E-Mail, oder möchte ich lieber weiterverweisen?**
  Ich halte das Problem für nicht lösbar durch einen E-Mail-Kontakt, allerdings sehe ich auch zunächst keine andere Möglichkeit, als diesen Kontakt zu halten.
- **Was würde ich der Schreiberin spontan wünschen?**
  Dass sie den Mut findet, fachlichen Rat aufzusuchen, und diesen in ihrer Muttersprache in USA auch findet.
- **Kann ich mir vorstellen, mit dieser Ratsuchenden, diesem Ratsuchenden in Beziehung zu treten?**
  Das kann ich mir gut vorstellen.

Zweite Folie

- **Was ist das Thema der Mail?**
  Glücklichsein und Wohlfühlen auf der einen Seite, dunkle unbegreifliche Schatten auf der anderen Seite.
  Unterstreichen der Schlüsselwörter.
- **Bekomme ich ein Bild von der Mailerin/dem Mailer und dem sozialen Kontext, in dem er/sie sich befindet?**
  So ungefähr für die aktuelle Situation, Gastfamilie usw. Überhaupt nicht für ihre Familie in Deutschland
- **Bekomme ich genug Fakten?**
  (z. B. Alter, Geschlecht, Familienstand ...)
  Ja, zunächst mal.
- **Wo sehe ich Stärken und Schwächen der Ratsuchenden?**
  Ihre Stärken sind: Intelligenz, Mut, sich auf Fremdes einzulassen, positive Zukunftsgedanken und Perspektiven;
  Ihre Schwächen sind: der Versuch, von vorneherein festzulegen,

was ich nicht sagen darf. Keine klare Vorstellung, was sie als Hilfe gerne möchte.

Dritte Folie: Diagnose
- **Was ist das Thema der Ratsuchenden?**
  Das Thema ist: So viele Dinge tun weh. Viel zu viele Dinge
- **Was sind die Fragen oder Wünsche an mich?**
  Die sind unklar geblieben
- **Ist das Ziel der Ratsuchenden klar?**
  Nein
- **Was sind meine Hypothesen?**
  Dadurch, dass sie im Ausland eine »heile« Familie kennen gelernt hat und sie aufgenommen worden ist, ist eine große Diskrepanz, ein Riss zu ihrer eigenen Familie entstanden. Durch die Erkenntnis, wie schön es eigentlich sein kann, wird das vergangene Leid unerträglich und bricht erst auf.
- **Welche Fragen habe ich noch?**
  Ich möchte wissen, was sie in ihrer Vergangenheit zu Hause erlebt hat.
  Ich formuliere also folgende Mail

✉

Hallo aus Deutschland <Vorname>
Mein Name ist B., ich arbeite in der TS XXX und habe deine Mail aufmerksam gelesen.
Vielen Dank dafür, ich finde es toll, dass du uns geschrieben hast, und ganz im Vertrauen, ich habe auch erst mal eine ganze Weile vor dem Bildschirm gesessen, ohne so richtig zu wissen, wie ich meine Antwort anfangen soll. Übrigens hatte ich das Gefühl, dass ich dich duzen darf, was für dich natürlich auch gilt, wenn's nicht in Ordnung ist, sag es mir einfach.
Tja, deine Mail hat mich angesprochen und auch traurig gestimmt. Sie hat mich aufgeschreckt und stellenweise zornig gemacht (das mit der Honigmilch), weil ich denke, dass da im Moment etwas schief läuft. Das ist aber sicher keine neue Erkenntnis für dich. Ich habe die Idee, dir zunächst mal zu schreiben, was mir an deiner Mail aufgefallen ist, und dass wir dann versuchen, einen Weg für dich zu finden.

> Hi there (mit wem auch immer ich jetzt hier spreche), ich sitze
> jetzt seit gut fuenf Minuten vor meinem Bildschirm und weiss

> immer noch nicht, was ich schreiben soll. Das ist dann der
> dritte Versuch einer Email an Euch.
> Mein Name ist <Vorname>. Ich bin 20 Jahre alt. Weiblich. Ich
> mache gerade ein AuPair Jahr in USA (bin jetzt seit fuenf
> Monaten hier).
> Ich mag meine Hostfamily und »mein« Kind sehr. Sie heisst
> <Vorname>, ist 18 Monate alt und das suesseste Baby auf
> der Welt. Es ist eigentlich echt super. Ich fuehle mich wirklich
> als Teil dieser Familie. Es ist nicht so, dass ich einsam waere.
> Das klingt schon wieder falsch, oder?

Das klingt gar nicht falsch in meinen Ohren. Im Gegenteil, ich denke, dass es dir dort wirklich gut gefällt und du eine gute Gastfamilie gefunden hast. Ich glaube auch nicht, dass du einsam bist oder dass in dieser Situation Einsamkeit dein Problem ist.

> Aber diesmal werde ich nicht mehr loeschen. Ich schreib
> einfach mal weiter. Mal sehen, was daraus wird.

Gut, dass du es nicht gelöscht hast.

> Meine Gedanken fliegen gerade mal wieder etwas schneller
> als mein Gehirn arbeitet. Sorry, wenn es etwas durcheinander
> wird.

Kein Problem, aber durcheinander find ich es nicht.

> Ich liebe Amerika. Und ich denke tatsaechlich manchmal
> darueber nach, hier spaeter zu studieren. Mit der Sprache
> komme ich gut klar. Das war nie ein Problem.
> Ich hasse es abends auszugehen. Ich hasse laute Musik in
> einer Disko. Und ich hasse den Zigarettenqualm in einer Bar.
> Dafuer mag ich Filme, Diskussionen am Abend bei einer
> Tasse Tee und Spaziergaenge im Wald. Mit dieser Bilanz
> stehe ich aber leider ziemlich alleine da.

So weit sind deine Mail und deine Situation klar, und eigentlich auch schön und hoffnungsvoll – du liebst gewisse Dinge und hasst andere Dinge, und jetzt kommt eine andere, neue Mail, die Kehrseite der Medaille ...

> Soweit ich mich erinnern kann, habe ich vor zwei Jahren das
> erste Mal ernsthaft an einen Selbstmord gedacht. Damals
> verlief das ganze ziemlich planlos. Ich habe wahllos alle
> Tabletten im Haus geschluckt, und mich zwei Stunden spaeter
> uebergeben. Das war's auch schon, denn alle dachten, ich

> haette eine Grippe, und ich sah keinen Grund meinen Eltern
> meine wahren Absichten mitzuteilen. Die Tablettenidee habe
> ich jedenfalls daraufhin ziemlich schnell fallenlassen.
> Allerdings blieb die Suizididee bestehen. Inzwischen weiss ich
> sehr viel mehr ueber meine Moeglichkeiten. Ich koennte es
> tun ohne jegliches Risiko. Ohne eine Chance der Rettung.
> Ich ueberlege es mir jeden einzelnen Tag, in jeder freien
> Minute. Einerseits habe ich schreckliche Angst vor diesem
> Gedanken - Tod -, aber andererseits warum nicht?
> Eine schnelle, saubere Loesung fuer alle Problemchen und
> allen Schmerz.
> So viele Dinge tun weh. Viel zu viele Dinge. Und meine
> Energiereserve habe ich schon vor langer Zeit aufgebraucht.
> Warum also?
> Ich weiss, wie pathetisch das alles klingen muss. Noch mal:
> Sorry!

Für mich klingt das nicht pathetisch, eher verzweifelt, resignierend, müde.

> Trotzdem werde ich die Mail einfach mal abschicken. Was soll
> schon Schlimmes passieren? Schlechter kann ich mich nicht
> mehr fuehlen, auch wenn ihr mir schreibt, dass ich total
> verrueckt bin und sofort zu einem Arzt muss (was jetzt bitte
> keine Aufforderung sein soll! Ich will lieber keine Antwort als
> so was).

Also ich werde dir jetzt nicht sagen, dass du total verrückt bist, - und das nicht, weil ich mich nicht trauen würde es zu sagen, trotz deiner Aufforderung es nicht zu sagen.
Ein absolut misslungener Satzbau, sorry ;-(,- Nein, ich sage das nicht, weil es nicht zutreffend wäre. Du bist nicht verrückt, sondern aus irgendeinem Grunde des Leidens, und damit des Lebens überdrüssig. Das ist was anderes als verrückt sein,- ja es zeigt ja geradezu, dass du nicht verrückt bist, weil du erkennst, dass du leidest.

> Es fuehlt sich an, als wuerde sich irgendetwas in meinem
> Inneren sammeln. Mit jedem boesen Wort, das jemand mir
> entgegen wirft, und mit jeder haesslichen Bemerkung
> waechst etwas in mir. Aber dieses Wesen in mir ist nicht gut,
> sondern sein einziger Zweck ist meine Vernichtung ...
> Seit einer Woche kann ich nachts nicht mehr schlafen. Ich

> habe wirre Alptraeume von Stuermen, duennen Drahtseilen
> und bunten Steinen in meiner Haut. Dabei ist das doch alles,
> was ich moechte. Schlafen ...
> Eigentlich weiss ich garnicht so genau, was ich mir davon
> erhoffe, dass ich diese Mail schreibe.

Ich glaube, du erhoffst dir erst einmal Verständnis und auch Hilfe.

> Denn was koennt ihr schon tun?

Was ich tun kann, ist, dir mal zuzuhören, zu versuchen zu verstehen was in dir passiert, und mit dir zusammen überlegen, wie dir geholfen werden kann.

> Ihr werdet mir sagen, dass ich abends eine warme Tasse
> Honigmilch trinken und mehr an die frische Luft gehen soll –
> »der Sonne entgegenlachen«, das war es, was meine Aerztin
> mir geraten hat, als ich sie um Hilfe bat. Also, den Tip kenne
> ich schon.

Die soll sich mal ihre Honigmilch in die Haare schmieren ... so was Dämliches! Im Übrigen würde ich dir das schon deswegen gar nicht sagen, weil ich Honigmilch absolut scheußlich finde. Musste ich als Kind immer trinken, wenn ich krank war. Igitt! Es soll dir ja in Zukunft besser gehen, und nicht schlechter.

> Ich greife allerdings andererseits im Augenblick nach jedem
> Strohhalm, der Hoffnung verspricht. Und auch wenn Euer
> Strohhalm sehr, sehr duenn zu sein scheint, will ich diese
> Chance nicht vollkommen ausser Acht lassen. Was meint ihr
> denn zu alledem?
> <Vorname>

Was ich zu alledem meine?
Zunächst will ich dir gerne sagen, dass ich deine Selbstmordgedanken respektiere. Jeder Mensch hat meiner Meinung nach das Recht, seinem Leben ein Ende zu bereiten, wenn er es denn nicht mehr ertragen kann und will. Denn kein anderer wird es für ihn tragen.
Das ist das eine, das andere, was ich dir sagen will, ist, dass ich schon denke, dass es für dich ein Leben geben könnte, das lebenswert ist. Das Spaß und Freude macht.
Könntest du dich auf eine Abmachung mit mir einlassen? Wir versuchen zusammen einen Ausweg in ein besseres

Lebensgefühl für dich zu finden. Wenn's nicht klappt, dann bleibt dir diese Möglichkeit immer noch. Die kann dir keiner nehmen. Und ich werde sie dir auch nicht nehmen. Die Entscheidung darüber hast nur du alleine. Und die Abmachung lautet, dass du, solange wir miteinander einen Weg suchen, die Möglichkeit des Selbstmordes einfach mal außen vor lässt und mir versprichst, es nicht zu tun.
Ich will dir erklären, warum diese Abmachung wichtig ist.
Für mich ist sie wichtig, damit ich nicht jedes Wort, das ich dir schreibe, auf die Goldwaage legen muss, um dich nicht unbeabsichtigt zu kränken oder durch meine Worte eventuell unbeabsichtigt das Tröpfchen zu sein, das das Fass zum Überlaufen bringt. Diese Abmachung gäbe mir die Freiheit, dir das zu sagen, was ich denke und fühle. Und nur auf der Grundlage der Ehrlichkeit können solche Mails Positives in Gang bringen.
Für dich ist diese Abmachung wichtig, um ebenso die Freiheit zu haben, einen Weg zu suchen und zu finden. Denn wie auch immer der Weg sein wird, ich kann dir nicht versprechen, dass er immer geradlinig verlaufen wird, also ohne Rückschläge oder so. Solche Arbeit an sich selbst und an seiner eigenen Vergangenheit ist oft schmerzhaft und nicht immer erbaulich. Ich will es so mal ausdrücken: wenn du eine dicke entzündete Eiterbeule hast, muss diese aufgeschnitten werden. Das tut weh, ist aber die Voraussetzung, dass das Ganze heilen kann.
Oder wenn Haare durch den Wind ganz zerzaust sind, dann ist das Kämmen mit Schmerzen verbunden. Aber diese Schmerzen müssen in Kauf genommen werden, damit die Haare wieder schön werden. Woran du denkst, ist die Radikallösung, also Haare ab und Schluss.
Bei Eiterbeulen oder zerzausten Haaren könnte man ja noch an eine örtliche Betäubung denken, das funktioniert mit der Psyche allerdings nicht. Also, wir brauchen beide eine Abmachung dieser Art, um uns gemeinsam deinen Problemen stellen zu können.
Teil der Abmachung müsste auch sein, dass du bereit bist, das Deinige dazu beizutragen und mir auch ehrlich zu sagen, was du dir zutraust und was nicht.
Ich von meiner Seite bin auch bereit, das mir Mögliche beizutragen. Und was mittels E-Mail möglich ist.
Das war zum ersten Teil.

Zum zweiten Teil stellen sich mir vor allem zunächst mal viele Fragen.
Du schreibst:
> Es fuehlt sich an, als wuerde sich irgendetwas in meinem
> Inneren sammeln. Mit jedem boesen Wort, das jemand mir
> entgegen wirft, und mit jeder haesslichen Bemerkung
> waechst etwas in mir. Aber dieses Wesen in mir ist nicht gut,
> sondern sein einziger Zweck ist meine Vernichtung ...
> Seit einer Woche kann ich nachts nicht mehr schlafen. Ich
> habe wirre Alptraeume von Stuermen, duennen Drahtseilen
> und bunten Steinen in meiner Haut. Dabei ist das doch alles,
> was ich moechte. Schlafen ...

Könntest du mir das näher erklären?
Könnte es sein, dass sich in dir Wut sammelt und droht hochzukommen? Dass irgendwie deine Welt durcheinander geraten ist und alles sich überschlägt?

> So viele Dinge tun weh. Viel zu viele Dinge. Und meine
> Energiereserve habe ich schon vor langer Zeit aufgebraucht.

Was tut weh? Womit hast du deine Energiereserven aufgebraucht?
Traust du dir, mir davon zu erzählen?
Wie lange bleibst du noch in USA?
Ich habe eine Theorie, die ich dir nicht vorenthalten will. Sie könnte erklären, was mit dir im Moment passiert; aber bitte, es ist nur eine Theorie, von der du mir sagen müsstest, ob sie zutreffen könnte.
Ich denke und fühle aus dem ersten Teil deiner Mail, dass du dich in USA wohl fühlst. Dass du dich in deiner Gastfamilie aufgehoben fühlst, dass du Teil dieser Familie geworden bist, dass das Land und die Umgebung dir gefallen und dass du eine innige Beziehung zu deinem »Kind« aufbauen konntest. Es ist alles neu, anders und irgendwie schön und hoffnungsvoll. Das wäre ein Leben, das dir gefallen könnte. Du fühlst dich akzeptiert und angenommen.
Soweit ist meine Vermutung ja auch durch deine Worte bestätigt.
Nun haben ja positive, schöne Erfahrungen auch die Eigenschaft, dass sie sich an den anderen Erfahrungen auf der gleichen Grundlage messen lassen müssen. Je besser es dir jetzt geht, desto drängender die Erkenntnis, wie schlecht es dir bisher gegangen ist. Aus grau in grau

wird schwarz und weiß. Wenn ich nur Haferbrei zu essen bekommen habe, dann kann ich damit gut leben, solange ich nichts Besseres zu essen bekomme. Sollte ich aber mal zufällig ein leckeres Schokoladeneis bekommen, dann wird mir davon der Haferbrei verdorben, und ich erkenne jetzt erst, wie scheußlich er geschmeckt hat, weil ich die Möglichkeit des Vergleiches habe. Damit werde ich gezwungen, mein vergangenes Leben neu zu bewerten.
Ich habe die Vermutung, dass das in deinem Falle ganz schön hart ist und dir sehr zusetzt.
Das Dumme daran ist, dass es kein Zurück mehr gibt. Wer einmal Schokoeis gegessen hat, kann das nicht vergessen. Es gibt aber auch eine positive Seite. Schokoladeneis ist kein Artikel, der besonders selten ist. Jeder kann es sich kaufen. Es ist jedem zugänglich und für jeden zu haben.
Du könntest für dich beschließen, in Zukunft auf der Schokoladenseite des Lebens leben zu wollen. Und ich könnte mir vorstellen, dass du das auch zu schätzen wüsstest, gerade weil ich vermute, dass du die andere Seite sehr wohl kennst.
Damit du das aber auch genießen kannst, musst du erst einmal den Haferbrei verdauen. Denn von Haferbrei UND Schokoeis wird einem zunächst mal schlecht und es ist zum Kotzen.
Ich bin bereit, für dich die Schüssel zu halten.
Ich hoffe sehr, dass ich mich für dich verständlich ausdrücken konnte. Und ich hoffe auch, dass du Schokoladeneis magst, sonst bin ich mit meinem Beispiel total daneben …
Übrigens wird dir jetzt vielleicht deutlich, wie gut es war, den ersten Absatz deiner Mail nicht wieder zu löschen: »Aber diesmal werde ich nicht mehr loeschen. Ich schreib einfach mal weiter. Mal sehen, was daraus wird. …« Es ist Schokoladeneis und Haferbrei draus geworden ;-)
Ich wünsche dir, dass du den Haferbrei endgültig satt hast, und die Energiereserven und den Mut findest, dir den Finger in den Hals zu stecken. Danach, so meine Hoffnung, wird es dir entscheidend besser gehen.
Ich würde mich über eine Antwort freuen,
Bis dann
B.

Dritte Beispiel-Mail

✉

Betr.:
Zuerst möchte ich mich dafür entschuldigen, daß ich meinen Namen nicht nenne. Ich könnte einen Brief mit solch einem privaten Inhalt niemals wegschicken, wenn der Empfänger wüßte, von wem er kommt. Die Anrede fehlt auch, weil ich nicht weiß, was ich hier schreiben sollte. »SgDuH« ist irgendwie zu förmlich. Bitte entschuldigen Sie auch dies, ebenso den fehlenden Abschiedsgruß.

Ich habe Schwierigkeiten, bei all den Krankheiten, unter denen Menschen leiden, bei mir überhaupt von einem Problem zu sprechen. Ich habe Berichte über Menschen mit Depressionen gelesen (»Am Anfang war der Tod« von Marianne Kestler, »Beeing Suicidal« von Andrew Kurtz). Seitdem weiß ich erst, was richtige Probleme sind.

Es sollte eigentlich leicht sein, mein Leben zu ändern. Die meisten Leute werden sowieso kein Verständnis für mich haben.

Mein Problem ist, daß ich ein totaler Versager bin. Oder es ist die Ursache meiner Probleme. Mein Hauptproblem ist die Einsamkeit. Ich habe keine Freunde. Nicht einmal Bekannte. Es ist meine Schuld. Ich finde nur schwer Anschluß. Seltene Angebote von Arbeitskollegen, zusammen etwas zu unternehmen, schlage ich aus, wo es nur möglich ist. Ich glaube, ich werde sowieso nur aus Höflichkeit gefragt. Falls ich doch mitmache, z. B. bei Geburtstagspartys, wo es unhöflich wäre fernzubleiben, stehe ich stets im Abseits. Es ist nicht so, daß man mich meidet, ich gehöre einfach nirgends dazu. Ich sitze in irgendeiner Ecke allein. Ich merke, daß ich allein bin, habe dadurch schlechte Laune, oder besser gesagt ich bin traurig. Das schafft natürlich auch keine Anreize, mir Gesellschaft zu leisten.

Ich habe zu nichts Lust. Ich fahre morgens in die Arbeit, abends fahre ich wieder nach Hause. Das Wochenende verbringe ich vor dem Fernseher. Ich halte mich selbst für fett, häßlich, langweilig, egoistisch und auch sonst unsympathisch (ich wollte eigentlich drastischere Worte benutzen, habe es mir aber dann doch anders überlegt). Ich weiß nicht, ob dies die Gründe sind, daß ich keine Freundin habe, oder ob es daran liegt, daß ich ständig allein zu Hause bin. Da ich auch bei Arbeitskolleginnen nie eine Chance hatte, liegt es wohl an mir.

Aber immerhin bin ich über Umwegen doch zu meinem Hauptproblem gekommen. Ich bin Single. Viele Menschen genießen

es. Ich nicht. Vielleicht würde es mir ja gar nicht gefallen, eine Freundin zu haben. Aber ich würde gerne mal wissen, wie es ist. Ich werde bald 30 Jahre alt (meinen Geburtstag werde ich natürlich wie üblich alleine feiern). Ich hatte noch nie eine Freundin.
Nicht einmal ein Rendezvous. Auch sonst keine privaten Kontakte. Ich träume nicht von sexuellen Höhepunkten. Sex gehört natürlich dazu. Aber ich möchte eine Frau, mit der ich mich unterhalten kann. Mit der ich spazierengehen, einkaufen, kuscheln kann. Eine, die sagt »Schön, daß du da bist.« Die sich besonders freut, wenn sie mich sieht und nicht irgendeinen anderen. Die mich so mag, wie ich bin.
Mit meinen (zahlreichen) Arbeitskolleginnen kam und komme ich gut aus. Ich helfe ihnen, sie helfen mir, wir scherzen, wir unterhalten uns gelegentlich, wenn Zeit ist. Jedoch war noch nie eine dabei, die Interesse an mir gezeigt hätte.
Ich hatte zwar körperlichen Kontakt zu Frauen (gegen Bezahlung), aber das hat die Sache nur noch schlimmer gemacht. Ich kann einfach nicht vergessen, daß sie ohne Geld nicht mal mit mir zusammen gesehen werden möchten. Der Sex mit diesen Frauen hat mir keinen Spaß gemacht. Ich fürchte, ich bin auch im Bett ein Versager.
Wenn ich sage, »ich komme gut mit Frauen aus«, ist das natürlich nur der Eindruck, den ich habe. Ich erinnere mich an ein Ereignis, das schon ein paar Jahre zurückliegt. Ich ging auf das Bürgerfest in unserer Stadt. Dort sah ich ein paar Mädchen, mit denen ich in der Schule in dieselbe Klasse ging. Ich dachte auch, daß ich mit ihnen gut auskomme. Wir verbrachten die Pausen in der selben Gruppe (etwa acht Personen insgesamt), und es gab wirklich nie Probleme. Doch an diesem Tag, als sie mich bemerkten (ich wollte eigentlich gar nichts von ihnen, nur kurz »Hallo« sagen und weitergehen, da ich nicht wußte, ob ich willkommen gewesen wäre, und ich mich nicht aufdrängen wollte), hörte ich, wie sie sagten: »Schau mal wer da kommt. Laß uns schnell verschwinden, bevor er uns sieht.« Sie dachten wohl, ich wäre noch zu weit entfernt, um es zu hören. Aber ich habe es gehört. Es war nicht scherzhaft gemeint. Ich tat, was ich sowieso vorhatte, ich sagte »Hallo« und bin weitergegangen, da es keinen Sinn hat, sich noch unbeliebter zu machen, als man sowieso schon ist.
Ich ging also weiter, und sobald ich außer Sicht war, nach Hause.
Ich habe mich mit meiner Situation die letzten Jahre arrangiert. Ich dachte, daß ich mich entweder an das Alleinsein gewöhne

oder daß ich vielleicht doch eine Freundin finden werde. Aber ich habe immer noch keine Freundin, und ich gewöhne mich auch nicht an das Alleinsein. Es wurde vielmehr von Jahr zu Jahr schlimmer. Die letzten zwei Jahre werde ich kaum noch damit fertig.

Früher hatte ich natürlich auch mal schlechte Tage (wer hat die nicht), aber inzwischen ist es umgekehrt. Ich habe gelegentlich mal einen guten Tag. Wenn ich mal nicht darunter leide, allein zu sein, braucht nur ein Paar Hand in Hand an mir vorüberzugehen und ich könnte sofort weinen. Ich weine in letzter Zeit oft. Früher habe ich nicht dazu geneigt. Aber heute genügt ein trauriges Lied, ein Gedicht, ein Film, ein Buch. Beim Autofahren höre ich keine Musik mehr, seit ich bei einem traurigen Lied mit 100 km/h plötzlich anfing zu weinen und nichts mehr sehen konnte.

Selbst bei Mr. Bean mußte ich einmal weinen. Es war bei der Folge, in der Mr. Bean in einem Restaurant seinen Geburtstag feiert. Er schreibt eine Karte, steckt diese in einen Umschlag und legt den Umschlag auf den Tisch. Dann schaut er plötzlich ganz überrascht auf den Tisch, als ob er die Karte eben erst entdeckt hätte, öffnet sie, hocherfreut darüber, daß ihm jemand eine Geburtstagskarte geschickt hat. Ich glaube, die meisten Sachen sind nur lustig, solange sie einen nicht selbst betreffen.

Ich fühle mich wertlos und alt. Ich hätte nie gedacht, daß man sich mit 30 Jahren alt fühlen kann. Es kommt mir vor, als ob ich nur noch ein paar Jahre zu leben hätte. Wenn ich dann darüber nachdenke, bin ich ganz erstaunt, daß ich vielleicht noch Jahrzehnte vor mir habe.

Vielleicht ging es mir früher besser, weil noch ein paar Termine vor mir lagen. Ich weiß nicht, wie ich es besser ausdrücken soll. Mit 15 dachte ich, o. k., du bist allein, aber bis zum 16. Geburtstag hast du bestimmt eine Freundin. Dann dachte ich, vielleicht lernst du ja in der Arbeit jemand kennen.

Oder mit 18. Oder während deiner Zeit bei der Bundeswehr. Oder mit 21. Oder mit 25. Jetzt werde ich wie gesagt 30 und habe alle Illusionen verloren.

Der vorletzte verbliebene Termin ist verstrichen: Silvester 2000. Ich war an diesem Tag natürlich alleine. Der letzte Termin ist mein 30. Geburtstag. Ich glaube, danach hat es keinen Sinn mehr, sich nach einer Partnerin umzusehen. Ich war immer allein. Ich bin allein. Und ich werde immer allein sein.

Vielleicht habe ich ja auch nur »Torschlußpanik« und fange mich wieder, wenn mein Geburtstag vorüber ist. Aber ich glaube nicht daran.

Ich denke an mein bisheriges Leben und komme zu dem Schluß, daß ich es vergeudet habe. Die schönsten Jahre meines Lebens, die Jugend, sind unwiederbringlich vorbei. Selbst wenn ich noch heute eine Freundin finden würde (ich glaube nicht mehr daran, daß dies jemals geschehen wird), kann nichts diese Zeit ersetzen.
Man sollte meinen, daß es leicht ist, aus so einer Situation herauszukommen. Ich nehme mir vor, irgend etwas zu unternehmen. In ein Restaurant zu gehen zum Beispiel. Aber ich habe auch dazu wie zu allem anderen überhaupt keine Lust. Alles, was mich aus meiner Wohnung herausführen würde, fällt mir unglaublich schwer. Ich denke mir Ausreden für mich selber aus, um nicht aus dem Haus zu gehen.
Falls ich mich dann doch mal dazu aufraffe, das geschieht etwa ein- bis zweimal im Jahr, kommt es so, wie ich es vorhergesehen habe. Ich gehe allein ins Restaurant. Ich sitze alleine an einem Tisch, sehe die anderen vollbesetzten Tische, den einen oder anderen mitleidigen Blick und gehe, nachdem ich gegessen habe, allein und noch trauriger als vorher wieder nach Hause. Danach fällt es mir noch schwerer, erneut unter Menschen zu gehen.
Meine Arbeitskollegen merken inzwischen auch, daß mit mir etwas nicht stimmt. Ich hatte übrigens bereits mehrere Arbeitsplätze. An jedem fühlte ich mich überfordert. Allerdings lag die Notwendigkeit, mir einen anderen Arbeitsplatz zu suchen, nie an mir. Ich hasse meine Arbeit. Aber um auf meine Kollegen zurückzukommen – manchmal, wenn ich meine Traurigkeit nicht verbergen kann, sagen sie scherzhaft, sie müßten mal etwas mit mir unternehmen, damit ich unter Menschen komme. Ich sage dann, daß es mir einfach keinen Spaß macht, auszugehen (das stimmt ja auch), mache ein paar Scherze und wechsle das Thema.
Ich glaube sowieso nicht, daß diese Angebote ernsthaft gemeint sind, da ich nie eine Rückfrage erhalten habe.
Meine Arbeitskollegen halten mich vermutlich für einen komischen Kauz. Das wahre Ausmaß meiner Probleme können sie sich nicht vorstellen. Und es wäre mir auch viel zu peinlich, wenn jemand erfahren würde, daß ich noch nie eine Freundin hatte. Es ist ja heutzutage Pflicht, glücklich und erfolgreich zu sein.
Ich habe auch keinen, mit dem ich darüber reden könnte (natürlich nicht, warum sollte ich sonst darüber schreiben). Ich habe kein schlechtes Verhältnis zu meinen Eltern, aber ich kann mir einfach nicht vorstellen, mit ihnen über wirklich wichtige

und private Dinge zu reden. Andere Menschen habe ich wie gesagt nicht. Ein Arzt kommt auf keinen Fall in Frage. Die Kirche genausowenig; ich bin Atheist.
Mir würde jede Frau leid tun, die mich als Freund hat.
Ich habe bereits an Selbstmord gedacht, aber mir fehlt der Mut. Den Satz »Selbstmord ist eine Feigheit« halte ich für absoluten Schwachsinn. Allerdings bin ich nicht suizidgefährdet. Zwischen der Überlegung und der Tat ist ein großer Unterschied.
Das sind meine Probleme: ich hasse mich selbst und das Leben, das ich führe. Ich kann mich nicht dazu aufraffen, auch nur das Geringste daran zu ändern. Ich glaube, ich bin ein »Jammerer«. Davon habe ich mal in einem Buch gelesen. Dort hieß es, man sollte sich vor solchen Menschen hüten, weil diese so negativ sind, daß sie andere mit nach unten ziehen. Es ist nicht sehr ermutigend, wenn man in einem Buch, in dem man Rat sucht, eine Beschreibung von sich selbst unter der Rubrik »Personen, die man meiden sollte« findet.
Ich habe einmal ein Sprichwort aus dem Kaukasus gelesen: »Als du zur Welt kamst waren alle froh; ob alle weinen, wenn du wieder gehst, hängt von dir ab.« An dieses Sprichwort muß ich seitdem ständig denken. Ich fürchte, wenn ich sterbe, wird keiner weinen. Ich bin schon froh, wenn keiner lacht.
Es tut mir leid, daß mein Brief so lang geraten ist. Sie brauchen mir nicht zu antworten, es hat schon geholfen, mir die Sache einmal von der Seele zu schreiben.
Vielen Dank.

Erste Folie

- Was ist das erste Gefühl, das ich beim Lesen verspüre?
- Welche Bilder und Fantasien sind mir beim Lesen der E-Mail bei entstanden?
- Halte ich das Problem für lösbar, auch per E-Mail, oder möchte ich lieber weiter verweisen?
- Was würde ich dem Schreiber spontan wünschen?
- Kann ich mir vorstellen, mit dieser Ratsuchenden, diesem Ratsuchenden in Beziehung zu treten?

Die Mail gefällt mir, sie spricht mich an, ich finde den Mailer sympathisch. Ich musste stellenweise lachen, als ich die Mail las. Irgendwie habe ich das Gefühl, dass der Mailer auch eine ganze Portion trockenen Humor hat, zumindest kann er sich selbst noch auf die Schippe nehmen. Die Mail induziert in mir sehr viele Bilder. Es sind Bilder von abgrundtiefer Einsamkeit und auf der anderen

Seite lustige Bilder von Menschen, die bei der Beerdigung lachend um den Sarg stehen, von Mr. Bean, der sich selbst eine Geburtstagskarte schreibt, usw. ..., aber alle gleichsam tragisch und komisch.
Sein Problem halte ich für lösbar, gerade auch per Mail, denn ich denke, er würde zunächst keine Beratung persönlich aufsuchen.
Was würde ich ihm wünschen? Eine Freundin, klar, aber auch, dass er seinen Humor positiv einsetzen und nutzen lernt.
Ich kann mir vorstellen, mit diesem Mailer in Beziehung zu treten, bin mir aber bewusst, dass es zu einem längeren »Briefwechsel« kommen könnte.

Zweite Folie

- Was ist das Thema der Mail?
  Unterstreichen der Schlüsselwörter
- Bekomme ich ein Bild von der Mailerin/dem Mailer und dem sozialen Kontext, in dem er/sie sich befindet?
- Bekomme ich genug Fakten?
  (z. B. Alter, Geschlecht, Familienstand …)
- Wo sehe ich Stärken und Schwächen des Ratsuchenden?

Das Thema der Mail ist Einsamkeit. Thema der Mail ist Unentschlossenheit und Suche. Thema der Mail ist ein »Sowohl-als-auch«. Thema der Mail ist die Vergangenheit.
Der Mailer beschreibt sehr gut seine Lage und die Bedingungen, unter denen er lebt.
Von den Fakten her ist die Mail ausreichend, was mich stört, ist, dass ich keinen Namen habe, mit dem ich ihn ansprechen kann.
Die Stärken des Ratsuchenden sind seine Analysefähigkeit, sein hintergründiger Humor.
Seine Schwäche sind das Verharren und die Festschreibung auf Negatives und die vielleicht zutreffende Selbsteinschätzung, dass er ein »Jammerer« ist.

Dritte Folie: Diagnose

- Was ist das Thema des Ratsuchenden?
- Was sind die Fragen oder Wünsche an mich?
- Ist das Ziel des Ratsuchenden klar?
- Was sind meine Hypothesen?
- Welche Fragen habe ich noch?

Das Thema des Ratsuchenden ist Lähmung, Perspektivelosigkeit. Wünsche an mich sind nicht zu erkennen. Ebenso ist sein Ziel unklar.
Meine Hypothese ist, dass er schon Hilfe erwartet und einen Ausweg finden will. Er wartet insgeheim auf die »Prinzessin«, die ihn als »Frosch« erkennt und wachküsst.
Welche Fragen habe ich noch? Nun z. B. die nach Freunden, nach seiner Familie. Was er beruflich macht und was seine Hobbys sind.
Ich formuliere also folgende Antwortmail:

✉

Hallo,
Mein Name ist B., und ich arbeite in der Telefonseelsorge in XXX. Ihre Mail liegt mir zur Beantwortung vor. Ich möchte Ihnen gerne antworten, wenn Sie auch erwähnen, dass es nicht nötig sei. Schade, dass ich Sie nicht mit Namen ansprechen kann, doch ist ihre Zurückhaltung für mich verständlich.
Ich habe Ihre Mail mit verschiedensten Gefühlen gelesen. Zunächst finde ich es toll, dass Sie den Schritt gewagt haben, sich all das mal von der Seele zu schreiben. Sie sagen an einer Stelle »Ich hasse mich selbst und das Leben, das ich führe. Ich kann mich nicht dazu aufraffen, auch nur das Geringste daran zu ändern«. Das empfinde ich als Widerspruch zu der Anstrengung, die Sie unternommen haben, indem Sie sich an mich wenden und diese ausführliche Mail geschrieben haben. Das gibt mir Hoffnung, dass Sie sich selbst doch noch nicht ganz aufgegeben haben und sich schon wünschen, Hilfe zu finden. Die Gefühle und Reaktionen, die ich hatte beim Lesen ihrer Mail, schwankten zwischen Resignation, Hoffnungslosigkeit, Depression, aber auch Erheiterung und Schmunzeln. Sie werden sich jetzt vielleicht denken, dass Sie es ja gewusst haben, dass mal wieder jemand über Sie lacht. Lassen Sie es mich erklären: Ihre Mail enthält etwas, das man nur bei wenigen Menschen findet und das Sie von anderen abhebt, nämlich die Fähigkeit, sich selbst auf irgendeine Art auf die Schippe zu nehmen und ihr Leben in der Distanziertheit zu sich selbst und Ihrem Erleben wenigstens vielleicht von der »Galgenhumor«-Seite zu sehen. Das finde ich bei Ihnen wieder und denke mir, dass es die Quelle sein kann, aus der Sie

heraus Ihrem Leben eine neue Wendung geben könnten. Ich sehe es für Sie also nicht ganz so hoffnungslos wie Sie selbst. Wenn mich Ihre Mail stellenweise erheitert hat, dann nicht so, dass es ein Lachen über Sie und Ihr Leben ist, also im Sinne von auslachen, sondern als Reaktion auf Ihren hintergründigen Humor, den ich sehr schön finde.
Was mir weiter aufgefallen ist, sind die vielen widersprüchlichen Aussagen. Um nur ein paar zu nennen:
... Mein Problem ist, dass ich ein totaler Versager bin.
... Mein Problem ist die Einsamkeit.
... über Umwegen doch zu meinem Hauptproblem gekommen. Ich bin Single.
... das sind meine Probleme: ich hasse mich selbst und das Leben, das ich führe.
Also, was ist denn nun Ihr Problem?
Oder:
Ich habe bereits an Selbstmord gedacht ... allerdings bin ich nicht suizidgefährdet.
Jeder, der an Selbstmord denkt, ist suizidgefährdet.
Diese Widersprüchlichkeiten zeigen mir, wie sehr Sie selbst im Dunkeln tappen, was die Gründe Ihrer Niedergeschlagenheit und Probleme sind. Sie sehen die Wirkungen und Auswirkungen, die Ursache können Sie aber nicht dingfest machen. Vielleicht gibt es gar keine, die Sie selbst finden können? Sie leiden, wissen aber nicht warum. Sie suchen da und dort, und es klingt irgendwie logisch, und doch trifft es nicht den Kern.
Der Schlüssel könnte vielleicht sein, dass Sie einfach depressiv erkrankt sind. Ich meine, das würde vieles erklären können, und all die Dinge, die Sie zu Recht beklagen, als Folge und Auswirkung dieser Erkrankung verstehen lassen. Viele Formen dieser Krankheit können sehr gut behandelt werden und Sie müssen nicht Ihr ganzes weiteres Leben in einer solchen Stimmung verbringen. Das macht keinen Spaß und kommt so aus jeder Zeile ihrer Mail rüber.
Sie schreiben an einer Stelle: »die schönsten Jahre meines Lebens, die Jugend, sind unwiederbringlich vorbei.« Wenn Sie es so meinen, dass die Jugend eigentlich die schönsten Jahre des Lebens sein sollten, dann gebe ich Ihnen Recht. Doch kann ich nicht sehen, dass in Ihrem Leben diese Jahre die schönsten gewesen sein sollten. Es

waren wahrscheinlich ihre miesesten. Seien Sie froh darüber, dass sie Vergangenheit sind.
Könnten Sie sich vorstellen zu versuchen, die Zukunft nicht schon jetzt negativ festzuschreiben? Also alles »abzuhaken« und zu schauen, was für die Zukunft besser werden könnte?
Wäre es ein Weg für Sie, einfach mal einen Facharzt aufzusuchen und zu klären, ob sie depressiv erkrankt sind? Ich würde Ihnen gerne dazu Mut machen.
Überhaupt würde ich gerne von Ihnen erfahren, wobei Sie sich Hilfe wünschen, welcher Art diese Hilfe Ihrer Vorstellung nach sein könnte und welcher Punkt für Sie am drängendsten ist.
Haben Sie Hobbys? Welche Beschäftigung macht Ihnen Freude?
Von komischen Käuzen verstehe ich nicht so viel, aber Ihren Humor ansprechend biete ich Ihnen meine Dienste als »Amphibienspezialist« an, um gemeinsam zu schauen, welcher Gattung Frosch Sie zugehören und wie dieser vielleicht doch ein weibliches Wesen finden kann, das ihn wachküsst, um den Prinzen, der sich meiner Meinung nach dahinter verbirgt, zum Vorschein zu bringen. Doch hinsichtlich des »Fluchs«, der die Ursache ist, müssten vielleicht Sie zunächst einmal einen Facharzt/ärztin fragen. Vielleicht hat er (sie) schon die Fähigkeit, diesen von Ihnen zu nehmen. ☺
Mit lieben Grüßen
B.

10. Die häufigsten Themen

10.1 Borderline-Persönlichkeitsstörung

Die Erfahrungen in der E-Mail-Beratung zeigen, dass sich sehr viele Menschen mit Borderline-Persönlichkeitsstörungen an uns wenden. Dies ist von der Art der Störung her auch verständlich, E-Mail bietet ein höchstes Maß an Kontrolle, ich kann die geschriebene Mail immer wieder durchlesen und verändern, ich kann das, was ich schreibe, kontrollieren. Ich schaffe durch das Medium eine Distanz. Wir möchten an dieser Stelle kurz etwas zu den Symptomen schreiben. Es hat keinen Anspruch auf Vollständigkeit und ist wie alle theoretischen Modelle immer wieder auf den zu beratenden Menschen hin zu überprüfen. Sie wissen, dass nicht jede Borderline-Persönlichkeit unter allen Symptomen leidet und dass die Symptome bei jedem Betroffenen andere Ausprägungen annehmen können.

Theoretischer Exkurs

Eine Borderlinestörung liegt mit großer Wahrscheinlichkeit vor, wenn ein Mensch unter mindestens fünf der folgenden Symptome leidet:

Unbeständige und unangemessen intensive zwischenmenschliche Beziehungen

Menschen mit Borderlinestörung führen meist unbeständige und unangemessen intensive Beziehungen. Diese zeichnen sich durch extreme Verschiebungen der Einschätzung der Beziehungspartnerin oder des Beziehungspartners (zwischen Idealisierung und Abwertung) und ständige Versuche, diesen zu manipulieren, aus. Die Intensität der Beziehungen ergibt sich aus der Intoleranz der Borderline-Persönlichkeit gegenüber Trennungen, ihre Unbeständigkeit aus fehlender »Objektkonstanz« (die Fähigkeit, andere als komplexe Menschen wahrzunehmen, die sich dennoch widerspruchsfrei verhalten können). Menschen mit Borderlinestörung entwickeln eine Abhängigkeit zur Partnerin oder zum Partner und idealisieren

ihn, solange dieser seine Bedürfnisse befriedigt. Erfahren sie Zurückweisung oder Enttäuschung, verfallen sie ins andere Extrem und werten die Partnerin oder den Partner ab, ohne sich jedoch von ihm trennen zu können.
Dann eskaliert das manipulierende Verhalten des Borderliners, er zeigt sich schwach und hilflos, neigt z. B. zu Hypochondrie, Masochismus, Selbstverletzungen und Suiziddrohungen und- versuchen.

Selbstschädigende Verhaltensweisen

Menschen mit Borderlinestörung neigen zu Impulsivität bei potenziell selbstschädigendem Verhalten. Typisch sind z. B. Alkohol- und Drogenmissbrauch, sexuelle Promiskuität, Spielsucht, Kleptomanie und Essstörungen.
Diese Impulsivität steht in engem Zusammenhang mit anderen Symptomen, kann z. B. aus den Frustrationen einer gestörten Beziehung entstehen, Ausdruck von Stimmungsschwankungen oder Zornausbrüchen sein oder ein Versuch, die Gefühle von Einsamkeit und Trennungsangst zu betäuben.

Starke Stimmungsschwankungen

Menschen mit Borderlinestörung sind häufig überaktiv oder pessimistisch. Von dieser Grundstimmung lassen sich jedoch auffällige Stimmungsschwankungen in Richtung Depression, Reizbarkeit oder Angst beobachten. Diese Stimmungsschwankungen sind in der Regel von kurzer Dauer und halten meist nur ein paar Stunden oder ein paar Tage an.

Unangemessene Zornausbrüche

Menschen mit Borderlinestörung neigen zu häufigen Zornausbrüchen, die in ihrer Intensität oft nicht oder kaum kontrolliert werden können und zeitweilig auch zu körperlicher Gewalt führen. Diese Zornausbrüche stehen in ihrer Intensität in keinem Verhältnis zu den auslösenden Ereignissen, basieren vielmehr auf einer massiven Angst vor Enttäuschung und dem Verlassenwerden.

Selbstverletzungen, Suizidversuche

Wiederkehrende Suiziddrohungen oder -versuche und Selbstverletzungen zählen ebenfalls zu den typischen Borderlinesymptomen. Sie finden ihren Ausdruck z. B. in selbstbeigebrachten Schnitt- und Stichverletzungen an Gliedmaßen, Rumpf und Genitalien oder durch Exzesse mit Drogen, Alkohol und Nahrungsmitteln. Meist beginnt die Selbstverletzung als impulsive Selbstbestrafung, entwickelt sich aber nach und nach zu einem einstudierten und ritualisierten Verhalten.

Suiziddrohungen und -versuche und Selbstverletzungen sind unterschiedlich motiviert und können z. B. wie folgt interpretiert werden:
- Versuch, erlittenen psychischen Schmerz mitzuteilen
- Hilferuf
- Selbstbestrafung
- Bestrafung nahe stehender Menschen
- Ablenkung von anderen Leidensformen
- Abbau von Angst, Zorn oder Traurigkeit (als Entspannungsversuch)

Fehlen eines klaren Ich-Identitätsgefühls

Menschen mit Borderlinestörung leiden unter einer andauernden Identitätsstörung, die sich z. B. auf die Bereiche Selbstbild, sexuelle Orientierung, Berufswahl, langfristige Ziele, Wertesystem und Art der gewünschten Partner/Freunde erstrecken kann.
Den Betroffenen fehlt deshalb ein konstantes Identitätsgefühl, sie akzeptieren ihre Eigenschaften wie Intelligenz und Attraktivität nicht als konstantes Gut, sondern als Eigenschaften, die immer wieder neu verdient und im Vergleich mit anderen beurteilt werden müssen. Das Selbstwertgefühl und die Fähigkeit zur Selbstachtung basieren beim Borderliner deshalb nicht auf in der Vergangenheit erbrachten Leistungen, sondern auf aktuellen (Miss-)Erfolgserlebnissen und Feedback durch Dritte.
Daraus resultieren oft übermäßiges Engagement und ein unrealistisches Streben nach Perfektion (mit entsprechenden Misserfolgserlebnissen), aber auch der häufige Wunsch nach Veränderung im Berufs- oder Privatleben.

Chronische Langeweile und Leere

Menschen mit Borderlinestörung leiden oft unter chronischen Gefühlen von Leere und Langeweile. Diese Emotionen werden sehr intensiv, oft verbunden mit körperlichen Empfindungen (z. B. Druck im Kopf, Spannungsgefühl in der Brust), erlebt. Die Suche nach Erleichterung von diesen belastenden Emotionen endet für die Betroffenen oft in impulsiven und selbstschädigenden Handlungen oder in enttäuschenden Beziehungen.

Angst vor dem Verlassenwerden

Wenn Menschen mit Borderlinestörung allein sind, verlieren sie aufgrund ihrer gestörten Ichidentität häufig das Gefühl für die Realität ihrer Existenz. Erschwerend kommt hinzu, dass sie oft auch vorübergehendes Alleinsein als dauerhafte Isolation wahrnehmen. Menschen mit Borderlinestörung erleben deshalb immer wieder starke Angst vor dem Verlassenwerden durch nahe stehende Personen. Diese Angst motiviert die Betroffenen zu verzweifelten Bemühungen, dieses Verlassenwerden zu vermeiden. Dabei greifen sie auch zu extremen Mitteln (z. B. Selbstverletzung, Suizidversuche), um den nahe stehenden Menschen unter Druck zu setzen, und führen auch schädliche Beziehungen (z. B. mit Gewalt- und/ oder Misshandlungserlebnissen) bis zur völligen Selbstaufgabe fort. Werden Menschen mit Borderlinestörung trotz dieser Bemühungen verlassen, durchleben sie meist intensive emotionale Krisen, in deren Verlauf die hier beschriebenen Symptome oft noch verstärkt auftreten. (**http://www.borderline-community.de/**)

In der Begleitung und Beratung wissen wir um die besondere Schwierigkeit im Umgang mit solchen Klientinnen. In der E-Mail-Beratung hat sich die SET-Kommunikation als unterstützend erwiesen.

Die Begleitung dieser Mailerinnen und Mailer ist schwer. Sie hinterlassen bei uns als Beraterinnen oder bei Beratern oft ein Gefühl von: Ich kann nichts richtig machen. Alles, was ich tue, ist falsch. Ich gerate leicht unter Druck, irgendetwas zu tun. Ich kann die beraterische Distanz schwerer einhalten. Ich fühle mich kontrolliert und manipuliert. Ich bin abwechselnd sehr »sauer« auf den Ratsuchenden, und dann fühle ich wieder viel Mitleid. Er hält mich

irgendwie in seinem Bann. Sie gibt mir oft das Gefühl von Inkompetenz ...
Aus unseren Erfahrungen hat sich gezeigt, dass hier die SET-Kommunikation hilfreich ist.

S	Support	Unterstützung
E	Empathie	Mitgefühl, aber nicht Mitleid (!)
T	Truth	Aufrichtigkeit und Wahrheit

Gerade wenn man sich im Kontakt mit destruktivem Verhalten auseinander setzt, in Situationen, in denen wichtige Entscheidungen getroffen werden oder in anderen Krisensituationen, sollte die Interaktion mit der Borderline-Persönlichkeit alle drei Elemente gleichzeitig beinhalten.
Die »S«-Stufe dieses Systems, die »Unterstützung«, ist eine persönliche Stellungnahme, die Sorge ausdrückt. »Ich mache mir wirklich Gedanken um dich!« wäre ein Beispiel für eine solche unterstützende Aussage. Die Betonung liegt auf den Gefühlen der Beraterin und ist im Wesentlichen das persönliche Bekenntnis, helfen zu wollen.
Mit dem »E«-Teil (Mitgefühl) versucht man, die chaotischen Gefühle der Borderline-Persönlichkeit anzuerkennen. »DU musst dich wirklich schrecklich fühlen ...« Es ist wichtig, Mitgefühl nicht mit Mitleid zu verwechseln (»Du tust mir so Leid ...«), denn dies könnte zu einem Zornausbruch führen, da der Betroffene sich herablassend behandelt fühlt. Das Mitgefühl sollte zudem neutral ausgedrückt werden und mit möglichst wenig Bezugnahme auf die eigenen Gefühle. Die Betonung liegt hier auf der schmerzlichen Erfahrung des Betroffenen, nicht auf der des Schreibenden. Eine Aussage wie »Ich weiß genau, wie schlecht du dich fühlst« könnte zu der spöttischen Antwort führen, dass das ja gar nicht stimme, sodass sich der Konflikt nur verstärkt.
Die »T«-Aussage, die die Wahrheit oder Realität repräsentiert, betont, dass die Borderline-Persönlichkeit zu guter Letzt für ihr Leben selbst verantwortlich ist und dass die Hilfeversuche anderer ihr diese Eigenverantwortung nicht abnehmen können. Während Unterstützung und Mitgefühl subjektive Aussagen sind, die anerkennen, wie der Betroffene sich fühlt, zeigen die Wahrheits-Aussagen, dass ein Problem besteht. Sie beziehen sich auf die praktische Frage, was man tun kann, um eine Lösung zu finden. Andere cha-

rakteristische Wahrheitsäußerungen beziehen sich auf Aktionen, zu denen der Berater sich verpflichtet fühlt, um auf Verhaltensweisen der Borderline-Persönlichkeit zu reagieren Diese sollten sachlich und neutral geäußert werden (»Das und das ist geschehen ... So und so sehen die Folgen aus ... Das kann ich dazu beitragen ... Was gedenkst du zu unternehmen?«). Sie sollten jedoch so ausgesprochen werden, dass keine Schuld zugewiesen oder sadistisch eine Strafe ausgesprochen wird (»Da hast du uns aber in eine ganz schön blöde Situation gebracht!« »Du hast es angerichtet, sieh zu, wie du damit fertig wirst!«). Der Wahrheitsteil des »SET«-Systems ist für die Borderline-Persönlichkeit der wichtigste und zugleich schwierigste, da ein großer Teil seiner Welt realistische Konsequenzen ausschließt oder zurückweist.

✉
Betreff: Hilfe
Ich bin 32 Jahre alt, bin weiblich und bin psychisch krank. Ich habe eine Borderlinestörung, Depressionen und chronische Suizidalität.
Es geht mir seit einigen Wochen immer schlechter, die Suizidalität in mir wird immer schlimmer, ich betreibe Raubbau mit Medis und schneide mich immer öfter. Einmal pro Woche habe ich ein Setting bei einem Psychiater, der jetzt aber demnächst in Urlaub geht, was mir schwer zu schaffen macht. Ich weiß nicht, wie ich aus dieser Hölle entkommen kann, nach 6 Jahren Krankheit habe ich keine Hoffnung mehr, es ist in den letzten Jahren zu viel passiert. Wie soll ich das alles noch schaffen. Ich musste wegen der Krankheit mein Studium abbrechen und habe auch beruflich keine Perspektiven mehr, mein Freund musste mich wohl auch wegen der Krankheit verlassen, da er die Suizidversuche nicht mehr aushielt, wir waren elf Jahre zusammen und dann war alles aus und ich stand alleine da. Meine Frage an Sie wäre jetzt, wie ich in der kommenden Zeit besser klarkommen kann, auch wie ich wieder Hoffnung bekomme und nicht mehr Suizid begehen will, was im Moment sehr akut ist.

10.2 Selbstverletzung

✉
Subject: Hallo!
Ich bin ... und 15 Jahre alt ich wohne in ... und habe Probleme mit dem ritzen! ich tue das ungefair jeden 2. Tag manchmal ganz oft und es gibt auch Monate da mache ich das fast gar nicht! aber im Moment ist es schlimmer geworden! ich möchte gern Kontakt mit jemanden per E-mail haben! wenn das möglich wäre würde ich mich wirklich sehr darüber freuen! Meine Eltern wissen nichts davon ich möchte das auch nicht, denn ich möchte versuchen diese Sucht ohne sie mit Hilfe zu überwinden! wenn mir jemand bitte so schnell wie möglich zurückschreiben könnte würde ich mich total drüber freuen!
Meine E-mail adresse: ...
Vielen vielen dank!!!! [Name]

Solche oder ähnliche Schreiben erreichen uns häufig in der E-Mail-Beratung. Gerade für junge Mädchen, die sich selber verletzen (»ritzen«, »schnippeln«, »cutten«, »hungern«, verbrühen, sich mit Zigaretten oder Bügeleisen Verbrennungen zufügen, exzessiven Sport betreiben, sich ungesund ernähren oder kaum schlafen), ist das Angebot, über ihr Verhalten zu schreiben, sehr unterstützend. Für viele ist es das allererste Mal, dass sie sich trauen, sich mitzuteilen. Sie verbergen ihr Verhalten, so gut es geht, vor der Familie und in der Schule. Das Angebot, anonym und niederschwellig Hilfe in Anspruch zu nehmen, ist oft ein erster Schritt.
Wenn wir verstehen, dass Selbstverletzung oft die einzige Möglichkeit der Selbstfürsorge ist, ein Ventil, den inneren Druck loszuwerden, sich lebendig zu fühlen, wenn Blut fließt, können wir gut auf die Mailerin eingehen.
Wir bieten aber auch immer konkrete Vorschläge an, die sich in der Praxis als hilfreich erwiesen haben, wie z. B.: anstatt sich zu ritzen einen Eisbeutel auf die Haut zu legen. Das tut auch weh, hinterlässt aber keine Narben. Mehr Alternativen sind zu finden unter **www.rotetraenen.de.**
Antwort:
Ich mag die Mailerin, ich sehe ein junges Mädchen, das ziemlich verzweifelt ist und gleichzeitig den Mut und die Pfiffigkeit aufgebracht hat, sich Unterstützung per E-Mail zu suchen. Ich weiß nicht, warum sie »sich ritzt«, ich kenne ihre Geschichte nicht, bin

aber neugierig (und dies ist eine gute Voraussetzung für die Beratung) auf sie. Im Moment ritzt sie mehr, aber es gab auch Zeiten, da verletzte sie sich nicht, wann sind diese wohl, und in welchen Momenten muss sie sich selbst verletzen? Ich weiß nicht, ob ihr Problem per E-Mail lösbar ist, aber wir können es gemeinsam herausfinden.
Also antworte ich:

✉

Liebe [Name],
vielen Dank für deine Mail. Ich bin B. und arbeite in XXX und kann mir gut vorstellen, dir zurückzuschreiben. Wenn du weiterhin Kontakt mit mir haben möchtest, schreibe doch bitte direkt an die TS XXX, ich antworte dir in der Regel einmal in der Woche, wenn es für dich o.k. ist.
Du schreibst, dass du dich im Moment jeden 2. Tag »ritzt«. Es gibt auch Monate, in denen du gar nicht ritzen musstest. Hast du eine Ahnung, was passiert ist, dass du dir zur Zeit häufig selber wehtun musst? Und weißt du auch, was anders war in den Monaten, in denen du dich nicht selbst verletzt hast?
Du beschreibst dein selbstverletzendes Verhalten als eine Sucht, und du möchtest gerne davon loskommen. Ich weiß nicht, ob dies per E-Mail gelingen kann. Wir können es probieren, und es kann auch sein, dass du zusätzlich eine Beratungsstelle aufsuchen kannst.
Du schreibst auch, dass deine Eltern nichts von deinem Verhalten wissen und du auch nicht möchtest, dass sie es wissen.
Von unserem Kontakt erfahren sie nur, wenn du es ihnen erzählst. Aber glaubst du, sie »wissen« wirklich nichts? Vielleicht bemerken sie, dass du dich in letzter Zeit anders verhältst, und trauen sich nicht, dich anzusprechen???
Bis zu unserer nächsten Mail möchte ich dir gerne ein paar »Tipps« geben, auch wenn das sonst nicht so meine Art ist. Du kannst ausprobieren, ob es für dich geht. Wenn du merkst, dass du dich schneiden musst, nimm kein Messer oder Klinge, sondern einen gefrorenen Eisbeutel. Das tut auch weh, aber hinterlässt keine Narben. Und sehe dir in Zukunft keine Horror- und Gewaltfilme an,

*sie können deine »Sucht«, dich zu verletzen, noch anstacheln. Noch mehr Alternativen findest du auf den Seiten von **www.rotetraenen.de***
Für heute war es das erste Mal, ich freue mich auf deine Antwort und wünsche dir eine gute Fee, die zu dir steht. Lieben Gruß B.

10.3 Essstörungen

Zu dem Thema Selbstverletzendes Verhalten gehört auch der Bereich der Essstörungen.

Biologische Einflüsse

Man vermutet, dass bei vielen anorektischen Patientinnen eine Störung derjenigen Hirnregion vorliegt, die der Steuerung des Essverhaltens, der sexuellen Aktivität und der Menstruation dient. Es ist allerdings auch möglich, dass die Funktionsstörung dieser Hirnregion erst im Laufe der Erkrankung, z. B. als Folge des Gewichtsverlustes, auftritt und zur Aufrechterhaltung der Störung beiträgt, aber nicht ihre eigentliche Ursache ist. Für eine biologische Verursachung der Magersucht sprechen jedoch Untersuchungen, die zeigen, dass die Wahrscheinlichkeit, dass der eineiige Zwilling von einer anorektischen Patientin ebenfalls an Magersucht leidet, etwa 50% beträgt. Bei zweieiigen Zwillingen liegt diese Wahrscheinlichkeit bei unter 10%. Diese Ergebnisse belegen, dass eine genetische Veranlagung an der Entstehung der Anorexie beteiligt ist.

Psychologische Einflüsse

Die Tatsache, dass Anorexie besonders häufig während der schwierigen Entwicklungsphase der Pubertät beginnt, hat zu der Ansicht geführt, dass die Erkrankung auftritt, wenn die junge Frau sich von der Bewältigung der alterstypischen Anforderungen überfordert fühlt. Während der Pubertät entwickelt sich das Mädchen zur Frau und muss eine entsprechende neue Identität finden. Fühlt sich die Betroffene davon überfordert, entsteht ein tiefes Gefühl der Unsicherheit. Für viele Patientinnen scheint der Versuch, Kontrolle über ihr Körpergewicht ausüben zu können, ein Gefühl von Sicherheit zu vermitteln. Das Körpergewicht wird eine wichtige Quelle für ihr Selbstwertgefühl.

In den Familien anorektischer Patientinnen sind häufig bestimmte Verhaltensmuster festgestellt worden. Die Patientinnen werden oft von ihren Eltern stark behütet, d. h. dass auch in der Familie nicht angemessen auf die weitere Entwicklung des Kindes zur Frau reagiert wird. Ebenso scheinen Konflikte in der Familie in vielen Fällen nicht angesprochen zu werden. Allerdings handelt es sich bei diesen Feststellungen um reine Beschreibungen typischer familiärer Verhaltensmuster; es ist durchaus möglich, dass diese nicht die Ursache, sondern die Folge der Erkrankung sind. Das Krankheitsbild der Anorexie ist gerade für die Eltern sehr besorgniserregend, was dazu führen kann, dass sie ihr Kind besonders schützen und von Konflikten fernhalten möchten.

Gesellschaftliche Einflüsse

In westlichen Gesellschaften hat sich das Schönheitsideal seit Anfang der 60er Jahre immer mehr in Richtung eines sehr schlanken Körpers entwickelt. Paradoxerweise ist es auf der anderen Seite durch relativen Wohlstand und ein Nahrungsüberangebot gleichzeitig zu einem Anstieg des Durchschnittsgewichts gekommen. Übergewicht wird insbesondere bei Frauen gesellschaftlich sehr negativ bewertet. Übergewichtige Männer werden manchmal noch als stattlich bezeichnet, Frauen hingegen als fett. Durch Werbung und Filme erhält man den Eindruck, dass nur schlanke Frauen erfolgreich und beliebt sind, dicke Frauen sind entweder graue Mäuse oder »Ulknudeln«. Gerade junge Frauen, die während der Pubertät körperliche Veränderungen durchlaufen und erst ein Gefühl für ihren »neuen« Körper entwickeln müssen, können durch dieses Schlankheitsideal stark verunsichert werden. **(http://www.magersucht-online.de/ursachen.htm)**
In der letzten Shell-Studie (August 2002) war eines der Hauptergebnisse, dass Jugendliche, insbesondere die befragten Mädchen, vor allem »toll aussehen« wollen: Toll aussehen, d. h. dünn sein – vor allem für Mädchen. So leidet die Hälfte der Mädchen in der Oberstufe des Gymnasiums einer kleinen Stadt im Ruhrgebiet an Essstörungen, Magersucht und Bulimie.

Anfragen von jungen Mädchen in der E-Mail-Beratung beginnen häufig:

✉

»Meine ersten Gedanken nach dem Aufstehen drehen sich um's Essen, und die damit verbundenen Kalorien, und dabei kann ich das Essen schon gar nicht mehr genießen ... Wenn es dann endlich Abend ist, bin ich auch meistens stolz auf mich, wie ich es den ganzen Tag gemanagt habe, möglichst wenig zu essen, d. h. wenn ich bis um 5 oder 6 Uhr abends ca. 500–600 Kalorien gegessen habe, bin ich schon glücklich, das schaffe ich auch meist, doch beim Abendessen ist alles vorbei. Leider kann ich mich nicht bremsen und nehme meist weitere 500–700 Kalorien auf. Zuerst will ich nur ein Brötchen essen. Dann öffne ich den Kühlschrank und normalerweise kann ich dann nicht widerstehen. Ich stopfe unaufhörlich Kuchen, Fleisch, Cornflakes, Schokolade, Gurken, eben alles, was so im Kühlschrank ist, in mich hinein. Danach fühle ich mich dann so schlecht, dass ich wieder mal zu schwach war, dass ich oftmals versuche, alles zu erbrechen ...«

Essstörungen haben nicht direkt mit dem häufig kritisierten falschen, ungesunden oder überreichlichen Essen in unserer Gesellschaft zu tun. Die Krankheit Essstörung bezieht sich ausschließlich auf das gestörte, individuelle Essverhalten.

10.4 Depression

✉

Hallo,
mein Name ist <Vorname><Nachname>, und ich bin 2x Jahre alt.
Bin ich depressiv? Gab es einen Anfang? Wo liegen die Gründe? Ich habe gesucht, habe unter jeden Stein geschaut doch alles was ich fand war Ignoranz und Dummheit. Die Dummheit die Dich auslacht, die sich mit verstörtem Blick abwendet »Der ist doch nicht normal«. Was für ein wunderschönes Kompliment, nur eben aus den falschen oberflächlichen Mündern. Normalität, die Kuscheldecke der Angepaßten. Stets habe ich das Normale bekämpft, gegen den Strom, anders sein, nicht aufgeben, leben.
Der Starke, der Tatendurstige und Ambitionierte das sind die Kämpfer die den Sieg davontragen. Ich will also bin ich.

Kann der Sensible kämpfen, oder gar gewinnen? Ist der Sieg überhaupt möglich, oder ist der vermeintliche Triumph des Starken auch nur Selbstbetrug?
Meine Gefühle überrennen mich, und lassen mich unfähig zu Entscheidungen zurück. Also nährt und liebkost man seine Depression in dem sicheren Wissen das die wenigen Tage des überschwenglichen Glückes und der Freude nur dem Leidenden zustehen. Aus den tiefsten Tiefen in die höchsten Höhen. Doch habe ich an mir bemerkt das sich die Extreme potenzieren, auf das Glück folgt der Schmerz. Das Rad dreht sich weiter und wird schneller. Habe ich jetzt womöglich noch Angst vor der Freude?
Ich habe versucht das Rad aufzuhalten, es zurückzudrehen. »Ich werde jetzt ein besserer Mensch« hab ich mir gesagt nach den letzten glücklichen Tagen. Mach die kleinen Schritte, ich sehe den Weg, und habe mich voller Zuversicht aufgemacht. Die ersten paar Hindernisse habe ich mit Elan und Selbstbewußtsein überwunden. Hab wieder mit dem Rauchen aufgehört, hab begonnen intensiv zu lesen. Die kleinen Siege. Aber an die erste Niederlage hab ich nicht gedacht. Da bin ich wieder mit der Kippe im Maul, der alte schwächliche Knut, und es geht immer tiefer.
»Such Dein Heil in der Philosophie.« Da waren sie meine Antworten. Ich weiß, ich verstehe. Aber das Schwert der Philosophie sind die unendlichen vielen neuen Fragen, verschiedenen Standpunkte und Thesen. Jetzt weiß ich wie dumm ich bin, wie wenig ich verstehe. Und Zarathustra tanzt um mich herum, verhöhnt mich und zeigt mir den Wahnsinn mit seinen schönen bunten Augen.
Isolation, ich schotte mich ab, lebe meine Tagträume. Was bringt es vor die Tür zu gehen? Selbst die Sonne verrät mich wenn sie für die Falschen scheint. Wie soll ich Freude empfinden wenn ich in den Gesichtern um mich nur Geilheit, in den Gesprächen nur Belanglosigkeit, und im Verhalten nur Selbstsucht und Egoismus spüre. Ja es gibt die Menschen die Wahres sprechen, aber es sind so wenig, und sie sind auch nicht auf der Straße. Also versuche ich nur mir selbst zu genügen, was schon Arbeit genug ist.
Suizid, ein schönes Wort. Viel Zeit habe ich mit den Gedanken an Selbstmord verbracht. Der Tod läßt mich kalt. Aber bei dem Gedanken an Schmerz überkommt mich Panik. Soll ich der Weisheit des Silen folgen? Nein, ich will leben, ich will zuschauen, ich will lieben, leiden, hoffen, lachen, denken. Der Tod läßt mich kalt.

Ja wo liegen denn eigentlich meine Probleme? Sind es überhaupt die Probleme, oder eher die Art wie ich nicht mit ihnen fertig werde, sie zu existentiellen Fragen aufblähe, und mich in meinen Zweifeln und Ängsten verliere? Ich schaffe es nicht. Ich bin zu schwach, zu dumm, zu süchtig.
Ich brauche Hilfe. Ich falle, erst der Geist, dann der klägliche Rest. Der soziale Abstieg steht vor der Tür. Jetzt haben sie mich doch noch besiegt diese Normalen.
Gibt es ein Volk auf der Erde das kein Wort für die Lüge hat?
Gruß <Vorname>

Symptome der Depression

Bei depressiven Menschen können wir sowohl körperliche Veränderungen als auch Veränderungen des Verhaltens und Erlebens beobachten. Die Depression erfasst alle drei Bereiche.

1. Verändertes Erleben: Die Patientinnen berichten über verändertes Erleben. Gefühle der Hoffnungslosigkeit dominieren: Hilflosigkeit, innere Leere, Schuld und Angst, Verzweiflung und Trauer, aber auch die Unfähigkeit, überhaupt noch Gefühle empfinden zu können (»Ich bin wie versteinert«). Negative Denkmuster herrschen vor. Depressiv Erkrankte entwickeln in vielen Fällen eine pessimistische Einstellung gegenüber sich selbst, den eigenen Fähigkeiten, dem eigenen Aussehen und der Zukunft, verbunden mit starker Grübelneigung. Permanente Selbstkritik, Konzentrationsprobleme und Suizidgedanken sind häufig. Manche Patienten entwickeln auch Wahnvorstellungen, z. B. die Überzeugung, unheilbar erkrankt zu sein oder sich und die Familie finanziell ruiniert zu haben. Die Betroffenen sind nur schwer davon zu überzeugen, dass sie eine Krankheitsepisode durchleben, die in den meisten Fällen gut zu behandeln ist.

2. Verändertes Verhalten: Die Patienten vermeiden soziale Kontakte, stellen Hobbys ein, können ihre Arbeit nicht mehr bewältigen und ziehen sich ins Bett zurück. Die Mimik und Gestik ist bei vielen Patientinnen wie erstarrt, die Stimme leise und monoton. Einige Patientinnen laufen rastlos, verzweifelt und wie getrieben hin und her (agitierte Depression).

3. Körperliche Beschwerden: Schlaflosigkeit mit Früherwachen, Appetitstörung mit Gewichtsverlust, Libidoverlust, schnelle Ermüdung und multiple körperliche Beschwerden gehören zu den vielfältigen somatischen Begleiterscheinungen einer depressiven Störung.

Diagnose der Depression

Depressive Erkrankungen gehen mit Krankheitsanzeichen einher, die sich von normaler Niedergeschlagenheit meist klar abgrenzen lassen. Da die Symptome der Depression aber in unterschiedlicher Zusammensetzung, Dauer, Intensität und Periodik auftreten, ist es für den Arzt nicht immer leicht, eine »Depression« als behandlungsbedürftige Krankheit ohne gezieltes Nachfragen sofort zu diagnostizieren.
Zudem klagen die Patienten meist nicht über depressive Verstimmung, sondern über körperliche Beschwerden, die eine Depression tatsächlich verursachen bzw. verstärken kann. Entsprechend verlangen depressive Patientinnen beim Hausarzt z. B. oft nur nach Kopfschmerz- oder Schlafmitteln. Nach einer Studie der Universität Mainz befürchten außerdem 80% der depressiv erkrankten Menschen durch das Bekanntwerden einer psychischen Krankheit nachteilige Folgen für ihr Berufs- und Privatleben. Über die Hälfte aller Depressionen bleibt daher trotz Arztbesuch unerkannt. Das Kompetenznetz »Depression« will deshalb geeignete Diagnoseverfahren etablieren und insbesondere die Hausärzte in Qualitätszirkeln u. a. mit Hilfe neuer Medien (Lehrvideos) für das Krankheitsbild Depression sensibilisieren.
Die Krankheit Depression kann einen Menschen völlig verändern. So ist es zum Beispiel möglich, dass der frühere lebenslustige Partner auf einmal schwunglos wird, an Schuldgefühlen, innerer Leere und Hoffnungslosigkeit leidet. In ihrer Hilflosigkeit gegenüber der Depression entwickeln Angehörige oft selbst Schuldgefühle oder gar Ärger über den Erkrankten. Hält die depressive Phase länger an, können sich auch bei den Angehörigen Überlastung und Erschöpfung einstellen, weil sie dem Patienten eine Vielzahl alltäglicher Aufgaben abnehmen müssen. Selbsthilfegruppen für Angehörige können für die betroffenen Familienmitglieder eine wichtige Hilfe sein. Die folgenden Ermutigungen sind sowohl für Beraterinnen und Berater gedacht als auch für Angehörige von depressiven Menschen.

1. Akzeptieren Sie die Depression als Erkrankung!
Depressionen sind ernst zu nehmende Erkrankungen wie andere Erkrankungen auch. Sie beeinträchtigen nicht nur die Stimmung, sondern das gesamte Erleben und Verhalten des Erkrankten. So werden fast immer auch der Schlaf, der Appetit und die Sexualität beeinträchtigt. Als Ursache hierfür werden u.a. Veränderungen in den Botenstoffen zwischen den Nervenzellen im Gehirn diskutiert.

2. Ziehen Sie den Arzt zu Rate!
Wie bei allen schweren Krankheiten sollten Sie so schnell wie möglich ärztlichen Rat einholen. Ergreifen Sie die Initiative und vereinbaren Sie für den Kranken einen Arzttermin. Da depressive Menschen häufig die Schuld für ihr Befinden bei sich selbst suchen und nicht an eine ernste Erkrankung denken, halten sie einen Arztbesuch oft nicht für nötig. Weil Hoffnungslosigkeit zur Depression gehört wie Schnupfen zur Grippe, glauben viele Depressive auch nicht, dass ihnen überhaupt geholfen werden kann. Auch fehlt vielen Depressiven die Kraft, sich zu einem Arztbesuch aufzuraffen. Daher ist die Unterstützung der Angehörigen beim Gang zum Arzt oft sehr wichtig.

3. Bleiben Sie geduldig!
Viele Depressive äußern Klagen und Verzweiflung, oft ziehen sie sich auch von ihrer Umwelt zurück. Zeigen Sie Geduld; erinnern Sie ihn stets daran, dass die Depression eine Erkrankung ist, die vorübergeht und sich gut behandeln lässt. Versuchen Sie nicht, den Erkrankten von der Grundlosigkeit seiner Schuldgefühle zu überzeugen. Lassen Sie sich nicht auf Streit darüber ein, ob seine negative Sichtweise »objektiv« gerechtfertigt sei oder nicht. Beides wird keinen Erfolg bringen. Tun Sie die körperlichen Missempfindungen und Krankheitsängste des Depressiven nicht als übertrieben oder »nur psychisch bedingt« ab, denn depressive Menschen dramatisieren ihr Erleben nicht. Es ist die Depression, die auch leichte Schmerzen oder Missempfindungen ins kaum Erträgliche steigert. Wenden Sie sich nicht von Ihrem erkrankten Angehörigen ab, auch wenn er Ihnen noch so abweisend erscheint.

4. Überfordern Sie sich nicht!
Ist ein Mensch über Monate hinweg depressiv, belastet die Krankheit sicher auch Sie als Angehörigen. Deshalb ist es wichtig, dass Sie die Grenzen Ihrer Belastbarkeit kennen und Ihre eigenen

Interessen nicht aus den Augen verlieren. Tun Sie sich öfter etwas Gutes, pflegen Sie die Kontakte im Freundeskreis. Bauen Sie zu Ihrer Unterstützung ein Netzwerk von Freunden und Bekannten auf oder organisieren Sie sich auf andere Weise Hilfe. Sozialpsychiatrische Dienste und Tagesstätten für psychisch kranke Menschen bieten neben anderen Institutionen des psychiatrischen Versorgungssystems Hilfe, Beratung und Betreuung für Angehörige und ihre erkrankten Familienmitglieder.

5. Seien Sie zurückhaltend mit gut gemeinten Ratschlägen!
Es hat keinen Sinn, einem depressiven Menschen zu raten, abzuschalten und für ein paar Tage zu verreisen, denn eine fremde Umgebung verstört meist zusätzlich. Raten Sie dem Depressiven auch nicht, »sich zusammenzunehmen« – ein depressiver Mensch kann diese Forderung nicht erfüllen. Dieser Ratschlag verstärkt möglicherweise sogar seine Schuldgefühle. Gleiches gilt für Versuche der Aufmunterung.

6. Treffen Sie keine wichtigen Entscheidungen!
Machen Sie sich immer bewusst, dass Depressive die Realität in vielen Punkten durch die »depressive Brille«, das heißt verzerrt, sehen und deshalb Entscheidungen treffen können, die sie nach überstandener Krankheit vielleicht ganz anders bewerten. Berücksichtigen Sie dies in allen Angelegenheiten, die die private oder berufliche Zukunft betreffen.
http://www.kompetenznetz-depression.de/

✉

Ich habe seit 1998 Depressionen, damals wurde ich aus meinem Job rausgemobbt. Bis heute habe ich 2 Klinikaufenthalte sowie eine Rehakur hinter mir. Diese haben mir nicht viel gebracht, vor allem bin ich wegen der verabreichten Antidepressiva, welche, egal was für eine Sorte angesetzt wurde, soweit, den Ärzten aus dem Wege zu gehen. Parallel dazu mache ich seit 1998 Psychotherapie. Ich habe es bisher nicht geschafft, wieder mein eigenes früheres »ICH« zu finden. Jetzt laufen mehrere Bewerbungen, nur weiß ich nicht so recht, ob mir eine Arbeit die Erlösung bringt. Medikamentös hatte ich mehrmals das Empfinden, in eine noch tiefere Krise zu geraten. In Absprache mit meinem Psychotherapeuten habe ich mich total von Tabletten etc. abgewandt. Ich bin zur Zeit sehr introvertiert, meine Lebensfreude ist kaum spürbar. Freude kann ich nur sehr selten empfinden, Lustlosigkeit und Weinattacken schaffen mich. Eigentlich möchte ich mit 44 Jahren wieder normal leben, denn nach einer sehr besch... Kinder- u. Jugendzeit, welche mich eingeholt hat, muß es doch Wege aus diesem seelischen Tief geben. Leider habe ich den Eindruck, dass mir wirkungsvolle Hilfe versagt bleibt. Meine Familie leidet auch darunter und ist ratlos, obwohl alle ein gewisses Maß an Verständnis aufbringen (ich glaube, so richtig nachempfinden kann man Depressionen nicht). Bitte, geben Sie mir einige Hinweise, wo ich mir Infos holen kann (Internet, Literatur, Telefonnr.). Ich wollte mit meinem Therapeuten vor ca. 2 Jahren zur Kur bei einem Spezialisten, der im Unterbewußtsein seiner Patienten aktiv bzw. sehr erfolgreich arbeitet. Da meine Kasse bzw. die BfA in mir nur eine »Nr« sehen, möchte ich nun andere Wege gehen, da die daraus resultierende Rehakur absolut nichts gebracht hat. »Helfe dir selbst oder du gehst unter« – ich muß mir selbst helfen, vielleicht können Sie mir eine kleine Brücke bauen, die mich auf den richtigen Weg aus meiner Verzweifelung geleitet. Vielen Dank für Ihre Geduld und Aufmerksamkeit. Über eine Resonanz, und sei diese noch so klein, würde ich mich sehr freuen – denn: Ich will wieder leben!

10.5 Suizid

✉
Der Sinn des Lebens?
- nix.
- keiner.
- gibts nicht!
- wie bitte?
- was?
Der Unsinn des Lebens!
- Stress
- Arbeit
- Elternstress
- Umweltzerstörung
- Überbevölkerung
- Krieg
- Kälte
- Unpersönlich
- Zukunftslosigkeit
- man kann auf mich verzichten
- selbst wenn einer auf mich nicht verzichten kann, kann er sich umbringen, und seine Probleme sind gelöst

- man ist überflüssig
Warum man sich umbringen soll!
- alle Probleme sind gelöst
- ich bin weg, störe nicht mehr
- mache keine Umwelt mehr kaputt
- Schlaf fast Tod => Tod fast wie Träumen; Traumwelt = schöne Welt
Warum man sich nicht umbringen soll?
- meine Frage
CU
<Vorname>

Die Beratung per E-Mail kann keine akute Krisenintervention sein, da es nicht möglich ist, innerhalb von wenigen Minuten zu handeln. Da aber die gefährlichen Höhepunkte einer suizidalen Krise nur wenige Stunden dauern, bietet die E-Mail-Beratung eine gute Möglichkeit zur Begleitung von suizidalen Menschen an. Sie lässt einerseits genügend Distanz, kann aber auch die nötige Nähe zulassen. Wenn wir davon ausgehen, dass der Suizid keine Krankheit ist (manchmal ist er Abschluss einer krankhaften Entwicklung), sondern ein Ausdruck einer äußeren oder und inneren Not, einer Ambivalenz zwischen Leben und Tod, und zwar in dem Sinn, dass der Suizidale sich außerstande fühlt, in der bisherigen Weise weiterzuleben, dann spüren wir, wie wichtig es ist, hier zu begleiten. Die Sehnsucht nach dem Tod ist die Sehnsucht nach dem Leben.
Manche Menschen wollen anderen nicht länger zur Last fallen oder können ihrem Leben keine Freude mehr abgewinnen; manche deshalb, weil sie Menschen, die sie geliebt haben, durch Trennung oder Tod verloren haben. Häufig sind es auch alte Menschen, die vereinsamt sind oder sich überflüssig fühlen. Andere glauben, dass sie eine nicht wieder gutzumachende Schuld auf sich geladen haben und wollen sich selbst bestrafen. Menschen, die mit dem Wissen leben müssen, eine schwere oder unheilbare Krankheit zu haben, stellen sich ebenfalls häufig die Frage, ob das Weiterleben so noch einen Sinn hat. Manchmal sind es auch berufliche oder finanzielle Schwierigkeiten, welche die eigene Existenz in Frage stellen. Aber viele leben schon längere Zeit mit dem sehr tief verwurzelten Gefühl, eigentlich gar nicht leben zu dürfen. Sie sind vielleicht in schwierigen Erziehungssituationen oder zerrütteten Familienverhältnissen aufgewachsen oder mussten als Kind schlimme Erfahrungen

machen, sodass sie zu Menschen kein richtiges Vertrauen entwickeln konnten.
Wichtig ist es, den Menschen mit dem Wunsch, so nicht mehr weiterleben zu können, zu akzeptieren. Zeigen Sie Angst um den anderen, aber keine Angst vor den Worten und Vorhaben des anderen. Vermeiden Sie ängstliche, wohlgemeinte Umschreibungen. Sagen Sie statt »Suizid«: »Du willst dich umbringen« oder statt »Tabletten nehmen« »Du willst dich vergiften«. Suizidale Mailerinnen und Mailer schwanken ambivalent zwischen Leben und Tod. Verdeutlichen Sie diese Ambivalenz und verstärken sie, sodass der andere sich noch einmal beide Alternativen überlegen muss. Nennen Sie den anderen beim Vornamen, das schafft die erste persönliche Beziehung.
Versuchen Sie eine Abmachung zu erreichen, dass der andere, bevor er sich umbringt, noch einmal mailt – und erst, nachdem er die von Ihnen vorgeschlagenen Alternativen ausprobiert hat
Mehr dazu unter **www.suizidprophylaxe.de**.

✉

Betreff: Kann nicht mehr
Ich bin 32 Jahre alt und bin (war) 13 Jahre verheiratet. Habe zwei kleine Kinder 5 und 8 Jahre sind die beiden.
Vor einem Jahr ca. hat sich meine Frau von mir getrennt, weil wir nur noch »Freunde« waren. Die Trennung ist für mich so schrecklich, dass ich nicht mehr weiß wie es weiter gehen soll. Im Januar habe ich schon Vorbereitungen getroffen für einen Selbstmord und ich war schon fast so weit.
Nur der Gedanke, dass ich ja noch zwei Kinder habe die mich auch noch ein bisschen brauchen hat mich davon abgehalten. Ich dachte ich werde mich daran gewöhnen meine Familie verloren zu haben, aber im Gegenteil, es wird immer schlimmer.
Ich kann nicht mehr schlafen, muss immer weinen, mein Geschäft ist jetzt auch noch Pleite. (Ich möchte endlich schlafen)
Das Lachen hab ich auch verlernt, ich vermisse meine Familie so sehr, obwohl ich die Kinder so oft sehen darf wie ich will, aber es ist nicht das gleiche.
Eigentlich überlege ich nur noch wie ich es machen soll (ohne sauerei).
Freunde hatten mir geraten, such dir eine neue Freundin, dann hast wieder ein Ziel im Leben. Das hab ich gemacht, aber es hilft leider auch nichts.

Jede Minute denk ich an die glückliche Zeit mit den meinen und möchte sie wieder zurück haben, aber jetzt ist leider alles vorbei.
Ich denke meine Kinder kommen auch ganz gut ohne mich klar, deshalb werde ich dieses Weihnachten mit Sicherheit nicht alleine sein und weinen.
Ich schenke mir selber viel Ruhe und werde schlafen, ganz lange.
Dann ist es vorbei mit der Qual, die Sehnsucht und die schrecklichen Schmerzen. Warum ich das ihnen jetzt alles schreibe weis ich auch nicht vielleicht warte ich auf ein Wunder.
Ich hab noch nie jemanden was böses getan deshalb hoffe ich das der da oben mir diese Tat verzeihen wird.
Mit freundlichem Gruss
XXX aus XXX

Lieber ...,
ich glaube, es ist sehr schwer zu ermessen, was Sie im Moment erleiden. Sie lieben Ihre Familie und gehören nicht mehr dazu. Und diese Distanz ist kaum auszuhalten. Ich kann mir gut vorstellen, dass Sie diesen Schmerzen entfliehen wollen. Dabei haben Sie versucht, diese zu vergessen, indem Sie eine andere Frau gesucht haben, aber es hat nicht geholfen. Die Schmerzen sind ständig da, und so scheint der Suizid, also der Tod, die einzige Lösung zu sein.
Aber auf der anderen Seite haben Sie es auch noch nicht aufgegeben, das Leben. Sie schreiben von Ihren Kindern und Sie schreiben an die Telefonseelsorge. Ein Wunder kann ich sicher nicht wirken, aber wir können nach dem suchen, was Ihnen helfen kann.
In Ihrer Mail fiel mir auf, dass ich gar nicht genau verstanden habe, was Ihnen an der Familie fehlt. Das klingt gemein, ist aber nicht so gemeint. Ich meine eher, was vermissen Sie im Moment. Sie schreiben, Sie können Ihre Kinder so oft sehen, wie Sie wollen. Ihre Frau ist Ihnen Freundin geblieben. Andersherum, gibt es etwas, das Ihnen die jetzige Situation erträglich machen könnte? Ist es z. B. möglich, dass Sie Weihnachten auch mit Ihrer Familie verbringen können (mit Ihrer Frau in Freundschaft)?
Sie schreiben auch von den glücklichen Zeiten, die nun endgültig vorbei sind. Können Sie eigentlich sagen, was diese Zeiten für Sie ausgemacht hat. Was Ihnen wichtig

war, was eher nicht dazugehörte? Denken Sie, es gibt eine Chance, dass Sie Ihre Familie zurückgewinnen können?
Ich weiß nicht, ob meine Fragen in die richtige Richtung gehen. Sie können mir auch gern schreiben, dass Ihnen ein anderer Punkt viel wichtiger ist.
Ich wünsche Ihnen Gottes Segen,
[Name]

10.6 Jugend

Jugend – eine Lebensphase zwischen Kindheit und Erwachsenenalter. Jugendliche Lebenswelten – eine bunte, vielfältige, komplexe Welt im stetigen Wandel. Jugend lebt mehrdimensional in einer multioptionalen und medialen Welt. Da fast über die Hälfte aller Haushalte in Deutschland mittlerweile einen Computer mit Internetzugang hat, ist es nur logisch, dass das Internet für Jugendliche eine wichtige Rolle spielt. Jugendliche nutzen das Internet zum Kommunizieren, für Informationen und zur Selbstdarstellung. Jungen finden ihren Zugang zum Internet häufig über Spiele, sie schließen sich z. B. zu Clans zusammen und spielen 3 Tage und Nächte (z. B. LANpartys). Mädchen, an Emotionalität und Beziehungspflege interessiert, erschließen sich die virtuelle Welt über das Chatten und Mailen.
In der Regel wenden sich Mädchen und Jungen im Alter von 12 bis 26 Jahren per E-Mail an uns. Diese Phase ist gekennzeichnet durch psychologische und soziale Unsicherheit und Minderwertigkeitsgefühle (Aggression, Trotz, Stimmungsschwankungen). Es ist die Zeit der Orientierungslosigkeit. Die Mädchen und Jungen fühlen sich oft unverstanden, allein gelassen und suchen nach Verhaltensorientierungen, -stützen bzw. -mustern. Oft stürzt diese Zeit die Mädchen und Jungen in tiefe Nöte, die Suizidzahl ist in der Jugendzeit am größten.
Diese Lebensphase ist bedeutend für die Entwicklung der eigenen Sexualität und Identität. So sind die Fragen, die die Jugendlichen an uns haben, oft Aufklärungsfragen:

✉

Hallo, ich habe folgendes Problem: Ich bin mit meinem Freund nun drei Monate zusammen, wir sind beide 17 und hatten zuvor noch nie richtigen Sex, aber schon öfters darüber geredet, wie es wäre etc. Über Verhütung brauchen wir uns auch keine Sorgen mehr zu machen. Gestern war mein Freund bei mir, das Gefühl war einfach da und wir wussten, dass es passieren sollte, nur konnte mein Freund nicht richtig in mich eindringen. Wir haben es drei oder vier Mal versucht, aber sein Glied kam immer nur bis zur Hälfte in meine Scheide, obwohl ich sehr feucht war. Woran kann das liegen??? Gibt es etwas, das ihm das Eindringen erleichtert??? War sein Glied nicht hart genug??? Wir sind ziemlich ratlos. Danke im Voraus, »Name«

Die Jugend ist nicht so aufgeklärt, wie wir denken, so ist die Zahl der jungen Mütter unter 16 Jahren im Jahre 2001 bei 750 gewesen und ist nicht gesunken, im Gegenteil gestiegen, Beziehungsschwierigkeiten, Schwierigkeiten in der Schule, mit den Eltern, in der Ausbildung, im Studium und Beruf. Wer bin ich und was soll ich machen und wie finde ich eine Freundin, einen Freund, sind die häufigsten Fragen, mit denen wir in der E-Mail-Beratung konfrontiert werden.

✉

Hallo,
hier schreibt jemand, der im Moment nicht so ganz klar kommt, warum auch sonst. Ich bin 21 Jahre alt, männlich und mache gerade eine Ausbildung. Nun zu meinem »Problem«: Ich komme nicht mit meiner Sexualität zurecht. Ich habe homosexuelle Neigungen und habe mich im letzten Jahr auch sehr stark in einen Jungen verliebt, mit dem ich dann auch zusammen war, aber das hat nicht hingehauen und es wurde mit mir nach einem halben Jahr Schluß gemacht. Das ist nun drei Monate her. Danach war ich ziemlich depressiv. Verliebt war ich in ihn seit dem ersten Augenblick. Ich denke ich bin mittlerweile drüber weg. Wobei ich nicht genau weiß, ob das stimmt. Solche Gefühle wie für ihn hatte ich vorher noch nie. Sexuelle Erfahrungen hatte ich bis jetzt auch nur mit Männern. Nur kann ich einfach nicht dazu stehen und weiß auch nicht, ob ich das möchte. Warum ich schwul bin kann ich mir ungefähr zusammenreimen, so Hobbypsychologisch: Mein Vater war relativ tyrannisch, hat nicht zugelassen, dass ich meine Männlichkeit entfalte, meine Mutter hat mich auch immer absolut überbemuttert. Außerdem bin ich

voller Minderwertigkeitskomplexen. Kann man an dem Schwulsein nichts ändern, oder muß ich es hinnehmen? Man kann doch nicht eine Beziehung aufbauen, die auf Neurosen und Komplexen besteht? Nur solange ich nicht zu meinem Partner stehen kann hat eine Beziehung wohl keinen Sinn, oder? Es ist nicht fair mit einem Mann zusammen zu sein, wenn man innerlich ein »normales« Leben führen möchte, was ich wohl auch nicht hinbekomme. Meine Frage ist nun, ob man etwas machen kann, nicht mehr schwul zu sein (durch Therapie)? Ist das Schwulsein nicht eine Flucht? Laufe ich nicht weg, um mich nicht mit meinem Inneren auseinanderzusetzen? Tja, wie man sieht bin ich etwas durcheinander.
Würd mich freuen, wenn ich eine Antwort bekommen würde.
Ein Ratsuchender.

Jugendliche können in der Regel kaum auf ein stabiles Wertekonzept zurückgreifen. Sie sind verunsichert und sind noch nicht gefestigt in ihrer Identität. So ist es nicht verwunderlich, dass sie in dieser unsicheren Zeit für sich selbst ein enges Wertekonzept versuchen zu finden. In der 14. Shell-Studie heißt es: »Den Jugendlichen sind im Laufe der 90er Jahre Leistung, Sicherheit und Macht wichtiger geworden. So war in der zweiten Hälfte der 80er Jahre erst für 62% der Jugendlichen ›Fleiß und Ehrgeiz‹ wichtig, 2002 sind es bereits 75%. Die Wichtigkeit des ›Strebens nach Sicherheit‹ stieg von 69% auf 79%, von ›Macht und Einfluss‹ von 27% auf 36%. Neben ›Karriere machen‹ (82%) steht ›Treue‹ mit 78% ganz oben auf der Skala der Dinge, die von den Jugendlichen heute als ›in‹ bezeichnet werden. (http://www.shell-jugendstudie.de/)
Jugendliche finden einen Selbstbedienungsmarkt vor: Werte, Weltanschauungen und religiöse Vorstellungen können nach dem Patchworkmuster selber zusammengestellt und ausgelebt werden. Die schier unendlichen Möglichkeiten machen die Festlegung auf eine bestimmte Wahl beinahe unmöglich. Jede Entscheidung ist mit der Angst verbunden, sich andere Möglichkeiten zu verbauen, seine Flexibilität einzuschränken. Nun gibt es aber im Leben ständig Situationen, die eine Entscheidung erfordern. Gerade in der Jugendphase gibt es viele solcher Entscheidungen, die für Jugendliche den Charakter einer biografischen Katastrophe hätten, wenn sie »falsch« getroffen würden. Was falsch oder richtig ist, können die Jugendlichen selber kaum noch abschätzen. Ihnen fehlt der Orientierungsrahmen. Nicht jeder kann mit den unzähligen Möglich-

keiten, aber auch den vielfältigen Ansprüchen umgehen. Als Folge davon nimmt Orientierungslosigkeit zu.

Der Psychoanalytiker Erik Erikson charakterisiert die Jugendphase mit der Aufgabe, die eigene Person zu reflektieren und die eigene Identität zu finden. Wo aber finden Jugendliche Hilfe bei der Beantwortung ihrer Fragen über die eigene Person und Hilfe beim Treffen von Entscheidungen? Obwohl nach Aussage der Shell-Jugendstudie fast 90% der Jugendlichen angeben, dass sie mit ihren Eltern gut klarkommen (auch wenn es ab und an einmal Meinungsverschiedenheiten gibt), sind die Eltern oft nicht die geeigneten Ratgeber. Zwar wollen laut Shell-Studie die Kinder ihre Kinder genauso oder wenigstens ungefähr so erziehen, wie sie selber von ihren Eltern erzogen worden sind. Obwohl sich also alles in allem ein hohes Maß an Akzeptanz und Übereinstimmung mit den Eltern ergibt (**www.shell-jugendstudie.de**), fallen die Eltern häufig aus. Zwar werden sie als Vertrauenspartner in der Regel geachtet, aber in jugendspezifischen Themen wird ihnen häufig von den Jugendlichen keine ausreichende Kompetenz zugetraut. Außerdem geht es in der Jugendphase ja gerade darum, eine eigene Identität, losgelöst von der der Eltern, zu finden.

Gleichaltrige haben nach entwicklungspsychologischer Auffassung in der Jugendphase einen hohen Stellenwert, was die Meinungsbildung angeht, jedoch sind die Freunde häufig ebenso ratlos wie der fragende Jugendliche selbst.

Aus diesen Gründen heraus hat sich die Telefonseelsorge Krefeld entschieden, ein Experiment zu wagen und ein Beratungsangebot von ausgebildeten Jugendlichen für Jugendliche im Internet über E-Mail anzubieten. Jugendliche im Alter zwischen 15 und 18 Jahren werden über einen längeren Zeitraum ausgebildet und in die Aufgabe gestellt, E-Mail-Beratungsanfragen von Jugendlichen zu beantworten. Es entstand das »Jugend-Telefon-Online«.

Die Jugendlichen arbeiten in Gruppen, immer unter der Leitung eines hauptamtlichen erwachsenen Beraters.

Einer der Hauptamtlichen fordert wöchentlich in der Zentrale der E-Mail-Beratung der Telefonseelsorge E-Mails von jugendlichen Mailern an. Im Durchschnitt werden zwei neue Mails angefordert und eine Antwort aus der Vorwoche bearbeitet. Die E-Mails werden in der Gruppe besprochen, die Jugendlichen äußern Lösungsvorschläge, der Hauptamtliche gibt notwendige Hintergrundinformationen (z. B. zur rechtlichen Situation des Mailers, zu Beratungseinrichtungen, Therapieverfahren etc.). Dann bilden die Jugendlichen Kleingruppen und schreiben eine Antwortmail. Die Jugendlichen formulieren die Antworten in ihrer eigenen Sprache, spontan, emotional einfühlsam und konkret. Einzelne Kontakte zu Mailern beinhalten bis zu 12 E-Mails.

Hier nun ein Beispiel aus den Mail-Kontakten des Jugend-Telefon-Online:

✉
Hallo,
ich bin Sandra und 16 Jahre alt!
Als erstes möchte ich sagen, dass die Liebe eine große Rolle in meinem Leben spielt und ich immer noch nicht weiß wie ich damit umgehen soll!
Für mich spielt das Gesicht eines Typen eine große Rolle, vielleicht ist das ein bisschen kindisch, aber ich kann keinen küssen, den ich nicht leiden mag!
Ich weiß ja nicht, ob es wirklich möglich ist, dass sich beide Beteiligten auch gleichermaßen lieben können, aber ich habe wirklich nur Pech! Ich bin jetzt 16 und hatte noch keinen richtigen Freund! Die Typen, die auf mich stehen, mag ich einfach nicht!
Ich habe einen kennengelernt, der ein Jahr jünger ist als ich, aber er ist perfekt, was das Aussehen angeht, er hat zwar auch seine Macken, aber er ist so hübsch, dass das für mich keine große Rolle spielt! Es könnte perfekt sein, leider sagt er, dass er meinen Ansprüchen nicht gerecht werden könnte, obwohl wir uns erst einmal richtig unterhalten haben! Wir haben uns auch geküsst, vielleicht war das ein Fehler, aber ich dachte das würde alles ein bisschen unterstützen! Zudem sagt er, dass er zur Zeit keine Freundin haben möchte, liegt das vielleicht an seinem Alter?
Außerdem ist er noch Jungfrau und ich weiß nicht, ob es ihm peinlich ist, weil ich vielleicht ein Jahr älter bin!
Was soll ich denn jetzt machen? Ich bekomme einfach nichts aus ihm raus ...
Ich kann das einfach nicht verstehen, wieso hat er mich denn dann geküsst? Kann man jemanden ohne Grund küssen?
Für mich unvorstellbar.
Ich bin total ratlos und finde keinen Sinn mehr in meinem Leben, ich hatte schon ein Messer in der Hand, leider war es nicht scharf genug und ich habe nur etwas geblutet! Danach hab ich dann angefangen zu weinen, weil ich mich selbst nicht mehr verstanden habe!

Was soll ich tun? Muss ich ihn vergessen oder sind das alles nur Ausreden von ihm? Ich seh ihn ja fast jedes Wochenende, ich halte das nicht mehr aus! Das geht jetzt schon 3 Monate so und ich finde keinen Weg davon los zu kommen!
Bitte um eine ehrliche Antwort!
Mfg
Sandra

Hallo Sandra!
Wir sind Ingmar und Daniela von der E-Mail-Beratungsgruppe des Jugend-Telefons.
Deine Mail ist heute bei uns angekommen. Danke, dass du den Mut gefunden hast, uns diese Mail zu schicken.
Du schreibst, dass die Liebe eine große Rolle in deinem Leben spielt. Das ist absolut verständlich: Jeder Mensch sehnt sich nach Geborgenheit und Sicherheit. Aber du schreibst auch, dass du ohne Freund keinen Sinn in deinem Leben siehst. Es gibt doch bestimmt noch andere Dinge, die dir auch wichtig sind. Dazu möchten wir dir folgendes vorschlagen: Stell mal eine Art Liste mit dem für dich Wichtigsten zusammen und ordne diese Dinge der Priorität nach. Klar gibt es immer Dinge, die wichtiger sind als andere, aber dadurch sind die etwas weniger wichtigen Dinge ja nicht weg!
Du bist der Ansicht, einen Jungen nur küssen zu können, wenn du an ihm tieferes Interesse hast. Wir finden es gut, dass du so denkst, nicht alle in deinem Alter denken schon so tiefgründig.
Kommen wir nun zu deinem Schwarm. Er erscheint für dich »bis auf ein paar Macken« perfekt zu sein. Es ist klar, dass man, wenn man einen solchen Eindruck von jemandem hat, ihn nur schwer wieder vergessen kann, schon gar nicht, wenn man sich sogar geküsst hat. Uns würde noch interessieren, ob du mit ihm noch Kontakt hast. Es wäre für dich bestimmt klärend, wenn du noch mal mit ihm sprechen könntest. Du vermutest ja sicherlich auch, was er denkt, und das erfährst du nur, wenn du mit ihm sprichst. Wir können dir auch nicht sagen, warum er dich geküsst hat, wenn er eigentlich nichts von dir wollte. Wenn es dich so sehr beschäftigt, dann versuche wirklich noch mal mit ihm zu sprechen!
Zum Schluss deiner Mail hast du über die Sache mit dem Messer geschrieben. Wir sind uns jetzt unsicher, wie du das meinst. War da der Gedanke, dich umzubringen, oder

war es der Gedanke dir selbst weh zu tun? Hast du das
schon einmal gemacht, dich selber verletzt? Manchmal hat
man vielleicht den Wunsch danach, um so einen inneren
Schmerz zu lindern oder sichtbar zu machen. Dabei wird
der Schmerz auf längere Zeit aber nicht weggelöscht. Was
hast du dabei gedacht oder gefühlt, als du dich ge-
schnitten hast?
Vielleicht kannst du dich etwas besser verstehen, wenn
du dir diese Gedankenanstöße einmal in Ruhe durch den
Kopf gehen lässt.
Du merkst, wir haben noch ganz viele Fragen und würden
uns über eine Antwort von dir freuen,
Ingmar und Daniela

Im August 2002 wurde eine vorläufige Bestandsaufnahme vorgenommen. Es war der Zeitpunkt des Abschlusses der 50. Beratungsmail.
Es konnten einige repräsentative Aussagen aus dieser ersten Phase gewonnen werden:
Eine erste betrifft die Reaktion der Mailerinnen und Mailer auf die Antwort durch Gleichaltrige. Diese Reaktionen waren durchweg positiv. Keiner der Mailer äußerte den Wunsch, lieber mit einem erwachsenen Berater in Kontakt zu kommen. Im Gegenteil, die Mailerinnen wurden in ihrer zweiten Mail (ca. 35% der E-Mails ergaben mehr als einen Kontakt) offener und lockerer in ihrer Ausdrucksweise, aber auch konkreter in ihrer Problemschilderung. Die jugendlichen Mailerinnen nutzen das Internet, um gerade schambesetzte Probleme, eben solche, über die sie mit vertrauten Personen nicht zu sprechen wagen, offenzulegen.
Zu erleben, dass andere Jugendliche sich in diese Problematik hineinversetzen können und dann darauf antworten, stärkte einige der jugendlichen Ratsuchenden in ihrem Vertrauen in Freunde etc. und erleichtert es ihnen, ihre Probleme auch im alltäglichen Umfeld anzusprechen.
Dadurch, dass eine professionelle Beraterin die Betreuung der E-Mail-Gruppe übernahm, war die fachliche Kompetenz gesichert, sodass die E-Mails inhaltlich ein differenziertes und qualifiziertes beraterisches Niveau erreichten. Ausgebildete Fachkräfte aus dem psychologischen oder sozialpädagogischen Bereich haben u. a. ein weiteres Blickfeld für mögliche Interventionsmöglichkeiten, In-

terventionsnotwendigkeiten und Hilfsangebote ebenso wie den Blick auf rechtliche Grundlagen (wichtig zum Beispiel bei Konflikten Minderjähriger mit Erwachsenen).

Die Internet-Beratung stellt für ratsuchende Jugendliche ein anonymes, nicht verpflichtendes Beratungsangebot in dem Medium dar, das sie vorwiegend nutzen.

Für die beratenden Jugendlichen tauchten neue Lernziele auf. Sie wurden sensibilisiert für das Medium Internet, dadurch dass sie Möglichkeiten, aber auch Grenzen der schriftlichen Kommunikation erfuhren.

Da eine hauptamtliche Mitarbeiterin der Telefonseelsorge die jugendlichen Berater begleitet, ist es möglich, die Probleme der einzelnen Mailer ausführlich zu besprechen. So lernten die Jugendlichen viel über beraterisches Tun am praktischen Beispiel und konnten dann in der konkreten Formulierung einer Antwortmail dieses Wissen direkt umsetzen. Die E-Mail-Beratung fordert und fördert die jugendlichen Berater in ihrer Kompetenz.

Die bisherige Arbeit hat gezeigt, dass es durchaus sinnvoll ist, nicht nur ein Internet-Beratungsangebot für Jugendliche anzubieten, sondern vor allem eines von Jugendlichen für Jugendliche zu konzipieren und durchzuführen (s. a.: **www.youth-life-line.de**).

10.7 Raus aus dem Beziehungsalltag – rein in die verheißungsvolle Welt des Cybersex

Es gibt kaum einen Lebensbereich, der uns Menschen so stark beschäftigt wie die Sexualität. Sexualität: auf der einen Seite Lust, Vergnügen, Zärtlichkeit, Hingabe und Liebe, auf der anderen Seite Spannung, Spontaneität und Exotik.

Seit es das Internet gibt, wird es auch als Kommunikationsmittel zur Beziehungssuche und als Spielraum für sexuelle Fantasien und Beziehungen genutzt. Und leider auch für pornografische Geschäfte der übelsten Art. Als Mailerin werde ich, ob ich will oder nicht, fast täglich mit unerwünschten Sex-Mails belästigt. Mit den verschiedensten Betreffzeilen wird mir der »heißeste Parkplatzsex«, »livesex mit Muschi-Einblickcam« ... und was nicht alles noch von Mausi 2838 oder Geiler Fick ... angeboten.

Beim Surfen werden wir mit aufdringlichen und »anzüglichen« Werbebannern belästigt, Pornografie ist **das** Geschäft im Netz. Und dennoch bietet das Internet mehr. Da sich die Nutzung des Mediums nicht mehr auf einen kleinen Kreis beschränkt, sondern zum Alltag von über zwanzig Millionen Menschen geworden ist, ergeben sich für die Beratungsarbeit neue Herausforderungen, wie zum Beispiel die Fragen, was ist online-sex, virtueller Sex, tiny Sex, oder cyber-sex), was passiert da eigentlich, ist es schädlich ...?

✉

Hallo! Ich habe da folgendes Problem: Ich lade mir immer wieder kurze Pornofilme aus dem Internet herunter und schaue mir diese an. Danach befriedige ich mich selbst. Das ist ja so gesehen, wahrscheinlich nicht so schlimm. Ich habe aber seit vier Jahren eine Freundin, mit der ich seit etwas mehr als einem Jahr auch zusammen wohne (wir sind beide 2x). Da beginnt mein Problem, denn ich erzähle ihr davon nichts. Geschweige denn, ich sehe sie mit ihr zusammen. Oft wenn sie nicht da ist, lade ich mir Filme herunter. Ich habe die Filme unter mehreren Unterordnern versteckt, damit meine Freundin sie nicht findet. Außerdem sehe ich mir auch öfter Pornoseiten im Internet an. Die Seiten lösche ich dann über die Internetoptionen meines Browsers. Auch das ist ja vielleicht noch nicht so schlimm, könnte man meinen? ...Jetzt ist natürlich der Supergau geschehen und meine Freundin hat die Filme gefunden ...
Naja, mein eigentliches Problem sind aber die Pornos. Es ist nicht das erste Mal das ich mit meiner Freundin einen Streit deswegen hatte. Sie hatte schon öfter bemerkt das ich mir solche Seiten im Internet anschaue. Jedesmal habe ich ihr versprochen es nicht wieder zu tun, und tue es dann aber trotzdem wieder. Wenn ich mir die Filme ansehe, denke ich auch daran das ich ihr damit wehtun könnte, ziehe es aber dann doch meist bis zum Ende (Ejakulation) durch. Hinterher habe ich immer ein schlechtes Gewissen und sage mir, so etwas machst du nicht wieder. Trotzdem habe ich die Filme auf dem Rechner gelassen, wo sie meine Freundin jetzt gefunden hat.
Was mich am meisten bewegt ist, ob ich schon nicht ganz normal bin wegen der Pornos?? Ich denke eigentlich nicht, oder??? Was ich aber noch viel schlimmer an mir finde ist, das ich meiner Freundin immer wieder verspreche es nicht mehr zu tun. Aber immer wieder »rückfällig« werde. Trotz meines schlechten Gewissens mache ich es doch immer wieder. Will ich nicht erwachsen werden???? Das meinte jedenfalls mal meine Freundin zu mir ...

Ich hoffe bald von Ihnen zu hören!!
[Name]

Online-Sex besteht unter anderem darin, körperliche Handlungen, mündliche Äußerungen und emotionale Reaktionen einer (erschaffenen) Identität zu beschreiben und mitzuteilen. Cybersex bietet eine Spielwiese, auf der Männer und Frauen, Menschen mit homosexueller und heterosexueller Begabung und Transvestiten Szenarien, die in der eigenen Fantasie existieren, umsetzen können.
Erotische Erfahrung hängt eng mit der Erfahrung der Fremdheit des anderen zusammen. In der schriftlichen Kommunikation ist der andere fremd und unsichtbar, und somit lädt die Anonymität zu Übertragung und Projektion ein. Frauen und Männer wünschen sich Nähe, Kontakt, Wärme, das Erotische, das Sexuelle, die Verschmelzung und fürchten sich gleichzeitig davor. Sie fürchten, sich selbst aufzugeben, sie haben Angst, ihre Autonomie zu verlieren. Im Netz lässt es sich ausprobieren: Ich kann mit Nähe und Distanz spielen, ich kann mich was trauen, ich kann ... Im günstigsten Fall kann dadurch meine eigene reale Liebesbeziehung spannender, erfüllter werden.

»Ich habe ihn in keinem bestimmten Punkt direkt angelogen, aber ich fühle mich online einfach anders, gehe mehr aus mir heraus und bin weniger gehemmt. Fast so, als wäre ich mehr ich selber, aber das ist natürlich paradox. Ich fühle mich eher so, wie ich zu sein wünsche. So kann ich nur hoffen, dass es mir gelingt, ein bißchen von dem Online-Ich in die reale Begegnung hinüber zu retten.« So eine dreißigjährige Lehrerin zum IRC (vgl.: Turkle, 1999).

In Chatrooms oder in E-Mails können sich schneller intensive Beziehungen bilden, da dies oft in einer eigenen und manchmal abgeschiedenen Welt passiert. In dieser Welt existieren eigene Regeln. Die elektronische Begegnungsstätte kann Dinge beschleunigen. »Du lernst jemanden kennen und bist schon nach kurzer Zeit gut befreundet.« Virtueller Sex fördert Projektionen und Übertragungen. Projektionen werden gefördert durch den Mangel an Informationen über die Person, das Schweigen, das Fehlen visueller und tonaler Hinweise. Dies kann zu übertriebenen Sympathien oder Antipathien, zur Idealisierung oder Dämonisierung führen.

✉
LOL – Love Online

An meinem Rechner sitz ich nun
Das Chatten läßt mir keine Ruh!
Zu viele Leute sind im Raum,
Mit schrägen Nicks – man glaubt es kaum.

Doch einen suche ich mir aus,
So ganz spontan drück ich die Maus,
Schreib ihm ein paar Zeilen auf,
So nimmt das Ganze seinen Lauf.

Zu allererst die Standardfragen
Nach Alter, Wohnort, Hobbys, Wagen ...
Dann tauscht man ein paar Fotos aus,
Und denkt sich: Da wird eh nichts draus!

Mein Bild gefällt dem Chatter sehr,
Sein Foto mir sogar noch mehr!
Wir reden über Gott, die Welt,
Der Puls rasch in die Höhe schnellt!

Die Zeit vergeht jetzt wie im Flug,
Wir kriegen einfach nicht genug!
Ein Treffen wird bald ausgemacht,
Wer hätte das so schnell gedacht?

Wir sehen uns am nächsten Tag -
Zum ersten Mal – ob er mich mag?
Bis zum Hals klopft mir das Herz,
ich bin verknallt, das ist kein Scherz!

Da steht er nun an dieser Straße,
ich bin nervös im höchsten Maße!
Umarmung und ein tiefer Blick,
Liebe auf den ersten Klick!
[Name]

Für viele Frauen und Männer ist es ein Problem, wenn Partner oder Partnerin Online-Sex haben. Sie fühlen sich ausgeschlossen und hilflos, sind verletzt, haben kein Verständnis für den anderen, fühlen sich unattraktiv, empfinden den Cybersex als Fremdgehen, Bedrohung, als realen Feind.
Entsprechende Fragen sind: »Mein Mann guckt sich dauernd Pornoseiten an, was soll ich tun?« »Mein Freund hat eine E-Mail-

Freundin, ich bin so eifersüchtig, aber er sagt, da ist nichts.« »Ich habe mich in einen Mann verliebt, den ich nur aus E-Mails kenne. Ich bin bereit, meine Familie für ihn zu verlassen. Was soll ich tun?« Als Beraterinnen und Berater werden wir durch den Cybersex mit neuen Fragen konfrontiert: *Sherry Turkle* fragt in ihrem Buch: Was macht das Wesen von Sexualität und Treue aus. Ist es die körperliche Interaktion? Ist es das Gefühl der emotionalen Nähe zu einem anderen als dem primären Beziehungspartner? Findet Untreue im Kopf oder Körper statt? Liegt sie im Wunsch oder in der Tat? Worin besteht der Treuebruch? Und in welchem Ausmaß und in welcher Weise sollte es von Belang sein, wer der virtuelle Sexualpartner in Wirklichkeit ist?«

✉

»Hallo, ich habe ein Problem und ich weiß nicht, an wen ich mich wenden soll. Ich habe herausgefunden, dass mein Mann sich schon seit einiger Zeit ständig nackte Frauen im Internet anschaut. Und er ist auch viel auf den einschlägigen Sexseiten. Dazu habe ich noch herausgefunden, dass er eine geheime Emailadresse hat. Und er hat wohl auch schon Anzeigen in Kontaktmärkten aufgegeben. Ich habe das dadurch herausgefunden, weil ich in unserem PC im Verlauf eine Internetseite suchen wollte, die ich schon mal angewählt hatte. Ich hatte den Namen dieser Internetseite vergessen. Dabei habe ich auch gesehen, welche Seiten mein Mann angeklickt hat.
Und das waren lauter Sexseiten und Kontaktmarktseiten. Seitdem bin ich fix und fertig. Ich habe ihn noch nicht darauf angesprochen, weil ich nicht weiß, was ich sagen soll. Ich will ihm ja nicht hinterher schnüffeln. Ich habe Angst, dass er fremd geht. Oder es zumindest vorhat. Was soll ich bloß tun???«

Hallo,
ich bin [Name] und Mitarbeiterin der Telefonseelsorge XXX und antworte Ihnen gerne.
Ich kann mir gut vorstellen, dass Sie, als Sie mir schrieben, »fix und fertig« waren. Es war wahrscheinlich ein richtiger »Schock« für Sie zu entdecken, dass Ihr Mann sich nackte Frauen und Sexseiten im Internet anschaut, Anzeigen in Kontaktmärkten aufgibt und dass er auch eine geheime E-Mail-Adresse hat (jetzt ja nicht mehr, Ihnen ist sie nun bekannt). Sie schreiben, dass Sie befürchten, Ihr Mann könnte fremdgehen oder trägt sich mit dem Gedanken fremdzugehen. Gab es in dieser

Hinsicht in der Vergangenheit auch Befürchtungen von Ihnen?
Von den aufgeführten Themen: Das Anschauen von Sexseiten, es heimlich zu tun, Kontaktanzeigen aufgeben, sich eine »geheime E-Mail-Adresse« anzulegen, einen Vorfall, der Sie mehr bewegt, an den Sie häufiger denken? Was sind dies für Sexseiten, die sich Ihr Mann anschaut? Von den Seiten, die Sie sich angeschaut haben, gibt es da Dinge auf den Seiten, vor denen Sie sich ekeln oder sehr erschrocken sind?
Sie schreiben, dass Sie mit Ihrem Mann nicht reden können, wie wäre die Vorstellung für Sie, Ihrem Mann zu schreiben? Sie haben sich in Ihrer Not ja auch per E-Mail an die Telefonseelsorge gewandt und konnten mir Ihre Befürchtung deutlich machen. Vielleicht ist das Schreiben eine Stärke von Ihnen, die Sie auch für die Kommunikation mit Ihrem Mann nutzen könnten? Was denken Sie?
Ich habe gelesen, dass Sie »fix und fertig« waren, als Sie entdeckt haben, dass Ihr Mann sich Sexseiten im Internet anschaut. Wie Sie schreiben, surfen Sie selbst auch im Internet von daher gehe ich davon aus, dass Sie um die Vielzahl der Sexangebote, der »einschlägigen« Pages, der vielen, vielen Sexseiten wissen. Ich frage mich, woher Sie bisher die Sicherheit hatten, dass gerade Ihr Mann sich keine Sexseiten anschaut. Nach all unseren Erfahrungen zum männlichen Gebrauch des Internet, surfen Männer auf diesen Seiten (Frauen übrigens auch). Wie kam es, dass Sie die Vorstellung hatten, dass Ihr Mann dies nicht tat?
Liebe Mailerin, es sind einige Fragen, die ich habe. Ich wünsche, dass meine Fragen mit dazu beitragen können, dass Sie es schaffen, mit Ihrem Mann in Kontakt zu kommen.
Wenn Sie weiterhin Kontakt mit mir haben möchten, schicken Sie mir Ihre Mail doch bitte direkt an ...
Mit guten Wünschen aus ...
[Name]

11. Schlussbemerkungen, Ausblick und Zusammenfassung

Wir beide, Autorin und Autor, haben uns mit dem vorliegendem Buch bemüht, unsere langjährigen Erfahrungen in der E-Mail-Beratung in Form und Struktur zu bringen. Es ist der erste Versuch, dieser Beratungsform eine Basis und Plattform zu geben, von der aus sie wachsen und sich weiterentwickeln kann. Viele Aspekte bedürfen noch einer genaueren Untersuchung. So haben wir, z. B. in den Mails, den Fokus auf den Prozess des Schreibens einer Erst-Mail seitens des Ratsuchenden und der Abfassung einer ersten Antwort durch die Beraterin/den Berater gelegt. Der weitere Beratungsverlauf ist hier von uns zunächst ausgeklammert worden. Doch bedarf die sich anschließende Interaktion zwischen Mailerin und Beraterin sicher einer eingehenden Betrachtung und Auswertung. Für die Praxis denken wir an eine weitere Folie zu den bestehenden vier, die den bisherigen Beratungsverlauf und das Beratungsziel in den Blick nimmt und behält.
Des Weiteren ist der Beziehungsaspekt zwischen Mailer und Berater in dieser Beratungsform genauer zu untersuchen.
Die rechtlichen Fragen bedürfen einer fachlich fundierten Antwort. Die Frage nach den Grenzen der E-Mail-Beratung müssen genauer ausgelotet werden. Welche Problemstellungen sind für die E-Mail-Beratung geeignet, welche eher nicht?
Für die E-Mail-Beratung bietet sich an, Supervision auch per E-Mail zu gestalten. Dafür müssen die ersten Erfahrungen betrachtet und eine praktikable Form gesucht werden.
Sie sehen, dies ist erst der Anfang, es gibt noch einiges zu tun und zu erforschen. Wir arbeiten an diesen Fragen weiter und freuen uns über Anmerkungen, Anregungen und einem konstruktiv-kritischen Dialog mit Ihnen als unsere Leserinnen und Leser.
Wir sind von dieser neuen Beratungsform überzeugt und wünschen auch Ihnen, die Bestätigung ihres Wirkens zu bekommen, wie es z. B. in nachfolgender Mail nachzulesen ist:

✉
Hallo,
zu allererst mal möchte ich sagen, dass ich es toll finde, dass Sie die Beratung per eMail anbieten! Weiter so!
Da meine Geschichte ziemlich kompliziert ist, bin ich froh, dass ich sie hier in Ruhe niederschreiben kann, anstatt sie am Telefon zu erzaehlen, wo ich vielleicht noch etwas vergesse oder verfaelsche.

Die bedeutsamen Anliegen haben wir im Folgenden für Sie zusammengefasst:

12. Das Wichtigste nochmals in Kürze

- Sie wissen nicht, ob der Inhalt der Mail authentisch ist, doch gehen Sie bitte einfach davon aus.
- Drucken Sie sich den Text aus, es ist wichtig, ein physisch greifbares Produkt in Händen zu halten.
- Die Bilder, die entstehen, sind Ihre Bilder, nicht die des Schreibers. Dies bedeutet, dass digitale Kommunikation projektionsfördernd ist.
- Zweifeln Sie nicht an dem, was da geschrieben steht. Es ist die Wahrheit der Mailerin/des Mailers.
- Auch die komischste, irrealste, verrückteste und unglaubhafteste Mail kann wahr sein. Es gibt nichts, was es nicht gibt.
- Sie haben nur den Text des Mailers, um zu erfassen, was er sagen will, und sich selbst als Resonanzboden.
- Im Internet herrscht meist ein salopper Umgangsstil, dies bedeutet auch eine herabgesetzte Hemmschwelle, für den Schreiber als auch für Sie!
- Scheuen Sie sich nicht, Fragen zu stellen. Sie sind für beide Seiten wichtig und geben Sicherheit.
- Wenn Sie keine Antwort erhalten, dann fragen Sie bitte nach, warum. Es kann auch technische Ursachen haben, dass Sie keine Antwort bekommen haben!
- Scheuen Sie sich nicht, einen Kollegen oder eine Kollegin heranzuziehen, wenn Sie nicht weiterwissen.
- Sie schreiben zeitversetzt. Die Stimmung, in der die Schreiberin war, wenn Sie die Mail lesen, war gestern oder vorgestern. Heute kann es ihr schon ganz anders gehen.
- Sie haben einen Vorteil: Der Ratsuchende muss Ihnen zunächst einmal schreiben, weshalb er sich an Sie wendet. Er muss also sein Problem schildern, und Sie können davon ausgehen, dass er motiviert ist, einen Dialog mit Ihnen einzugehen.
- Sie schreiben nicht, um den Literaturnobelpreis zu bekommen! Bleiben Sie locker beim Schreiben und bemühen Sie sich nicht um einen Stil, der nicht der Ihrige ist.

- E-Mails zu beantworten ist ein kreativer Prozess auf der Grundlage Ihrer eigenen Professionalität. Sie dürfen sich auch mal was trauen.
- Halten Sie sich nicht gleich für ungeeignet für die E-Mail-Beratung, wenn Ihre ersten Beantwortungsversuche viel Zeit kosten und nach zwei Stunden erst drei Sätze auf Ihrem Bildschirm stehen und 25 im Papierkorb liegen. Uns ist es am Anfang ähnlich gegangen! Geben Sie sich eine Chance.
- Es ist zunächst nur das gültig, wahrhaft und wichtig, was in uns durch die Mail als Wirkung entstanden ist, nicht das, was wir denken, das entstanden sein sollte.
- Es ist Notwendigkeit, dass wir dem Text beim Lesen den Vorrat unserer Bilder und Anschauungen nicht entziehen.
- Achten Sie darauf, dass Sie Supervision bekommen.
- Nicht jede/jeder Supervisorin/Supervisor ist für E-Mail-Beratung geeignet. Sie, er sollten schon Erfahrungen mit dieser Beratungsform haben.
- Für die technische Einrichtung Ihres Beratungsangebotes im Netz empfehlen wir Ihnen einen Kompromiss zwischen Sicherheitsaspekten und Praktikabilität. Das sicherste System nutzt Ihnen nichts, wenn es wegen technischer Unhandlichkeit und Überforderung nicht angenommen wird.
- Wenn Ihnen nichts mehr einfällt – so wie uns jetzt –, dann machen Sie Schluss mit dem Schreiben. Man muss sich auch mal mit dem bisherigen Ergebnis zufrieden geben!

Glossar

Account
Zugangsberechtigung für einen Computer, bei dem man sich durch Benutzername und Passwort identifiziert, um dann beispielsweise eine E-Mail schreiben zu können.

Attachement
Datei (Text, Musik, Foto, Video), die einer Mail »beiliegt«.

Bookmark
Lesezeichen. Internetadresse, die im Browser für den schnellsten Zugriff gespeichert wird.

Browser
Bedeutet so viel wie »Blättern«. Ein Browser ist ein Programm, das Daten und Informationen aus dem Internet darstellen kann. Beispiel Netscape Navigator oder Internet Explorer. Dieses Programm braucht man, um mit dem Internet arbeiten zu können.

Cache
Zwischenspeicher für aufgerufene Internetseiten

Chat
heißt die direkte Plauderei übers lnternet. Die Teilnehmer geben sich Nicknames (Spitznamen) und treffen sich in so genannten »Chatrooms«. Über ein Textfenster gibt man seinen Beitrag ein. Diese können anschließend von den anderen Teilnehmern gelesen und direkt beantwortet werden. Der Chat funktioniert entweder als »Internet Relay Chat (IRC)« mit einer Software oder aber als »Webchat« über einen Browser.

Client
Kunde, der Dienste (www, E-Mail, Newsgroups) in Anspruch nimmt.

Cookie
Englisch Keks. Ein Datensatz, den ein Webanbieter auf der Festplatte des Nutzers ablegt.

Domain
Alle Dateien einer Internet-Seite werden in der Regel in einer Domain mit Unterverzeichnis abgelegt. Die Domain-Adresse lautet

z. B. dann, http://www.psychiatrie.de. Wenn auf diesen Seiten gesurft und im Bereich Verlag geschaut wird, lautet dann die Domain-Adresse des Unterverzeichnisses http://www.psychiatrie.de/verlag.

Download
Herunterladen. Übertragung einer Datei von einem Server auf den eigenen Rechner.

Emoticons
Es gibt einiges an Regeln für den Umgang miteinander und eine eigene Sprache: eine Art Slang, angereichert mit so genannten Emoticons :-), auch Smiley genannt. Sie umschreiben Gefühle anstatt langer erklärender Textpassagen zur Befindlichkeit.

E-Mail
entspricht dem Briefverkehr ‚wie man ihn gewohnt ist. Absender schickt Brief an Adressat. Man verschickt mittels einer Software (E-Mail Client) kleine Textdateien. Diese kann der Adressat auf den eigenen Rechner laden und nach Gutdünken beantworten. Der Unterschied, es geht irrsinnig schnell und kostet wenig. Ein echtes Highlight im Internet.

FAQ
Abkürzung für Frenquently Asked Questions. Das sind Antworten auf häufig gestellte Fragen wie zum Bespiel zum Thema Sexualität.

Fake, gefaked
Fälschung, gefälscht

Firewall
Ein Sicherheitssystem, welches vor Hackerangriffen schützt.

Flatrate
Pauschaltarif für den schnellen Internetzugang.

Forum
ist eine Art Pinnwand oder Schwarzes Brett für die Diskussion. Diese Pinnwand wird online benutzt. In »Diskussionssträngen« wird ein Thema angeschnitten, das Besucher oder Teilnehmer über Antworten weiter diskutieren können. Foren sind über den Browser zu benutzen. Sie erfreuen sich großer Beliebtheit.

Freeware
Kostenlose Software

Homepage
Anfangsseite von umfangreichen Internetangeboten, aber auch die persönliche Visitenkarte einer Person oder Einrichtung.

HTML
Hyper text Markup language. Programmiersprache für www-Seiten.

Icon
Bildsymbol, das auf der Benutzeroberfläche einen Befehl oder eine Anwendung darstellt.

IP
Internet-Protokoll

Link
Kurzform für Hyperlink. Verknüpfung von HTML-Dokumenten.

Mailingliste
Eine Variante des E-Mail-Verkehrs ist die Mailingliste. Hier nutzt man die Automatisierungsmöglichkeiten des Computers. In Mailinglisten schließen sich Menschen zusammen mit dem Ziel, zu einem bestimmten Thema Informationen und/oder Meinungen auszutauschen. Dabei schicken Sie Ihren Beitrag einmal an die Adresse der Liste. Von dort aus wird die Mail automatisch an alle Listenteilnehmer verschickt.

Modem
Gerät, das Computer mit analogen Telefonnetzen verbindet.

Netiquette
Kunstwort aus Network-Etikette, eine Art Knigge des Internet, um konstruktive Kommunikation in Foren u. a. zu fördern.

Newsgroup
Schwarzes Brett zum Nachrichtenaustausch

Provider
Anbieter von Internet-Dienstleistungen. Sie bieten einen Zugang zum Internet und auch Speicherplatz für die eigenen Internetseiten. (Bsp. T-Online, AOL, Freenet)

Server
Computer, der Daten bereithält, auf die andere Rechner zugreifen können.

Suchmaschine
Ein Programm, das mit unterschiedlichen Suchtechniken im Internet nach Themen und Begriffen sucht.

SSL
Secure Socket Layer. Verschlüsselungsverfahren für die sichere Datenübertragung im Netz

URL
Uniform Resource Locator. Internet-Adresse, die in den Browser eingegeben werden muss.

Webmaster
Ist für den Betrieb eines Webservers verantwortlich.

Website
Gesamtheit einer Webpräsenz

WWW
World Wide Web. Ein weltweites interaktives Informationssystem im Internet. Der wichtigste Dienst im Internet

Netikette – der gute Ton in Mails

1. Vergiss nicht, dass auf der anderen Seite ein Mensch sitzt!
Die meisten Leute denken in dem Augenblick, wo sie ihre E-Mails schreiben, nicht daran, dass diese nicht ausschließlich von Computern gelesen werden, sondern auch von (?anderen?) Lebewesen, in erster Linie von Menschen. Denke stets daran und lasse dich nicht zu verbalen Ausbrüchen hinreißen. Bedenke: Je ausfallender und unhöflicher du dich gebärdest, desto weniger Leute sind bereit, dir zu helfen, wenn du einmal etwas brauchst. Eine einfache Faustregel: **Schreibe nie etwas, was du dem Adressaten nicht auch vor anderen Leuten ins Gesicht sagen würdest.**

2. Erst lesen, dann denken, dann noch mal lesen, dann noch mal denken und dann erst schreiben!
Die Gefahr von Missverständnissen ist bei einem geschriebenen, computerisierten Medium hoch.

3. Deine Mails sprechen für dich: Manchmal gut und manchmal schlecht.
Die meisten Leute im Internet kennen und beurteilen dich nur über das, was du in E-Mails schreibst. Versuche daher, deine Mails leicht verständlich und übersichtlich zu verfassen. Achte auf die Rechtschreibung; Punkte und Kommas sollten selbstverständlich sein; durch Groß- und Kleinschreibung wird der Text leserlicher. Absätze lockern den Text auf, wenn sie alle paar Zeilen eingeschoben werden.
Schreibe nur dann in Blockschrift, wenn du einen Punkt besonders hervorheben möchtest – z. B. in Überschrift. *Sterne* vor und nach einem Wort heben es auch hervor. Blockschrift außerhalb von Überschriften wird allgemein als SCHREIEN interpretiert.
Gebe bei Zitaten und Referenzen die Quelle an.
Füge eine »Signatur« an das Ende von Nachrichten. Diese Signatur sollte den Namen und die elektronische Adresse enthalten und nicht länger als 4 Zeilen sein. Gegebenenfalls kann sie Adresse, Telefon- und Faxnummer sowie die URL einer persönlichen Web-Seite enthalten.

4. Achte auf die »Subject:«-Zeile!
Wenn du eine Mail verfasst, achte bitte besonders auf den Inhalt der »Subject:«-Zeile. Hier sollte in kurzen Worten (möglichst unter 40 Zeichen) der Inhalt beschrieben werden, sodass ein Leser entscheiden kann, ob er von Interesse für ihn ist oder nicht.

5. Vorsicht mit Humor und Sarkasmus!
Achte darauf, sarkastisch oder ironisch gemeinte Bemerkungen so zu kennzeichnen (Emoticals oder Akronyme), dass keine Missverständnisse provoziert werden. Bedenke: In einem schriftlichen Medium kommt nur sehr wenig von deiner Mimik und Gestik rüber, die du bei persönlichen Gesprächen benutzen würdest.

6. Kürze den Text, auf den du dich beziehst, auf das notwendige Minimum!
> *Es ist eine gute Angewohnheit, Texte, auf die man sich |bezieht,*
> *wörtlich zu zitieren. Wenn du einen Followup-|Artikel schreibst,*
> *wird dir der gesamte Text, auf den du dich |beziehst, von deinem*
> *E-Mail-Programm zum Bearbeiten |angeboten. Der Originaltext*
> *wird dabei im Allgemeinen |durch das Zeichen*
> '>'
> *eingerückt (ähnlich wie dieser Absatz), um klar ersichtlich |zu*
> *machen, dass es sich dabei um zitierten Text handelt.*

Mache es dir zur Angewohnheit, nur gerade so viel Originaltext stehen zu lassen, dass dem Leser der Zusammenhang nicht verloren geht. Das ist a) wesentlich leichter zu lesen und zu verstehen und b) keine Verschwendung von Ressourcen. Lasse den Originaltext aber auch nicht ganz weg! Der Leser deiner Mail hat den Text, auf den du dich beziehst, mit hoher Wahrscheinlichkeit nicht mehr exakt in Erinnerung und hat ohne weitere Anhaltspunkte große Mühe, den Sinn Deiner Ausführungen zu erkennen.

7. Leite keine Mails ohne Zustimmung weiter
Es wird als extrem unhöflich angesehen, persönliche E-Mails ohne Zustimmung der Absenderin an Mailinglisten oder Newsgroups weiterzugeben.

8. Achte auf die gesetzlichen Regelungen!
Es ist völlig legal, kurze Auszüge aus urheberrechtlich geschützten Werken zu informationellen Zwecken zu posten. Was darüber hinausgeht, ist illegal. Ebenfalls illegal ist es, mit Wort und/oder Bild

zu Straftaten aufzurufen oder zumindest Anleitungen dafür zu liefern. Achte darauf, dass du mit deinen Artikeln keine Gesetze brichst, und bedenke, dass sich evtl. jeder strafbar macht, der solche Informationen auf dem eigenen Rechner hält und anderen zugänglich macht.

9. Kommerzielles?

Ein gewisses Maß an kommerziellen Informationen wird auf dem Netz gerne toleriert, z. B. Adressen von Firmen, die ein bestimmtes Produkt anbieten, nachdem jemand danach gefragt hat. Als unverschämt wird dagegen die Verbreitung von reinen Werbeinformationen angesehen, insbesondere, wenn sie ein gewisses Volumen überschreiten. Bedenke: Dies ist ein nichtkommerzielles Netz, und nicht jeder will Übertragungskosten für Werbung bezahlen.

10. »Du« oder »Sie«?

Aus der Deutschsprachigkeit der .de-Hierarchie erwächst die Frage, ob man andere Netzteilnehmer in Artikeln und E-Mails »duzen« oder »siezen« sollte. Dafür gibt es keine allgemein gültige Regel; es hat sich jedoch eingebürgert, den anderen mit »du« anzureden. 99,9% der Teilnehmer finden das auch völlig in Ordnung und würden es als eher absonderlich ansehen, wenn sie auf einmal gesiezt werden würden.

Nützliche Internetadressen:

www.ak-leben.de
www.borderline-community.de
www.cyberslang.de
www.dajeb.de
www.dgsv.de
www.etc-consulting.de
www.glossar.de
www.internet.fuer.alle.de
www.kompetenznetz-depression.de
www.kummernetz.de
www.learnthenet.com/german
www.magersucht-online.de
www.mitglied.lycos.de/livingbox/Literaturgattungen.html
www.netikette.de
www.pc-buchtipps.de
www.permissionbase.com
www.pgpi.com
www.profamilia.de
www.rotetraenen.de
www.sewecom.de
www.shell-jugendstudie.de
www.sicherheit-im-internet.de
www.suizidprophylaxe.de
www.telefonseelsorge.org
www.youth-life-line.de/
www.web.de
www.www-kurs.de

und natürlich vor allem!
www.schreiben-tut-der-seele-gut.de

Literatur

Bandler, Richard / Grinder, John / Satir, Virginia: Mit Familien reden, Suttgart, 6. Aufl. 2002

Batinic, Bernard: Internet für Psychologen, Göttingen 2000

Bauriedl, Thea: Beziehungsanalyse, Frankfurt 1984

Bieri, Peter (Hg.): Analytische Philosophie der Erkenntnis, Weinheim 1997

Bieri, Peter (Hg.): Analytische Philosophie des Geistes, Weinheim 1997

Bismarck, Klaus v. / Gaus, Günter / Kluge, Alexander / Sieger, Ferdinand: Industrialisierung des Bewußtseins, München 1985

Boothe, Brigitte: Erzähldynamik und Psychodynamik, Psychotherapie und Sozialforschung, Zeitschrift für qualitative Forschung, 12/2001

Buchwald, Horst: E-Mail und Co., Düsseldorf 1999

Capra, Fritjof: Lebensnetz, ein neues Verständnis der lebendigen Welt, München 1996

Encarta 99, Enzyklopädie, Microsoft 1999

Erdmann, Johannes Werner / Rückriem, Georg: 12 Thesen für Online-Seminare der Fakultät Erziehungs- und Gesellschaftswissenschaften der Hochschule der Künste Berlin. 1. 3. 1999.
URL: http://www.eugwiss.hdk-berlin.de/club/lehre/online.html

Flacke, Michael: Verstehen als Konstruktion. Literaturwissenschaft und radikaler Konstruktivismus, Opladen 1994

Genth, Renate & Hoppe, Joseph: Telephon! Der Draht, an dem wir hängen, Berlin 1986

Göbel, Johannes & Clermont Christoph: Die Tugend der Orientierungslosigkeit, Reinbek 1999

Grawe, Klaus: Psychologische Therapie, Göttingen 1998

Grözinger, Albrecht: Die Sprache des Menschen. Ein Handbuch, München 1991

Höfner, Eleonore / Schachtner, Hans Ulrich: Das wäre doch gelacht! Humor und Provokation in der Therapie, Reinbek 1995

Hofstadter, Douglas R.: »Gödel, Escher, Bach«, Stuttgart 1986

Janssen, Ludwig (Hg.): Auf der virtuellen Couch, Bonn 1998

Leibfritz, Markus: »Wer liest, surft besser«; P.M. Magazin, 9/2002

Martinez, Mathias / Scheffel, Michael: Einführung in die Erzähltheorie, München 1999

Melies, Petra: Die kindliche Wortbedeutungsentwicklung. Esel – Essener Studienenzyklopädie Linguistik.
URL: http://www.linse.uni-essen.de/esel/wortbed.htm

Nagel, Thomas: What is it like to be a bat? (Wie ist es eine Fledermaus zu sein?), Cambridge 1979

Nahrada, Franz / Stockinger, Maria / Kuehn, Christian (Hg.): Wohnen und Arbeiten im GLOBAL VILLAGE – Durch Telematik zu neuen Lebensraeumen? URL: http://ezines.onb.at:8080/ejournal/pub/ejour98/neuemed/nahrad/

Orwell, George: »1984«, Zürich 1950

Peat, David F.: Synchronizität, Bern, München, Wien 1989

Reddemann, Luise: Imagination als heilsame Kraft, Stuttgart 2001

Reinmuth, Eckart: Hermeneutik des Neuen Testaments, Göttingen 2002

Rogers, Carl R.: Die nicht-direktive Beratung (Counseling and Psychotherapie), München 1972

Satir, Virginia / Baldwin, Michele: Step by Step, Palo Alto 1983

Schmitz, Ulrich: Sprachwandel in den neuen Medien. Osnabrücker Beiträge zur Sprachtheorie (OBST), Bd. 50, 1995, S. 7–51

Schulz von Thun, Friedemann: Miteinander Reden 1, Reinbek 1981

Schulz von Thun, Friedemann: Miteinander Reden 2, Reinbek 1989

Schulz von Thun, Friedemann: Klärungshilfe, Reinbek 1988

Shah, Idris: Dorst, Fachzeitschrift der Arbeiterwohlfahrt, Heft 5, 1984

Shazer, Steve de: Wege der erfolgreichen Kurztherapie, Stuttgart 1989

Staiger, Emil (Hrsg.): Der Briefwechsel zwischen Schiller und Goethe, Frankfurt a. M. 1987

Turkle, Sherry: Leben im Netz, Reinbek 1999

Vanesse, Alfred: Écouter l'autre: tant de chose à dire, Chronique sociale, Lyon 1989

Van Well, Frank: Psychologische Beratung im Internet, Bergisch Gladbach 2000

von Schlippe, Arist / Schweitzer, Jochen: Lehrbuch der systemischen Therapie und Beratung, Göttingen, Zürich 1996

Watzlawick, Paul: Die erfundene Wirklichkeit, München 1981

Watzlawick, Paul / Beavin, Janet H. / Jackson, Don D.: Menschliche Kommunikation, Bern, Stuttgart, Wien 1980

Weber, Karsten: Privatheit des Mentalen. München 2000 www.phil.euv-frankfurt-o.de/download/2000SS_Grenzen/Privatheit.pdf

Weiß, Laura / Schwarz, Sigrid: Gesund geschrieben, Briefwechsel einer Klientin und einer Psychologin per E-M@il, 2001. ISBN 3-8311-1920-1

Yalom, Irvin D.: Die rote Couch, München 1998

Brigitte Eckstein/Bernard Fröhlig:
Praxishandbuch der Beratung und Psychotherapie
Eine Arbeitshilfe für den Anfang
360 Seiten, broschiert, ISBN 3-608-89686-4

Leben lernen 136

Über alle Unterschiede in den therapeutischen Richtungen hinweg gibt es zahlreiche grundsätzliche Fragen und Probleme, mit denen Psychologen zu Beginn ihrer praktischen Tätigkeit konfrontiert sind. Das Buch, das konsequent aus dem Blickwinkel der vielfältigen Anforderungen in der Praxis geschrieben ist, hilft bei Grundsatz- und Strukturierungsfragen, gibt aber auch eine Fülle von Anregungen für die konkrete Gestaltung einer Beratungs- oder Therapiestunde in Einzel-, Paar- und Gruppensitzung.

Beate West-Leuer/Claudia Sies:
**Coaching –
Ein Kursbuch für die Psychodynamische Beratung**
240 Seiten, broschiert, ISBN 3-608-89725-9

Leben lernen 165

Anders als betriebswirtschaftlich orientierte Berater bringen psychoanalytisch geschulte Coachs Wissen um die Beziehungsdynamik zwischen Mitarbeitern, aber auch zwischen Organisation und Mitarbeitern ein, können Übertragungsphänomene leichter erkennen und mit Psychodynamik umgehen.
Das praxisorientierte Buch zeigt, was Coaching mit einer psychodynamischen Arbeitsausrichtung leisten kann, in welchen Kundenkreisen sich der psychologische Organisationsberater bewegt, welche Probleme häufiger Beratungsanlaß sind und mit welchen gruppendynamischen Konstellationen zu rechnen ist.